民族教育研究丛书

西北民族地区县域内义务教育均衡发展研究

李虎林　著

民族出版社

目　录

绪　论

第一节　研究背景、目标与意义

一、研究背景

义务教育是由国家统一实施、所有适龄少年及儿童必须接受的教育，是国家必须予以保障的公益性事业，具有普及性、强制性和免费性等特点。对个人而言，接受义务教育是现代社会个人维持生存和发展的基本需要，也是法律赋予每一位适龄少年儿童的权利与义务。对社会而言，义务教育“涉及全社会成员的共同利益，不但能够为经济和社会发展提供人力资本储备，还有利于民主政治的发展、社会道德水平的提升以及良好社会秩序的形成”[①]。

“大致经过了20世纪80年代的改善基本办学条件、20世纪90年代基本实现‘两基’目标、21世纪初全面实现‘两基’目标三个阶段的艰难而曲折的奋进历程”[②]，我国义务教育到21世纪初全面普及。“然而，由于历史和现实的原因，我国义务教育还存在着不均衡现象。我国义务教育发展不均衡主要表现在：群体间受教育机会不均等，区域之间、城乡之间、学校之间教育资源配置不均衡，各地义务教育发展的起点、基

① 耿华萍、刘祖云：《城乡义务教育非均衡发展现实归因的理论思考》，载《南京社会科学》，2016（4）。

② 翟博：《均衡发展：我国义务教育发展的战略选择》，载《教育研究》，2010（1）。

础和过程都很不相同。”[①] 与此同时，随着我国社会的发展，人们对高质量教育的需求不断增长。因此，为了满足人民群众对更加公平、更有质量教育的需求，促进我国由人力资源大国向人力资源强国的转变，我国义务教育的相关政策在21世纪初逐步由非均衡发展转向了均衡发展。2002年，《教育部关于加强基础教育办学管理若干问题的通知》（教基〔2002〕1号）提出：“积极推进义务教育阶段学校均衡发展。”[②]2006年修订实施的《中华人民共和国义务教育法》第一次将促进义务教育均衡发展上升为各级政府的法定任务，要求“国务院和县级以上地方人民政府应当合理配置教育资源，促进义务教育均衡发展，改善薄弱学校的办学条件，并采取措施，保障农村地区、民族地区实施义务教育，保障家庭经济困难的和残疾的适龄儿童、少年接受义务教育”。2010年颁布的《国家中长期教育改革和发展规划纲要（2010—2020年）》（以下简称《教育规划纲要》）将促进公平作为我国的基本教育政策，并从促进教育公平的角度充分地肯定了义务教育均衡发展的重要性，指出促进教育公平的“重点是促进义务教育均衡发展和扶持困难群体，根本措施是合理配置教育资源，向农村地区、边远贫困地区和民族地区倾斜，加快缩小教育差距”[③]。在此基础上，《教育规划纲要》提出“均衡发展是义务教育的战略性任务”[④]，将义务教育均衡发展提高到了战略的高度，自此深入推进义务教育均衡发展成为我国教育事业发展的基本主题。

从整体上说，义务教育均衡发展包括地区之间的均衡发展、区域内城乡之间与校际之间的均衡发展以及群体之间的均衡发展等多个层面，

① 翟博：《均衡发展：我国义务教育发展的战略选择》，载《教育研究》，2010（1）。

② 《教育部关于加强基础教育办学管理若干问题的通知》（教基〔2002〕1号），2010年7月10日，中华人民共和国教育部网，http://old.moe.gov.cn//publicfiles/business/htmlfiles/moe/moe_441/201006/88981.html。

③ 国家中长期教育改革和发展规划纲要工作小组办公室：《国家中长期教育改革和发展规划纲要（2010—2020年）》，2010年7月29日，中华人民共和国教育部网，http://old.moe.gov.cn/publicfiles/business/htmlfiles/moe/info_list/201407/xxgk_171904.html。

④ 国家中长期教育改革和发展规划纲要工作小组办公室：《国家中长期教育改革和发展规划纲要（2010—2020年）》，2010年7月29日，中华人民共和国教育部网，http://old.moe.gov.cn/publicfiles/business/htmlfiles/moe/info_list/201407/xxgk_171904.html。

其中“促进县域特别是欠发达地区县域义务教育的均衡发展，更具有迫切的现实意义”[①]。为此，《教育规划纲要》和2012年国务院颁布实施的《关于深入推进义务教育均衡发展的意见》提出了率先在县（区）域内实现义务教育均衡发展，逐步在更大范围内推进的战略思路和发展目标，并对我国推进义务教育均衡发展工作进行了全面部署。从我国推进义务教育均衡发展的总体进程来看，“义务教育均衡发展的重难点在中西部（尤其是中西部的贫困县）”[②]。由于西部民族地区的教育基础薄弱且存在特殊的制约因素，“民族地区县域义务教育的均衡发展是全国县域义务教育均衡发展的攻坚部分，对实现我国义务教育全局均衡发展有着极其重要的战略意义”[③]。

二、研究目标

本研究的目标主要包括以下五个方面。

第一，在对县域内义务教育均衡发展的一般含义以及民族地区义务教育均衡发展的特殊问题进行分析的基础上，探讨民族地区县域内义务教育均衡发展的含义。

第二，基于民族地区县域内义务教育均衡发展的含义，借鉴相关研究，构建适合民族地区的县域内义务教育均衡发展监测指标体系。

第三，实地调查西北民族地区6个县（市、区），系统了解各个县（市、区）义务教育均衡发展的进展情况。

第四，综合运用实地调查资料和其他相关资料数据，从整体上把握西北民族地区县域内义务教育均衡发展的成效和存在的问题与挑战，揭示相关影响制约因素。

第五，基于西北民族地区县域内义务教育均衡发展的现实状况，运

① 楼世洲：《区域教育可持续发展指标体系研究》，306页，北京，教育科学出版社，2012。

② 宋乃庆：《我国义务教育均衡发展任重道远》，载《中国教育学刊》，2015（9）。

③ 白贝迩：《民族地区县域义务教育均衡发展的制约因素与现实路径》，载《青海民族研究》，2016（2）。

用民族教育、教育公平、城乡教育一体化等理论，借鉴国内外有益经验，探索进一步推进西北民族地区县域内义务教育均衡发展的对策。

三、研究意义

结合现实社会背景和已有研究状况，本研究主要有三个方面的研究意义。

第一，对民族地区义务教育均衡发展特殊问题的分析、对民族地区义务教育均衡发展含义的探讨以及对西北民族地区义务教育发展特点和规律的调查和揭示，将有助于丰富和发展义务教育均衡发展理论，尤其是有助于促进民族地区义务教育均衡发展理论的深入发展。

第二，将县域内义务教育均衡发展的一般特点和民族地区的特殊性结合起来构建民族地区县域内义务教育均衡发展监测指标体系，一方面可以为民族地区义务教育均衡发展的实证研究奠定基础，另一方面可以为民族地区根据本地区实际因地制宜确定和调整义务教育均衡发展监测指标体系提供参考。

第三，通过现状调查和实证分析，把握西北民族地区县域内义务教育均衡发展的进展、问题、挑战以及影响因素，在明确现状和得失的基础上提出相关对策建议，可以为西北民族地区县域内义务教育均衡发展实践的深入、有效推进提供必要的事实依据和理论支持，同时亦有助于加快发展民族教育，促进全国义务教育均衡发展目标的顺利实现。

均衡发展义务教育，实现县域内义务教育的均衡发展是我国义务教育发展的重要目标。2012 年，国务院颁布实施的《关于深入推进义务教育均衡发展的意见》明确提出："到 2020 年，全国义务教育巩固率达到 95%，实现基本均衡的县（市、区）比例达到 95%。"①

我国是一个统一的多民族国家，西北民族地区的义务教育是我国

① 国务院：《关于深入推进义务教育均衡发展的意见》（国发〔2012〕48 号），2012 年 9 月 7 日，中华人民共和国中央人民政府网，http://www.gov.cn/zwgk/2012-09/07/content_2218783.htm。

义务教育事业的有机组成部分。我国推进义务教育均衡发展，必然包括推进西北民族地区义务教育的均衡发展。事实上，保障民族地区实施义务教育、对民族地区教育发展实施倾斜政策一直是我国义务教育均衡发展政策和民族教育政策的重要内容。一直以来，党和国家高度重视民族教育工作，经过各级政府和有关方面的共同努力，民族教育事业快速发展，取得了显著成就。但是，“由于历史、自然等原因，民族教育发展仍面临一些特殊困难和突出问题，整体发展水平与全国平均水平相比差距仍然较大”①。因此，为了加快推进少数民族教育发展，实现国家长治久安和中华民族繁荣昌盛，国务院于 2015 年颁布了《关于加快发展民族教育的决定》，提出了加快民族教育发展的指导思想、基本原则、发展目标和保障措施，并将实现民族地区县域内义务教育均衡发展作为加快发展民族教育的重要目标，提出：“到 2020 年，民族地区教育整体发展水平及主要指标接近或达到全国平均水平，逐步实现基本公共教育服务均等化……义务教育学校办学条件基本实现标准化，九年义务教育巩固率达到 95%，努力消除辍学现象，基本实现县域内均衡发展。”②

综上所述，实现西北民族地区县域内义务教育均衡发展既是我国在全国范围内实现义务教育均衡发展目标的重要保证，亦是我国加快发展民族教育的重要目标。为了实现上述目标，国家和西北民族地区各级政府相继采取了一系列政策措施推进义务教育均衡发展。那么，这些政策措施的实施状况如何，当前西北民族地区县域内义务教育均衡发展取得了哪些进展，还面临哪些问题和挑战，制约影响西北民族地区义务教育均衡发展的因素有哪些，应该采取哪些有针对性的措施来进一步推进西北民族地区义务教育的均衡发展等已成为西北民族地区义务教育均衡发展过程中急需关注的问题。对上述问题展开研究将有助于全面、深入地把握西北民族地区义务教育均衡发展的特点和规律，进而从实际出发促

① 国务院：《关于加快发展民族教育的决定》（国发〔2015〕46 号），2015 年 8 月 17 日，中华人民共和国中央人民政府网，http://www.gov.cn/zhengce/content/2015-08/17/content_10097.htm。

② 国务院：《关于加快发展民族教育的决定》（国发〔2015〕46 号），2015 年 8 月 17 日，中华人民共和国中央人民政府网，http://www.gov.cn/zhengce/content/2015-08/17/content_10097.htm。

进西北民族地区义务教育均衡发展实践更加深入有效地开展，推动民族教育发展目标以及全国义务教育均衡发展目标的顺利实现。

第二节　文献述评

一、国外对义务教育均衡发展具有影响作用的教育公平理论述评

国外与义务教育均衡发展有关的研究主要有科尔曼的教育机会均等论、胡森的教育机会均等论和罗尔斯的“作为公平的正义”理论等。这些教育公平理论对义务教育均衡发展的理念具有一定的影响作用。

（一）科尔曼的教育机会均等理论

詹姆斯·科尔曼是美国芝加哥大学社会学教授。1966 年，由他牵头的调查组在对公共教育机会均等状况进行调查的基础上，向美国国会递交了《关于教育机会平等性的报告》，通称“科尔曼报告”，集中体现了他的教育公平思想。

科尔曼等人“将学生学业成就引入到教育机会均等的研究领域，并在教育投入与产出间进行综合分析，而不是简单地通过对学校投入、师资水平、设备设施的调查而提出不平等性问题”[①]。科尔曼在对多种教育机会均等观念进行回顾分析的基础上，提出了五种教育不均等的类型：第一种不均等的类型是以社区对学校的投入差异来界说的，表现为生均教育经费、校舍、图书馆等学校设施设备、教师的素质等投入的差异；第二种根据学校的种族构成加以界说，学校由不同的种族构成就会存

① 马晓强：《“科尔曼报告”述评——兼论对我国解决“上学难、上学贵”问题的启示》，载《教育研究》，2006（6）。

在教育不均等现象；第三种类型的不均等包括学校的各种无形特点，体现为教师的德行、教师对学生的期望、学生的学习兴趣水平等方面的差异；第四种是根据学校对背景相同和能力相同的个人所产生的教育结果来界说的，在个人投入相同的条件下获得均等的结果；第五种是根据学校对具有不同背景和不同能力的个人产生的教育结果来界说的，在个人投入不同的条件下获得均等的结果。科尔曼提出，上述五种不均等的类型，可以分为两类，“前 3 种涉及投入资源：第一种涉及因学校行政的作用而输入的资源（设备、课程和教师）；第二种涉及学生输入的资源，在教育背景中，他们的存在是有利于学校的发展的；第三种涉及因上述所有因素的交互作用而形成的无形特点，诸如道德等。第四种和第五种则涉及教育的结果”①。从科尔曼上述对教育机会均等的分类和阐释可以看出，在他看来，教育机会的均等不仅包括教育资源投入的均等，还包括教育结果的均等。

科尔曼在他的调查报告中指出，教育机会不均等依然存在。不同地区与种族群体之间存在着严重的教育机会不均等，这些群体间在技能方面存在一定的差距，这些差距会随着年级的升高而增大，而且白人学生与黑人学生之间存在着几乎恒常的差距。例如，在校期间，黑人学生的平均成就水平与白人学生的平均成就水平的差距和他们入学时的差距几乎相等。因此，教育机会均等不能局限于学校资源投入的均等，而应将关注的重心转向学生的学业成就的均等，即缩小不同地区不同群体学生学业成就的差距。“学校的责任已从公平地增加与分配它的‘均等’，变为增加学生学业成就的均等。这是一个令人注目的转变，一个必然会对今后的教育实践产生深刻影响的转变。”② 与此同时，科尔曼提出，学校的设备条件不是决定学生学业成就的核心因素，学生的家庭及社会背景对其学业成就有着显著影响，因此学校要促进教育机会均等，就要帮助

① ［美］詹姆斯·科尔曼：《教育机会均等的观念》，见张人杰：《国外教育社会学基本文选》，155 页，上海，华东师范大学出版社，2009。

② ［美］詹姆斯·科尔曼：《教育机会均等的观念》，见张人杰：《国外教育社会学基本文选》，158 页，上海，华东师范大学出版社，2009。

学生克服其出身不平等所带来的学业进步障碍，并努力提高资源投入对学业成就的效力。“产出的均等不完全由资源投入的均等决定，还由这些资源对学业成就产生的效力决定。”①

基于科尔曼的教育机会均等理论，我们认为义务教育的均衡发展不应局限于教育设施等物质资源的均衡，还应包括教师素质、学生的学习投入以及教育结果的均衡。同时，学生的家庭及社会背景对其学业成就有着显著影响，因此要实现教育质量的均等，还要帮助学生克服其家庭和社会背景所带来的学业进步障碍，并努力提高资源投入对学业成就的效力。此外，由于学生的家庭及社会背景等影响教育质量的校外因素不可能完全消失，因此教育结果或教育质量的均衡只能是一种相对的均衡，而不可能是一种绝对的均衡。

（二）胡森的教育机会均等理论

瑞典教育家托尔斯顿·胡森通过对“平等”和“机会”的界说，分析了教育机会均等概念。他认为，就个体而言，“平等”包括三层含义，首先，个体的起点的平等，即每个人都有不受任何歧视地开始其学习生涯的机会，至少是在政府所创办的学校教育中应该如此；其次，“平等”指中介性的阶段，即平等地对待每一个人，不管他的种族和社会出身如何；最后，“平等”指一项目标，即在制定和实施教育政策时，应确保入学机会和学业成就的机会平等。“机会”作为可变标准，包括一系列影响教育平等的变量：①学校外部的各种物质因素，即学生的家庭经济状况、学习开支总额、学校地理位置和交通工具；②学校内部的物质设施，即学校建筑物总的质量、实验室、图书馆和教科书等；③家庭背景中的某些心理因素，主要包括家长对子女学习的期望、对掌握知识所持的总的态度、为子女提供的独立自主的口头表述等习惯；④学校中的心理因素，包括教师的能力、对学生的态度、对学习成绩的期望，学生的

① ［美］詹姆斯·科尔曼：《教育机会均等的观念》，见张人杰：《国外教育社会学基本文选》，158页，上海，华东师范大学出版社，2009。

学习动机；⑤国际学业成就评估协会提到的“学习机会”，包括教学条件、教学时数和课外作业的数量。[①] 其实，上述 5 个变量不仅是影响教育平等的因素，而且也是衡量教育机会是否均等的重要指标和对学生的学业成就构成影响的可能性因素。

胡森提出，教育机会均等观念的演变包括起点均等论、过程均等论和结果均等论三个主要阶段。起点均等论盛行于第一次世界大战前的多数工业国家，其主要观点是：上帝使所有的人具有不同的能力，法律应保证人人受教育的权利，但不同能力的人（实际上是不同阶层的人）应进入不同性质的学校。过程均等论在 20 世纪五六十年代欧洲一些国家中影响较大，其主要观点是：每个儿童从出生起就具有某些智力上的天赋或某些较为稳定的能力，教育制度应平等地对待每一个儿童，帮助儿童消除外部的经济障碍与社会障碍，这种障碍在阻碍着出身低微但有才能的学生用其天赋的智力取得好成绩，也阻碍着他们行使由此应得到的升迁性社会流动的权利。结果均等论兴起于 20 世纪 60 年代中期的美国，其主要观点是：在教育上仅仅有形式上的入学机会均等是不够的，还应使不同社会出身的儿童有更多的机会变得聪明，通过补偿教育使学生的学业成就差别有所缩小。同时应关注人的差异性，使每个儿童都有相同的机会受到不同方式的对待。“合情合理的是，不能抱有这样的希望，即在完全同样地对待每一个学生的意义上去实现机会平等。相反，可以说应当为所有儿童提供在社会差异上区别对待的平等机会。”[②]

综上所述，胡森的“教育机会均等”是一个包括了起点均等、过程均等和结果均等的动态性的结构性概念。对于这一看法，“我国学界大体认同并习惯以‘起点公平、过程公平和结果公平’代之，一般认为：起点公平包括教育权利平等和入学机会公平；过程公平主要是享受公共教育资源和服务水平的公平；结果公平是最终体现为学业成就的实质性

① ［瑞典］托尔斯顿·胡森：《平等——学校和社会政策的目标》，见张人杰：《国外教育社会学基本文选》，160—162 页，上海，华东师范大学出版社，2009。

② ［瑞典］托尔斯顿·胡森：《平等——学校和社会政策的目标》，见张人杰：《国外教育社会学基本文选》，178—179 页，上海，华东师范大学出版社，2009。

公平，受教育者获得适合自己的教育，实现个体的自由全面发展”[①]。

胡森的教育机会均等理论对于义务教育均衡发展的启示：首先，在推进义务教育均衡发展过程中，合理地配置教育资源不仅应坚持平等原则（包括教育权利平等和教育机会平等），而且应坚持差异性原则（根据个体特点差异性的配置教育资源）和补偿性原则（对处境不利者进行援助和额外补偿）。其次，影响学生学业成就和教育质量均衡的因素不仅包括校内外的物质因素，而且包括学校和家庭背景中的心理因素和具体的教学过程。

（三）罗尔斯的“作为公平的正义”理论

美国哈佛大学教授罗尔斯在1971年出版的《正义论》和2001年出版的《作为公平的正义——正义新论》等著作中系统地论述了“作为公平的正义”的理论。罗尔斯虽然在其著作中未专门对教育公平下过定义，但我们仍然可以透过他对社会公平的论述揭示其教育公平的思想。

罗尔斯认为，分配正义是社会正义的核心，正义是关于社会制度的，是社会处理自由、机会、收入和财富分配的方式。在罗尔斯看来，现实社会是不平等的。“基本的社会和经济不平等是公民在生活前景（1ife-prospects）方面（他们度过整个人生的前景）的差别，而这些前景是受这样一些事情影响的，诸如他们所属的社会阶级、他们的天赋、他们受教育的机会以及他们人生过程中的幸运与不幸。”[②]而且这些因素都是个人无法自我选择的。因此，“公平问题就是要从这种出发点方面的不平等出发，排除社会历史条件和自然方面的偶然任意因素对人们生活前景的影响”[③]。

为此，罗尔斯提出了两个正义原则。第一个正义原则是平等自由原

① 章露红：《二十年来我国教育公平研究的学术进展——基于1994—2014年间的文献分析》，载《复旦教育论坛》，2015（4）。

② ［美］罗尔斯：《作为公平的正义——正义新论》，姚大志译，53页，北京，中国社会科学出版社，2011。

③ ［美］罗尔斯：《正义论》，何怀宏等译，译者前言，北京，中国社会科学出版社，2001。

则，即“每一个人对于一种平等的基本自由之完全适当体制（scheme）都拥有相同的不可剥夺的权利，而这种体制与适于所有人的同样自由体制是相容的”[①]。这一原则要求平等地对待所有人，用于处理公民的政治权利。第二个正义原则为“公平的机会平等原则”和“差异原则”，即“社会和经济的不平等应该满足两个条件：第一，它们所从属的公职和职位应该在公平的平等机会下对所有人开放。第二，它们应该有利于社会之最不利成员的最大利益（差别原则）”[②]。第二个正义原则用于处理有关社会和经济利益问题，其中“机会公平原则”不仅要求公职和社会职位在形式上是开放的，而且要求所有人都应该有获得它们的公平机会。这种公平的机会意味着社会应赋予所有的社会成员都有平等的获得社会有利地位的能力的条件。因此，社会必须为所有人建立平等的受教育机会，使越来越多的人能够得到更好的教育和培训，通过缩小人们把握机会的能力的差异，缩小他们之间在社会财富和政治资源分享份额方面的差距。“差异原则”则意味着当社会和经济利益的不平等分配有利于社会之最不利成员的最大利益时，这种不平等分配作为一种补偿亦是公平的。“所有的社会基本善——自由和机会、收入和财富及自尊的基础——都应被平等地分配，除非对一些或所有社会基本善的一种不平等分配有利于最不利者。”[③]罗尔斯的理论反映了一种对社会出身和天赋较低的人的同情，一种想通过某种补偿或再分配促进社会成员平等地位的愿望。

罗尔斯“作为公平的正义”理论对于义务教育均衡发展的启示主要有两点，一是推进义务教育均衡发展，促进教育公平，使越来越多的人能够得到更好的教育，有助于缩小人们把握发展机会的能力的差异，进而缩小人们之间社会与经济地位方面的差距，从而促进社会公平。二是

① ［美］罗尔斯：《作为公平的正义——正义新论》，姚大志译，56页，北京，中国社会科学出版社，2011。

② ［美］罗尔斯：《作为公平的正义——正义新论》，姚大志译，56页，北京，中国社会科学出版社，2011。

③ ［美］罗尔斯：《正义论》，何怀宏等译，303页，北京，中国社会科学出版社，2001。

在教育发展过程中，对处境不利者和处境不利地区进行补偿和援助，不仅有助于保障人们平等地接受教育的权利，推进教育均衡发展，而且有助于促进社会的公平。

二、国内义务教育均衡发展研究述评

国内义务教育均衡发展研究在近十余年取得了较大进展。笔者在中国知网检索发现，截至 2018 年底，关于义务教育均衡发展问题的期刊发表论文和硕博士学位论文共计有 2500 余篇。同时，笔者搜索到相关著作 70 余部，这说明该问题已成为我国当前教育领域的热点和焦点问题，引起了教育研究者的高度重视。从这些研究成果的数量变化来看，最早的论文发表于 1994 年，但 1994 至 2001 年间只有 3 篇相关论文发表，2002 年之后相关研究论文数量呈快速增长趋势，2012 年有关义务教育均衡发展的期刊论文和硕博士学位论文达到 274 篇，2013 年后虽略有下降，但每年的数量仍保持在 200 篇上下。有关义务教育均衡发展的专著最早出版于 2005 年，之后呈现增长趋势。另该领域研究成果的数量变化与国家的政策密切相关，2006 年修订实施的《中华人民共和国义务教育法》和 2010 年颁布的《国家中长期教育改革和发展规划纲要（2010—2020 年）》等政策都促进了相关研究的发展。从研究的问题与方法来看，早期的研究多为义务教育均衡发展的理论探讨和问题分析，后期则出现了较多的调查研究，但值得指出的是，目前理论研究大多是对义务教育均衡发展的一般性问题的探讨，实证研究的对象虽然覆盖了东部、中部和西部地区，但其中对民族地区，特别是对西北少数民族地区义务教育均衡发展的研究较少。从研究的内容来看，相关研究的内容主要包括义务教育均衡发展的内涵、义务教育均衡发展与教育公平的关系、义务教育均衡发展监测指标体系、义务教育失衡的表现及归因、推进义务教育均衡发展的原则与策略等。

（一）义务教育均衡发展的内涵

关于义务教育均衡发展的内涵，于建福认为："教育均衡发展，是指通过法律法规确保给公民或未来公民以同等的受教育的权利和义务，通过政策制定与调整及资源调配而提供相对均等的教育机会和条件，以客观公正的态度和科学有效的方法实现教育效果和成功机会的相对均衡。"① 翟博提出："教育均衡实质上是指在教育公平思想和教育平等原则的支配下，教育机构和受教育者在教育活动中有平等待遇的理想和确保其实际操作的教育政策及法律制度。"② 教育均衡的目标是教育需求与教育供给的相对均衡，教育资源配置的均衡是教育均衡的基础和前提。③ 范国睿和李树峰、姚永强和范先佐等人认为，内涵发展是教育均衡发展的新趋向，教育均衡发展不应仅仅是外部资源投入的均衡，更应该是学校内部教育教学质量的提升与均衡。④ 刘新成和苏尚锋认为，义务教育均衡发展有三重意蕴。第一重意蕴是配置均衡，即对教育横向结构方面的地区之间、学校之间、学校内部群体之间和教育纵向结构方面的各级各类教育之间的教育资源进行均衡配置，提供相对均等的机会和条件，保障每一位受教育者平等的受教育权利；第二重意蕴是供需均衡，即义务教育均衡发展不仅要在宏观结构上实现不同地区、不同学校、不同群体之间的教育公平，而且要在微观情境中实现学生在受教育的起点、过程和结果三方面都拥有公平的成长和成功机会。第三重意蕴是动态均衡，即基础教育系统内各部分、各要素之间形成协调、适应、有序的关系，从而使整个教育系统处于一种稳定、功能优化的动态发展状态。⑤ 王建荣和夏志强提出，义务教育均衡发展是全面的、动态的、协调的、

① 于建福：《教育均衡发展：一种有待普遍确立的教育理念》，载《教育研究》，2002（2）。

② 翟博：《基础教育均衡发展理论与实践——中国基础教育均衡发展研究报告》，8页，北京，教育科学出版社，2013。

③ 翟博：《基础教育均衡发展理论与实践——中国基础教育均衡发展研究报告》，8页，北京，教育科学出版社，2013。

④ 范国睿、李树峰：《内涵发展：教育均衡发展的新趋向》，载《上海教育科研》，2007（7）；姚永强、范先佐：《论义务教育均衡发展方式的转变》，载《教育研究》，2013（2）。

⑤ 刘新成、苏尚锋：《义务教育均衡发展的三重意蕴及其超越性》，载《教育研究》，2010（5）。

特色的发展。[①] 李宜江、朱家存认为，均衡发展义务教育不仅是价值引领式发展和学校优质特色化发展，也是学生全面个性化的发展。[②] 以上观点虽然在研究视角和关注侧重点上有所不同，但都认同义务教育均衡发展是在教育公平思想指导下，采取政策法规制定与调整、深化教育改革等措施保障儿童平等的受教育权利，促进义务教育入学机会均等、教育资源配置均衡合理以及教育质量均衡与提高的动态过程。

（二）义务教育均衡发展与教育公平的关系

关于义务教育均衡发展与教育公平的关系，研究者大都认同作为一种思想的教育公平是教育均衡发展的理论基础，而作为一种教育理想状态的教育公平是教育均衡发展的目标追求，教育均衡发展则是实现教育公平的根本途径。如有研究者提出，“教育公平、公正强调的是机会、结果与状态的平等。而教育的均衡发展强调的是一种发展过程，是为了达到教育公平、公正的目的，对相关政策、条件和资源的合理掌控与调配，是一个考虑到各个层面均衡和各项任务内容均衡的整体架构，教育的均衡发展具有政策、运作、机制层面上的意义”[③]。

（三）义务教育均衡发展监测指标体系

关于义务教育均衡发展监测指标体系的研究主要包括两个方面的内容，一是关于指标选取的原则，二是指标体系的构建。

关于指标选取的原则，任春荣认为，指标选取的一般性原则是目的明确、切实可行、比较全面，同时指标体系应具有一定的稳定性。此外，考虑到均衡发展水平评估的特殊要求，指标还应具有敏感性和可靠性。[④] 王建荣、夏志强提出，义务教育均衡发展指标体系的设计原则包

---

① 王建荣、夏志强:《我国义务教育均衡发展的内涵及其指标体系构建》，载《理论与改革》，2010（4）。

② 李宜江、朱家存:《均衡发展义务教育的理论内涵及实践意蕴》，载《教育研究》，2013（6）。

③ 王璐:《国际视野下的义务教育均衡发展研究：理论基础、对象层次与任务内容》，载《比较教育研究》，2013（2）。

④ 任春荣:《县域义务教育均衡发展评估指标的选择方法》，载《中国教育学刊》，2011（9）。

括全面性、质量取向性、简明性、可比性、评估导向性。[①] 陈世伟、徐自强则认为，为了保证相关指标体系本身的价值合理性与技术科学性，构建义务教育均衡发展指标体系应遵循相对均衡原则、动态发展原则、弱势倾斜原则、质量第一原则和差异均衡原则。[②] 与上述研究者不同，李继星对指标选取原则的讨论更为详细具体，他在对义务教育均衡发展的基本问题进行讨论分析后提出，制定相关指标体系的基本原则包括平等，以受教育者的发展为本，公平优先、兼顾效率、利益最大化，全面规划、分阶段实施，以机会公平为起点、资源配置为基础、教育质量为核心、县域均衡为重点，数据的可获得、可比较、可公开。[③]

根据研究涉及的范围，可将有关义务教育均衡发展监测指标体系的研究大致分为整体性的义务教育均衡发展监测指标体系研究和县域义务教育均衡发展监测指标体系研究两部分。由于县域义务教育均衡发展监测指标体系的研究后文有专门论述，此处不再展开。关于整体性的义务教育均衡发展监测指标体系，翟博认为，教育均衡主要应从地区之间、城乡之间、学校之间和学生群体之间是否均衡四个方面考察。他进而提出，基础教育均衡发展特别是义务教育均衡发展指数应从教育机会均衡、教育资源配置均衡、教育质量均衡、教育成就均衡四个层次 25 个要素去测度。[④] 褚宏启、高莉认为，教育均衡包括教育机会均衡、教育资源配置均衡、教育过程均衡、教育质量均衡等。鉴于一些指标体系中关于教育机会均衡、教育资源配置均衡的指标较为完善，对于教育过程均衡、教育质量均衡的指标关注不够，他们提出，应增加义务教育发展的过程指标，完善结果指标（质量指标）。[⑤]

① 王建荣、夏志强：《我国义务教育均衡发展的内涵及其指标体系构建》，载《理论与改革》，2010（4）。

② 陈世伟、徐自强：《县域义务教育均衡发展指标体系构建研究》，载《内蒙古农业大学学报》（社会科学版），2010（4）。

③ 李继星：《关于义务教育均衡发展指标体系的初步思考》，载《人民教育》，2010（11）。

④ 翟博：《基础教育均衡发展理论与实践——中国基础教育均衡发展研究报告》，28 页，北京，教育科学出版社，2013。

⑤ 褚宏启、高莉：《义务教育均衡发展评估指标与标准的制订》，载《教育发展研究》，2010（6）。

（四）义务教育失衡的表现及归因

综合相关研究，义务教育失衡的表现主要包括两个维度上的不均衡，一是空间维度上的区域间发展不均衡、城乡间发展不均衡、校际间发展不均衡和学生群体间发展不均衡；二是内容维度上的教育经费投入不均衡、教育设施配备不均衡、师资力量不均衡以及教育质量不均衡等。

关于义务教育非均衡发展的原因，主要包括以下四个方面。

第一，经济社会发展不平衡。有研究者指出，义务教育发展不均衡的根本原因是经济社会发展不平衡。首先，我国区域间经济发展不平衡。义务教育发展不均衡是经济社会发展不平衡在教育领域的反映，因为各地经济发展的总体水平直接影响该地区支持教育发展的经济实力，特别是直接影响该地区教育发展的程度。其次，我国城乡之间发展不平衡。由于历史和政策诸多方面的原因，我国的城乡二元结构发展路径造成了城乡之间在发展程度和水平上的巨大差距。改革开放以来，农村经济虽然取得了重大成就，但城市发展相对要快得多，城乡差距进一步拉大。城乡差距的存在成为导致城乡义务教育发展不均衡的现实原因。①

第二，教育政策取向的错位。这主要体现在两个方面：一是 2006 年之前的二十多年里，义务教育供给责任不断下移，由于农村经济总量和农民收入水平的限制，特别是实行税费改革和免除农业税后，农村义务教育陷入一定的困境；二是重点学校制度造成了城乡学校之间的巨大差距。②一些地方把建设重点学校、示范学校、“窗口学校”作为政绩工程。这种制度使重点学校处于优势地位，人为地造成了学校之间的发展差距。③

第三，教育供给制度的缺陷。主要表现为强制性制度变革、政策意图偏离和制度外供给。④

第四，“精英教育”取向等非制度因素的影响。主要表现为挥之不

① 梁清：《均衡发展：义务教育异化的超越》，载《教育理论与实践》，2006（11）。

② 耿华萍、刘祖云：《城乡义务教育非均衡发展现实归因的理论思考》，载《南京社会科学》，2016（4）。

③ 梁清：《均衡发展：义务教育异化的超越》，载《教育理论与实践》，2006（11）。

④ 耿华萍、刘祖云：《城乡义务教育非均衡发展现实归因的理论思考》，载《南京社会科学》，2016（4）。

去的精英教育情结，让义务教育的“选拔功能”片面扩大化。①

（五）推进义务教育均衡发展的原则与策略

有研究者指出，推进义务教育均衡发展要遵循平等、差异和补偿等原则。平等原则是促进义务教育均衡发展的首要原则和底线原则。该原则主要包括入学机会平等、公共教育资源分配平等和教育质量平等，这是保障受教育者教育过程平等和教育结果平等的基本条件，是真正克服义务教育非均衡发展的基本路径。差异原则是指义务教育均衡发展要鼓励不同区域、不同学校、不同类型的教育，根据各自的实际情况创造性地探索，最终实现优势互补、特色发展、整体提升。补偿原则是指国家要给予处于不利社会环境中的儿童额外的教育补偿和关怀。该原则要求对落后地区和薄弱学校在教育资源配置上予以额外补偿。补偿是对教育资源的再分配，目的是缩小区域经济差距和学校条件差距导致的结果差距。②

综合相关研究，研究者提出的推进义务教育均衡发展策略主要有落实政府责任，推动教育制度改革创新，通过优先推进学校标准化建设、扩大优质教育资源、实施集团化办学和教师交流轮岗等措施促进教育资源的均衡合理配置，深化教师队伍建设，推进义务教育学校文化建设和特色发展，加大对农村薄弱学校和弱势群体的扶持力度，改进义务教育均衡发展督导评估等。

三、西北民族地区义务教育均衡发展研究述评

目前关于西北民族地区义务教育均衡发展的研究成果数量较少，仅有二十余篇论文和2006年出版的专著《西北少数民族地区基础教育均

① 耿华萍、刘祖云：《城乡义务教育非均衡发展现实归因的理论思考》，载《南京社会科学》，2016（4）。

② 鲍传友：《义务教育均衡发展：内涵和原则》，载《国家教育行政学院学报》，2007（1）。

衡发展研究》。这些研究具有以下特点：多数研究是对西北民族地区义务教育均衡发展的问题分析和对策思考，调查研究较少；有少量研究对新疆呼图壁县、布克赛尔县，青海省同仁县，甘肃省临夏回族自治州等地区的义务教育均衡发展状况进行了调查，但调查的范围仅涉及了西北民族地区中的少数地区；一些研究者对西北民族地区义务教育阶段学校教师资源配置、西北农村义务教育经费投入等问题进行了研究，这些问题虽然与义务教育均衡发展有关，但由于研究内容单一、零散，难以反映西北民族地区义务教育均衡发展的全貌。

从研究内容来看，上述研究的内容可归结为西北民族地区义务教育均衡发展的进展、义务教育失衡的表现与原因、促进西北民族地区义务教育均衡发展的策略等。

关于西北民族地区义务教育均衡发展的进展，王定华提出，新疆呼图壁县义务教育均衡发展的进展主要包括实现了“两基”目标、改善了学校硬件条件、制定了教育发展规划、加强了教师队伍建设、规范了学校办学行为、深化了课程教学改革、推动了教育信息化。①

关于西北民族地区义务教育失衡的表现，主要包括教育经费投入不足，教育经费筹资渠道单一；教育资源配置不均衡，教学功能用房短缺，教学仪器达标率低；教师数量不足，结构不合理，体现民族教育特点的双语师资奇缺，教师进修或参与培训的机会少；学校管理水平和教学质量有待提高；入学率、巩固率、升学率低，巩固提高“两基”成果，特别是巩固提高偏远山区、牧区学校适龄儿童入学率和巩固率的任务非常艰巨。

关于西北民族地区义务教育失衡的原因，主要包括以下一些方面。一是复杂恶劣的地理环境、艰苦的自然条件、交通不便及诸多区位劣势，使西北民族地区义务教育处于不利的境地，办学难度大；二是西北民族地区经济基础薄弱，经济发展水平低，导致教育投入不足；三是西北民族地区人们的生活习惯、思想观念和文化语言差异影响了义务教育

① 王定华:《新疆呼图壁县义务教育均衡发展调研及启示》，载《基础教育参考》，2012（11）。

的均衡发展。

研究者提出的促进西北民族地区义务教育均衡发展的策略，主要包括强化政府责任，国家建立西部民族地区“教育发展优先区”，开展西部民族教育的专门工程，充分发挥西部民族教育与区域经济的协调作用，走西部民族经济与教育良性循环的发展道路[①]，加大民族地区教育投入，加强民族地区薄弱学校、农村学校建设，努力实现义务教育师资均衡配置，创新民族地区义务教育发展思路，等等。

第三节　研究思路与方法

一、研究思路

为了顺利实现研究目标，本研究按照以下思路展开。

第一，明确研究对象整体范围。本研究所说的“西北民族地区”具体指我国西北地区的民族自治地区。进一步来说，本研究的研究对象总体范围为西北民族自治地区的所有县、市、区等县级行政区，具体包括我国西北地区宁夏回族自治区的22个县（市、区），新疆维吾尔自治区的97个县（市、区，不含兵团），青海省6个民族自治州的32个县（市、区）和这6个自治州之外的5个民族自治县，甘肃省2个民族自治州的16个县（市、区）和这2个民族自治州之外的5个民族自治县，由于西北地区的陕西省没有民族自治州和民族自治县，故不在本研究的范围内。

第二，在分析借鉴相关研究成果、学习领会有关政策以及对民族地区义务教育状况进行前期调查了解的基础上，分析民族地区义务教育均衡发展的特殊问题，探讨民族地区县域内义务教育均衡发展的含义，进

① 王鉴：《西部民族地区教育均衡发展的新战略》，载《民族研究》，2002（6）。

而构建民族地区县域内义务教育均衡发展监测指标体系，为后续实证研究奠定理论基础。

第三，综合考虑各地区经济发展水平、行政区划归属、地理环境、民族人口分布等因素，在西北民族地区选取了6个县级行政区作为实地调查的样本县。这6个县级行政区的归属省区、人均GDP、区域内主要民族和少数民族人口占比等基本情况如表1所示。

表1　6个样本县的基本情况

县级行政区	归属省区	人均GDP（元）	城镇化率	区域内主要民族	少数民族人口占总人口比例
C县	甘肃省	6277	18.81%	汉族、回族、东乡族、保安族、撒拉族等	回族占31.73%，东乡族占8.47%，保安族占6.85%，撒拉族占3.86%
H市	甘肃省	39115.65	55.48%	藏族、汉族、回族等	藏族占52.93%
Y市	青海省	11099	40%	藏族、汉族等	藏族占97%
S县	新疆维吾尔自治区	20637	28.20%	维吾尔族、汉族、回族等	维吾尔族占85.36%
X县	新疆维吾尔自治区	21725	30.80%	维吾尔族、汉族、回族等	维吾尔族占94.31%
L区	宁夏回族自治区	44611.22	64%	回族、汉族等	回族占62.5%

注：表中数据为2017年数据。

第四，根据民族地区县域内义务教育均衡发展监测指标体系，编制实地调查的工具，包括县教育局调查表，义务教育学校调查表，教育局局长访谈提纲、学校管理人员与教师访谈提纲和教师调查问卷、学生调查问卷等，进而制订调研方案，组建调研队伍，培训调查人员，对选取的6个样本县（市、区）开展实地调查。

第五，在实地调查的同时，收集与西北民族地区义务教育均衡有关的各种文件、数据和材料。

第六，整理、录入、分析、解释数据材料。数据分析采用SPSS19.0进行。

第七，基于实证研究结果，运用相关理论和政策，借鉴有益经验，提出推进西北民族地区县域内义务教育均衡发展的对策建议。本研究的基本研究思路和技术路线如图 1 所示。

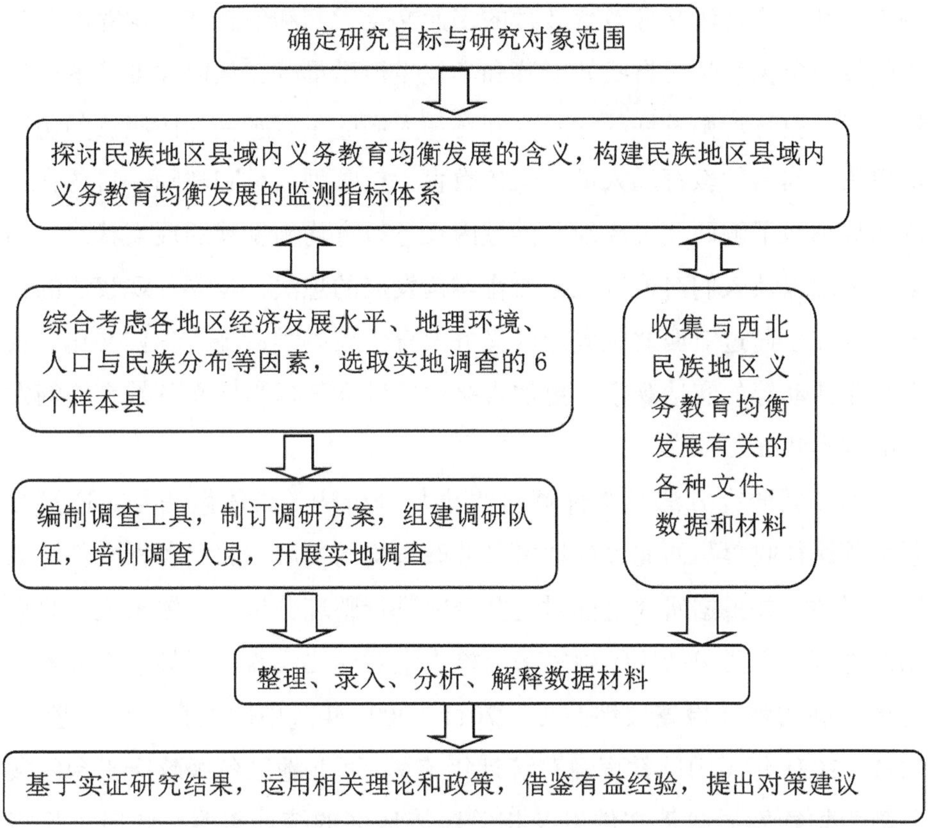

图 1　西北民族地区县域内义务教育均衡发展的现状与对策研究基本思路和技术路线示意图

二、研究方法

本研究的研究方法主要包括两类。

第一类研究方法是用于样本县实地调查的方法，主要包括填表法、文件资料收集法、问卷法、访谈法和观察法。

填表法的目的在于通过教育局调查表和义务教育学校调查表的填写来收集西北民族地区县域内义务教育均衡发展监测指标体系的基本数据。文件资料收集法主要是收集样本县与义务教育均衡发展有关的各种文件、数据和材料。问卷法的调查对象为教师和学生，主要目的在于调查了解民族地区义务教育教师的多元文化素养和信息技术素养以及学生的课业负担、学习自我效能感和学校生活质量等，从而详细了解民族地区义务教育均衡发展的深层次问题和人们的主观感受。访谈法的访谈对象为样本县的教育局人员、义务教育学校管理人员和教师，目的在于深入详细地了解西北民族地区县域内义务教育均衡发展的现实状况、问题、原因以及人们对推进义务教育均衡发展的想法、建议。观察法的目的主要在于通过对西北民族地区义务教育学校办学设施、学校文化、教育教学活动等的实地观察，更加直接地体验和把握当地义务教育均衡发展的现实状况。

第二类研究方法是文件资料收集与分析法。具体做法是：通过互联网等途径收集与西北民族地区义务教育均衡发展有关的各种文件、数据和材料，并根据研究目标对这些资料进行整理分析。具体来说，收集的文件资料主要包括历年国家督导检查组对西北民族地区县域义务教育均衡发展的督导检查反馈意见、2011—2021 年《中国教育统计年鉴》、2011—2021 年《中国教育经费统计年鉴》、西北地区各级政府出台的义务教育均衡发展政策文件以及相关民族地区的统计年鉴、政府工作报告、国民经济和社会发展统计公报等。

第一章　民族地区县域内义务教育均衡发展的含义与监测指标体系

第一节　民族地区县域内义务教育均衡发展的含义

分析把握民族地区县域内义务教育均衡发展的含义既是相关实践深入推进的要求，亦是建构民族地区县域内义务教育均衡发展监测指标体系的基础。与其他地区相比，民族地区义务教育的均衡发展既有义务教育均衡发展的一般特点和规律，同时又存在一些特殊的问题，因此，无论是理解民族地区义务教育均衡发展的含义，还是在此基础上建构相关指标体系，都既需要把握义务教育均衡发展的一般含义与特点，又需要以对民族地区特殊问题的分析为基础。

一、县域内义务教育均衡发展的一般含义

结合学术界的相关研究，义务教育均衡发展主要包含以下四层含义。一是义务教育均衡发展是以发展求均衡的发展理念和发展模式，是在教育公平思想指导下通过政策法律等措施缩小地区、校际、不同群体间教育发展差距，推进教育机构、受教育者在教育活动中拥有平等待遇的过程。“其最基本的要求就是在教育机构和教育群体之间平等地分配教育资源和份额，达到教育需求与教育供给的相对均衡，并最终落实在

人们对教育资源的分配和使用上。”[①]二是义务教育均衡发展的实质是“追求教育平等、实现教育公平”[②]。在这个意义上，推进教育均衡发展是途径，向所有人提供有质量保证的教育才是义务教育均衡发展的最终目的。三是义务教育均衡发展不是平均发展，不是“削峰填谷”，不是不要特色，而是尊重差异、“造峰扬谷”式发展，不是把好学校的办学质量拉下来，而是要通过把办学质量相对薄弱的学校和地区扶上来，从而使义务教育在较高层次上实现整体发展。四是义务教育均衡发展是一种动态的发展过程。由于均衡反映的是地区、城乡、学校等之间义务教育发展水平的差距，这种差距又处于不断变化之中，因而均衡水平也是不断变化的，是一种从不均衡到均衡再到新的不均衡和均衡的螺旋上升中的动态过程。

总体来说，义务教育均衡发展主要包括三个层面：一是区域之间的均衡发展，省域之间、市域之间、县域之间以及城乡之间，都要统筹规划，实现均衡发展；二是区域内部学校之间的均衡发展；三是群体之间的均衡发展，特别应当关注弱势群体的教育问题。推进义务教育均衡发展是一个动态的过程，从长远发展看，需要在上述三个层面同步推进。而从现实出发，当务之急是在区域内部，特别是在县（市、区）域范围内，率先推进义务教育的均衡发展。[③]

然而，对于县域内义务教育均衡发展的内涵，学术界尚有多种不同的理解。在县域内义务教育均衡发展涉及的对象范围方面，有学者认为，县域义务教育均衡发展是“不断促进县域内义务教育校际间均衡发展”[④]。另有学者认为，县域义务教育均衡发展不仅包括校际间的均衡发

---

① 翟博:《教育均衡发展：理论、指标及测算方法》，载《教育研究》，2006（3）。

② 翟博:《基础教育均衡发展理论与实践——中国基础教育均衡发展研究报告》，8页，北京，教育科学出版社，2013。

③ 汪明:《义务教育均衡发展与若干保障机制——部分地区的政策及实践分析》，载《教育发展研究》，2005（10）。

④ 申国昌、王永颜:《县域义务教育均衡发展的现状调查与政策建议——以湖北恩施教育调查为例》，载《教育研究与实验》，2015（4）。

展，而且包括保障不同受教育群体的教育机会均等。[①]再有学者提出，县域义务教育均衡发展涉及“县域内各乡镇之间、城乡之间、校际之间及初中与小学之间”的均衡。[②]还有学者认为，区域义务教育均衡，不仅是通过缩小区域内义务教育发展差距、不同学校办学水平差异，而且在于“区域内不同学校之间形成相互助长的关系”[③]。笔者以为，就现阶段而言，推进县域内义务教育均衡发展的重点是缩小校际间、城乡间以及不同群体间的教育发展差距，实现校际间、城乡间以及不同群体间教育的均衡协调发展。

在均衡发展的内容方面，有学者强调教育资源配置的核心地位，提出义务教育均衡发展是“以教育资源配置为核心的国家义务教育公共服务的均等化”[④]。另有学者依据教育活动的三个基本要素，提出义务教育均衡发展是实现“师资配置、生源分配、教学保障条件等方面的大致平衡”[⑤]。再有学者强调，义务教育均衡发展存在“初步均衡”和“基本均衡”等阶段，“从程度上来看，初步均衡就是在教育投入、教育设施、教师资源等基本办学条件方面首先实现均衡；基本均衡就是义务教育发展水平和教育质量实现一定程度的均衡”[⑥]。还有学者主张义务教育均衡发展不仅存在以教育资源配置为核心的均衡阶段，还存在以质量为核心的优质均衡阶段或“高位教育均衡”阶段，优质均衡是优质和均衡的结合，是在资源均衡基础上追求教育质量的提升，旨在实现教育质量的均衡。[⑦]

义务教育均衡发展既是一种发展目标，又是相关主体采取措施实现目标的过程，是发展目标与手段措施的统一。因此，对县域内义务教育

① 于发友、赵慧玲、赵承福：《县域义务教育均衡发展的指标体系和标准建构》，载《教育研究》，2011（4）。

② 董世华、范先佐：《我国县域义务教育均衡发展监测指标体系的构建——基于教育学理论的视角》，载《教育发展研究》，2011（9）。

③ 孙素英：《区域义务教育均衡发展影响因素》，载《中国教育学刊》，2012（6）。

④ 张耒：《县域义务教育均衡发展政策指向及战略选择》，载《中国教育学刊》，2013（11）。

⑤ 董世华、范先佐：《我国县域义务教育均衡发展监测指标体系的构建——基于教育学理论的视角》，载《教育发展研究》，2011（9）。

⑥ 褚宏启、高莉：《义务教育均衡发展评估指标与标准的制订》，载《教育发展研究》，2010（6）。

⑦ 冯建军：《义务教育优质均衡发展的理论研究》，载《全球教育展望》，2013（1）。

均衡发展的含义可以从其目标、措施和责任主体三个方面加以认识。

首先，县域内义务教育均衡发展是县域内义务教育机构、受教育者在教育活动中平等待遇的实现。由于义务教育均衡发展存在初步均衡、基本均衡和优质均衡等阶段，因此，县域内义务教育均衡发展的目标要以不同时期教育发展的特点加以确定。在基本均衡发展阶段，县域内义务教育均衡发展的目标主要包括以下四个方面：一是推进县域内义务教育学校达到国家和本省（区、市）义务教育学校办学基本标准；二是实现县域内城乡之间、校际之间在经费投入、办学设施、师资配置和生源分配方面达到大致均衡；三是巩固提升县域内义务教育普及成果和办学水平，实现县域内城乡之间、校际之间教育质量的一定程度的均衡；四是实现不同的受教育群体在受教育权利、条件以及成功机会等方面达到相对的平等。

其次，县域内义务教育均衡发展即均衡发展县域内义务教育。均衡发展从总的发展情况来讲，不搞“锦上添花”，而是要搞“雪中送炭”。[①]具体来说，推进义务教育均衡发展的措施主要包括以下六个方面：一是确立教育优先发展地位、增加教育投入，建立经费保障机制；二是通过薄弱学校改造和学校标准化建设等措施，推动教育资源配置向薄弱学校、农村学校倾斜，均衡、合理配置教育经费、办学设施、师资和生源等教育资源；三是推动教育资源的共享和发挥优质教育资源的辐射带动作用；四是通过合理规划学校布局，办好必要的教学点，方便学生就近入学等措施巩固提升义务教育普及成果；五是通过对特殊群体的关爱扶持，保障特殊群体平等接受义务教育；六是全面实施素质教育，注重内涵发展，加强和改进学校管理，优化师资结构和质量，努力提高学校办学水平，整体提高教育质量。

最后，推进义务教育均衡发展的主要责任在政府，同时，政府在促进义务教育均衡发展中的责任是有限的，市场和学校在义务教育均衡发展中亦具有不可忽视的作用。具体来说，政府在义务教育均衡发展中具

① 李连宁：《要从教育发展战略上思考和促进基础教育的均衡发展》，载《人民教育》，2002（4）。

有主导作用，主要承担规划责任、财政责任和管理责任。进一步来说，中央政府的责任主要包括立法与规划责任、财政均衡责任和督导与问责责任，省级政府的责任主要包括区域规划责任、财政保障与绩效责任、区域评价与质量监管责任，县级政府的责任主要包括县域规划责任、财政资金分配与效率责任、落实政策与学校质量监管责任。①

综上所述，县域内义务教育均衡发展是指在中央和省级政府的规划指导和财政支持下，县市区政府和学校等主体根据当地实际因地制宜、实事求是地调整义务教育发展思路，均衡合理配置教育资源，着力提升农村学校和薄弱学校的办学水平，在实现义务教育学校标准化建设的同时，推动县域内校际之间、城乡之间在经费投入、办学设施、师资队伍、生源分配等方面达到相对均衡，努力提升义务教育质量以及不同群体之间在受教育权利、条件、成功机会等方面的相对均等。

二、民族地区义务教育均衡发展的特殊问题

受历史、经济社会发展滞后、自然环境恶劣、交通不便、人口居住分散以及文化差异性等因素的影响，民族地区义务教育均衡发展除了具有一般地区的共性外，还有其特殊问题。当前，随着民族地区义务教育均衡发展研究的深入，已有一些研究者开始注意到民族地区义务教育均衡发展的特殊问题，如有学者指出，“民族传统教育与现代学校教育的均衡发展问题，多民族共校中不同民族学生的均衡发展问题，以及民族地区基础教育师资的特色性均衡问题等，都是民族地区基础教育均衡发展中存在的特殊性问题”②。再有学者从民族地区的地域特殊性、经济发展特殊性和民族文化差异性三个方面分析了上述因素对民族地区县域义

① 田汉族、戚瑜杰：《政府在义务教育均衡发展中的责任及其限度》，载《湖南师范大学教育科学学报》，2016（5）。

② 陈荟、孙振东：《民族地区基础教育均衡发展中的几个问题》，载《教育学报》，2015（4）。

务教育均衡发展的特殊制约作用。[①]本研究拟在上述研究的基础上，对民族地区义务教育均衡发展的特殊问题做一些进一步的分析。

（一）民族地区寄宿制学校办学条件不足制约校际办学差距缩小

寄宿制学校是民族地区广泛存在的一种学校类型。在一些西部民族地区，寄宿制学校和寄宿生占有相当高的比例。例如，2015 年青海省果洛藏族自治州 55 所小学中有 51 所是寄宿制学校，玉树藏族自治州 114 所小学中有 110 所是寄宿制学校。果洛、玉树、黄南三州小学寄宿生占在校生比例分别达到 79.66%、71.93% 和 65.99%，中学寄宿生占在校生比例分别为 95.39%、68.95% 和 93.59%，远远高于西宁、海东市寄宿生比例。[②]2017 年，贵州省黔西南布依族苗族自治州小学、初中寄宿率分别达 30.2% 和 78.1%。[③]实践证明，“办好民族地区寄宿制学校是发展民族教育，尤其是在少数民族牧区和经济困难、居住分散的少数民族山区教育的有效办模式”[④]，它不仅“有利于提高学龄儿童入学率和巩固率，有利于集中师资加强教学，有利于集中力量改进办学条件，同时，还有利于提高经济欠发达牧区、山区人民的科学文化水平，加大各级各类少数民族人才的培养力度”[⑤]。当前，民族地区寄宿制学校在学生住宿、餐饮、如厕、冬季取暖、卫生保健和后勤管理服务人员配备等办学条件方面还存在一些问题。比如有的寄宿制学校宿舍和食堂面积过小，学校食堂饭菜质量不能满足学生需要，有的学校宿舍楼由教学楼改造而成，整个宿舍楼没有厕所，学生夜间如厕很不方便，有的学校没有锅炉或已损

① 白贝迩：《民族地区县域义务教育均衡发展的制约因素与现实路径》，载《青海民族研究》，2016（2）。

② 马存芳：《青海藏区寄宿制学生心理健康状况及社会支持关系研究》，载《民族教育研究》，2017（1）。

③ 《2017 年黔西南州人民政府工作报告——2017 年 2 月 14 日在州第八届人民代表大会第一次会议上通过》，2017 年 3 月 7 日，黔西南州人民政府网，http://www.qxn.gov.cn/ViewGovPublic/zzfgzbg/186571.html。

④ 白亮：《关于西北民族地区寄宿制学校办学若干问题的思考》，载《当代教育与文化》，2009（3）。

⑤ 王鉴、安富海：《论民族教育优先发展的科学内涵》，载《西北师大学报》（社会科学版），2009（3）。

坏，冬季取暖存在困难，有的学校文体娱乐设施匮乏，影响学生课余生活质量，有的学校缺乏卫生保健和后勤管理服务人员等。缩小校际间办学水平差距是义务教育均衡发展的重要目标，对于寄宿制学校较多的民族地区来说，要缩小校际办学水平差距，提升校际间教育的均衡发展，就不能不对寄宿制学校的这些特殊问题和特殊需要予以特别的关注和重视，并积极采取措施加以改善。

（二）部分地区巩固提高义务教育普及水平的任务依然繁重

2017年，我国义务教育巩固率已达到93.8%。但在一些民族地区，义务教育巩固率与全国平均水平相比还有较大差距，提高义务教育巩固率的任务依然繁重。例如2018年贵州省黔西南布依族苗族自治州《政府工作报告》提出，该州2018年要重点抓好的工作之一是将九年义务教育巩固率提高到87%[①]；再如甘肃省临夏回族自治州2016年《政府工作报告》提出，未来5年政府教育工作的主要任务之一是将义务教育巩固率提高到90%以上。[②]对于这些地区而言，依法履行控辍保学职责，在调查分析学生辍学原因的基础上，采取应对措施降低辍学率，巩固提高九年义务教育普及水平依然是推进义务教育发展的重要任务和目标。

（三）女童和家庭经济困难学生的教育状况不容乐观

当前，我国民族地区女童教育已取得重大成就，同时受民族地区历史遗留的社会意识差异，早婚早育观念以及生产生活方式、交通等因素的影响，在一定的范围内民族地区女童教育仍存在发展不够均衡的问题。这种不均衡主要体现在女童辍学率高、升学率低、家长对少数民族

① 《2018年黔西南州人民政府工作报告——2018年1月3日在州八届人民代表大会第二次会议上》，2018年1月15日，黔西南州人民政府网，http://www.qxn.gov.cn/ViewGovPublic/zzfgzbg/217710.html。

② 《政府工作报告——2016年10月29日在临夏回族自治州第十五届人民代表大会第一次会议上》，2016年12月7日，临夏回族自治州人民政府网，http://www.linxia.gov.cn/Article/Content?ItemID=16a05dab-290f-4533-9eb6-13580a7d2b4d。

女童教育的重视程度不够、学校教育满足不了少数民族女童的教育需求等方面。有研究者对滇中地区大平地苗寨等三个苗寨的调查表明，“义务教育虽已在滇中广泛深入开展，但滇中苗族女童教育状况仍不容乐观，突出表现为辍学严重、苗族女童自身的受教育意识不强、家长对子女的教育意识不足三个方面”[①]。本课题组对甘肃临夏回族自治州某县的调查亦发现，在当地农村，很多女孩十六七岁结婚。一些家长受“男主外、女主内”传统观念的影响，认为女孩接受不接受教育不重要，要求女孩在出嫁前离开学校，以便在家学习做饭、做针线，干一些家务活儿、农活儿或照顾老人。上述事实表明，民族地区仍然存在制约女童教育机会均等的主客观因素。为了顺利实现民族地区不同群体之间教育的均衡发展，仍然需要对女童的教育问题给予持续的关注。此外，受民族地区自然环境限制、经济社会发展水平相对滞后等的影响，民族地区存在较多家庭经济困难学生，对这些学生给予资助，对于改善这些学生的不利处境，巩固提高义务教育普及程度，促进教育公平，阻隔贫困代际传递都具有十分重要的意义。

（四）在外源性发展的同时需要注重内源性发展

义务教育的外源性发展即“依赖于政策及制度等手段的外在引导和规范，依赖于教育资源的大量投入”[②]的发展方式。近十余年来，得益于国家对民族地区“两基”教育和义务教育均衡发展的重视，民族地区义务教育生均经费投入增长迅速。经对2005—2017年《中国教育经费统计年鉴（2005—2017年）》中内蒙古、新疆、西藏、广西、宁夏、云南、贵州、青海数据的统计分析，普通小学生均经费从2005年的1941.6元增长到2016年的12004.4元，增加了6.2倍；普通初中生均经费从2005年的2517.5元增长到2016年的14211.3元，增加了5.6倍。但是，受历史、自然环境恶劣、交通不便、人口居住分散、民族地区经济发展水平

① 杨蕾、段炳昌:《滇中苗族女童教育发展对策》，载《中国教育学刊》，2015（11）。

② 姚永强、范先佐:《论义务教育均衡发展方式的转变》，载《教育研究》，2013（2）。

相对滞后等因素的影响，民族地区教育发展基础薄弱，运行成本高，教育资源的投入不足仍然是制约民族地区，尤其是贫困民族地区教育均衡发展的重要因素。因此，在进行政策引导的同时继续加大中央财政对民族地区义务教育的专项支持与转移支付力度，加强省级政府的教育经费统筹以及落实县级政府的教育责任，依然是均衡发展民族地区，尤其是贫困民族地区义务教育的重要保障。

同时，由于文化的差异性、生产生活的特殊性以及不同学校办学需求的多样性，民族地区义务教育办学水平和教育质量的提升不能仅依赖外部资源的投入，还必须在此基础上实现其自身的内源性发展，即以教育质量提升为中心、依赖当地教育和学校自我发展驱动、注重多元发展的均衡发展方式。这就要求民族地区义务教育均衡发展的推进要尊重少数民族教育发展的差异性，“尊重当地人民的意愿、满足当地不同主体的现实需求”[①]，帮助少数民族人群提升其认知、适应和改造主客观世界的能力，从而“充分调动民族地区的主动性，发挥他们的各种优势，以‘造血’功能的提升来加强自身的发展潜力”[②]，同时亦要求人们注重特色发展，“根据不同区域的实际情况，分区规划、分类发展，鼓励不同区域和不同类型的学校根据各自的实际情况，创造性地探索有自己特色的发展道路”[③]。

三、民族地区县域内义务教育均衡发展的含义

受历史、自然条件和民族教育特殊性等因素的影响，民族地区的义务教育均衡发展面临一些特殊的问题，这些问题的存在，要求我们在推进民族地区义务教育均衡发展时，要从当地经济社会实际出发，分类指

① 袁梅、苏德：《新形势下推进民族地区义务教育均衡发展研究——基于青海省海南、海北、海西三州的实地调查》，载《北方民族大学学报》（哲学社会科学版），2016（3）。

② 王鉴、安富海：《论民族教育优先发展的科学内涵》，载《西北师大学报》（社会科学版），2009（3）。

③ 丁生东、王振岭、鲁子箫、王娜：《青海省统筹城乡义务教育均衡发展问题与标准研究》，载《青海师范大学学报》（哲学社会科学版），2016（2）。

导，因地制宜，把建设好寄宿制学校、进一步巩固提高义务教育普及水平与促进女童和家庭经济困难学生的教育均衡发展作为民族地区义务教育均衡发展的重要目标，把实现内源性发展作为推进民族地区教育均衡发展的重要基础。基于上述民族地区义务教育均衡发展的特殊性并结合县域内义务教育均衡发展的一般含义，可以认为，民族地区县域内义务教育均衡发展是指在中央和省级政府的规划指导和财政支持下，民族地区县市区政府、学校等主体根据当地实际因地制宜、实事求是地调整义务教育发展思路，均衡合理配置教育资源，着力改善乡村学校、寄宿制学校、薄弱学校办学条件和办学水平，在实现义务教育学校标准化建设的同时，推动县域内校际之间、城乡之间在经费投入、办学设施、师资队伍、生源分配等方面达到相对均衡，注重发挥民族地区各族人民发展教育的主观能动性，努力提升县域内义务教育的普及程度和教育质量，促进少数民族女童、家庭经济困难学生等群体在受教育权利、条件、成功机会等方面达到相对的均等。

第二节　民族地区县域内义务教育均衡发展监测指标体系的构建

在推进民族地区义务教育均衡发展的过程中，对民族地区义务教育均衡发展的现状进行系统监测和深入研究，准确把握其发展程度与进展，发现存在的困难与问题及其相关影响和制约因素，对于有关实践的顺利、有效推进具有重要的意义。对民族地区义务教育均衡发展进行监测，首先需要建构一套能够切实体现民族地区教育均衡发展特点的指标体系。当前，有关义务教育均衡发展指标体系的研究已取得一定进展，但是，由于民族地区的义务教育均衡发展的问题，除了具有一般地区的共性外，还有其差异性与特殊性。因此，一般意义上的教育均衡发展监测指标体系虽然对民族地区具有一定的借鉴意义，但其对民族地区并不具有完全的适用性。

一、县域内义务教育均衡发展监测指标体系的研究进展

当前，有关义务教育均衡发展指标体系的研究已取得一定进展，这些研究对于构建民族地区县域内义务教育均衡发展监测指标体系具有一定的借鉴意义。

由于研究的视角和思路的不同，当前我国学术界对县域内义务教育均衡发展指标体系存在不同的认识，相关研究大体可分为以下六类。

第一类，以教育公平为根本指导思想。如楼世洲、宁业勤以教育的起点公平、过程公平和结果公平为纵向切入点，设计了入学机会、政策规划、经费保障、条件设施、师资配置、普及效果、学业成功等 7 个一级指标和 21 个二级指标。[①]

第二类，是董世华、范先佐以教育学理论为视角，通过对教育活动要素的分析，选择教师、学生和教育保障系统三个方面的 15 个关键因素构建了县域义务教育均衡发展监测指标矩阵。[②]

第三类，以对义务教育均衡发展内涵的分析为基础。如陈世伟、徐自强以县域义务教育均衡发展的特殊内涵与外延为基点，构建了包括教育机会的均衡程度、教育资源配置的均衡程度、教育结果的均衡程度、教育经费的均衡程度、教育管理的均衡程度 5 个一级指标的县域义务教育均衡发展指标体系。[③]

第四类，以义务教育“初步均衡”和“基本均衡”的阶段划分为依据。如肖军虎提出办学条件、师资力量、经费投入、生源质量属于初步均衡发展的指标领域，在上述四个方面基础上加上教育质量则构成基本

① 楼世洲、宁业勤：《县域教育均衡发展督导评估方案研究》，载《教育测量与评价》，2009（2）。

② 董世华、范先佐：《我国县域义务教育均衡发展监测指标体系的构建——基于教育学理论的视角》，载《教育发展研究》，2011（9）。

③ 陈世伟、徐自强：《县域义务教育均衡发展指标体系构建研究》，载《内蒙古农业大学学报》（社会科学版），2010（4）。

均衡发展的指标领域。①

第五类，立足于义务教育优质均衡发展。如熊筱燕、徐耀缤通过对江苏省《县（区、市）义务教育优质均衡发展主要指标》的修正，建构了由普及巩固与机会均等、规划布局与办学条件、师资配备与教师素质、素质教育与学生发展、教育管理与经费保障 5 个一级指标、34 个二级指标构成的义务教育发展均衡性测度指标体系。②

第六类，薛二勇从硬件的均衡和软件的均衡两个方面构建区域内义务教育均衡发展的指标，前者即体现政府职责的义务教育资源配置均衡指标，主要包括 3 个，为教育经费、教育设施、教师队伍；后者即体现教育发展水平的义务教育质量均衡发展指标，主要包括 2 个，为学校管理和教育效果。③

尽管研究视角、思路和具体指标不尽相同，但相关研究在总体上呈现以下特点。

第一，办学设施、教师队伍、教育经费是受到人们普遍关注的县域义务教育均衡发展监测指标。

第二，随着我国义务教育初步均衡发展的实现以及对基本均衡发展、优质均衡发展的追求，教育质量、教育效果、学生发展以及学校管理等指标逐渐受到研究者的重视。

第三，由于择校问题、大班额问题的存在以及人们对留守儿童、特殊儿童、进城务工人员随迁子女等群体教育公平问题的关注，一些研究者提出需要将生源分配和不同群体的教育均衡发展纳入义务教育监测指标体系。有学者提出，教育机会均等是县域义务教育均衡发展的总体诉求和内在要求，“从价值主体的层面看，教育机会均衡是指人的均衡发展。县域义务教育中人的均衡发展则是指在县际、县内校际

① 肖军虎：《我国县域义务教育均衡发展指标体系的构建》，载《教育理论与实践》，2011（9）。

② 熊筱燕、徐耀缤：《中国义务教育发展均衡性测度》，载《统计与决策》，2015（22）。

③ 薛二勇：《区域内义务教育均衡发展指标体系的构建——当前我国深入推进义务教育均衡发展的政策评估指标》，载《北京师范大学学报》（社会科学版），2013（4）。

间不同阶层和不同群体的受教育者享有平等的教育机会”①。另有研究者通过对不同利益相关者的调查发现，教育机会一级指标（包括随迁子女就读、留守儿童学习、特殊儿童教育和学校招生四个二级指标）的重要性程度均值约为4.39，在该研究设计的县域义务教育均衡发展的4个一级指标（即教育机会、资源配置、教育质量、学校管理）中排名第一位。②

二、民族地区县域内义务教育均衡发展监测指标体系的构建原则

由于民族地区县域内义务教育均衡发展既有县域内义务教育均衡发展的一般特点，又有自身的特殊性，因此，其指标体系的建构更为复杂。为了保证其指标体系的价值合理性和技术科学性，其指标体系的构建需要遵循以下原则。

（一）可比性与适切性相结合原则

可比性与适切性相结合原则是指民族地区义务教育均衡发展的监测指标体系既要体现义务教育均衡发展的一般特点和要求，要能够与非民族地区、发达地区制定的指标体系相比较，具有一定的可比性，又要体现民族地区义务教育均衡发展在目标与措施等方面的特殊性，要能够从整体上反映民族地区义务教育均衡发展的实际状况。

（二）现实性与前瞻性相结合原则

现实性与前瞻性相结合原则是指该指标体系的构建既要从民族地区义务教育均衡发展的现实状况出发，又要把国家深入推进义务教育均衡

① 陈世伟、徐自强：《县域义务教育均衡发展指标体系构建研究》，载《内蒙古农业大学学报》（社会科学版），2010（4）。

② 李桂荣、尤莉：《县域义务教育均衡发展指标的优先性鉴别——基于对不同类型利益相关者的调查》，载《教育发展研究》，2015（18）。

发展和加快发展民族教育的目标要求以及相关政策措施的落实情况真实地反映出来；既要立足于“基本实现县域内均衡发展”的近期目标，充分关注经费投入、办学设施、师资队伍、普及程度、特殊群体教育均衡发展等指标，又要兼顾“在更大范围内实现优质均衡发展”的远期目标，适当考虑教育质量、生源分配、学校管理等指标；既要关注传统教育资源的均衡合理配置，又要充分重视“互联网+”教育时代背景下，教育信息技术设施配备和教师信息技术应用能力对民族地区教育均衡发展所具有的特殊价值，从而通过对反映民族地区义务教育均衡发展趋势的前瞻性指标的选取，解决问题，引领民族地区义务教育均衡发展实践的深入持续推进。

（三）全面性与层次性相结合原则

民族地区义务教育均衡发展是一个多层面的复杂系统，其不仅包含义务教育资源投入的均衡，而且包含义务教育过程与结果的均衡；不仅涉及城乡、校际之间的教育均衡发展，而且涉及群体之间的教育均衡发展；不仅涵盖多个层面的目标，而且涵盖不同方面的推进措施和保障机制。因此，其指标体系的设计不仅应该尽可能反映这些不同的方面，保证主要内容和问题不被遗漏，而且应该根据这些方面的逻辑关系，采用逐层细化的方式，形成层次结构相对清晰的指标体系。

（四）普通指标与特殊指标相结合原则

普通指标与特殊指标相结合原则是指在构建适用于民族地区所有学校的一般性指标的同时，针对寄宿制学校、开展双语教育的学校等民族地区学校在办学设施和师资队伍方面的特殊情况，构建一些仅适用于上述学校的特殊指标，以全面反映这些学校的办学状况。

（五）客观指标和主观指标相结合原则

客观指标和主观指标相结合原则是指标的选取以反映客观事实的

指标为主但不能局限于客观指标，一些与民族地区义务教育均衡发展关联度强的主观指标也要给予应有的重视。由于民族地区义务教育均衡发展问题的复杂性，仅仅通过客观指标往往难以揭示人们的主观感受和现象背后的深层原因，选取学生的学习自我效能感、学校生活满意度和教师的多元文化素养、信息技术应用能力等主观指标，对于把握民族地区义务教育均衡发展的深层次问题，推进教育内源性发展具有重要的意义。

三、民族地区义务教育均衡发展监测指标体系的构成

依据上述指标构建原则，遵循教育指标建构的系统模式即输入、过程、输出模式，民族地区义务教育均衡发展监测指标体系的构建可以从以下四个层面展开。第一个层面主要与输入相关，包括财力资源的投入、物力资源的投入、师资队伍的建设和生源的分配四个方面；第二个层面主要是与过程相关的学校管理；第三个层面是反映群体之间教育均衡状况的特殊群体的教育均衡发展；第四个层面主要与输出相关，包括义务教育普及水平和教育质量两个方面。基于上述四个层面可以形成由8个一级指标、46个普通二级指标和7个特殊二级指标构成的民族地区县域内义务教育均衡发展监测指标体系。其中46个普通二级指标适用于所有民族地区学校，7个特殊二级指标仅适用于寄宿制学校等相关学校。（见表1–1）

表1–1　民族地区义务教育均衡发展监测指标体系

一级指标	普通二级指标	特殊二级指标
财力资源的投入	公共财政预算内教育经费增长与财政经常性收入增长的差异	
	生均公共财政预算内教育事业费支出	
	生均公共财政预算内公用经费支出	

续表

一级指标	普通二级指标	特殊二级指标
物力资源的投入	生均教学和辅助用房面积	寄宿制学校生均宿舍面积
	生均体育运动场（馆）面积	寄宿制学校生均餐厅面积
	生均教学仪器设备值	寒冷地区学校冬季取暖条件
	生均图书册数	农牧区学校师均周转宿舍面积
	每百名学生拥有计算机台数	
	每百名学生拥有班班通设备（多媒体设备）数	
	学校接入互联网情况	
	实验仪器配备达标情况	
	音体美器材配备达标情况	
师资队伍的建设	教职工与学生比或班师比	寄宿制学校每百名学生拥有后勤管理服务人员数
	每百名学生拥有体育、艺术（美术和音乐）专任教师数	寄宿制学校卫生技术人员配备情况
	心理健康教育教师配备情况	开展双语教育的学校的双语教师与学生比
	专任教师年龄结构	
	生均高于规定学历教师数	
	生均中等及以上专业技术职务教师数	
	教师的多元文化素养	
	教师的信息技术应用能力	
	每百名教师接受县级以上培训的次数	
	年教师培训经费占学校公用经费的比例	
	教职工年人均收入	
	县域内义务教育学校教师定期交流制度的建立与实施情况	
生源的分配	学校规模	
	大班额比例	
	高中招生名额分配到初中的比例	
	划片招生	

续表

一级指标	普通二级指标	特殊二级指标
特殊群体的教育均衡发展	女童的义务教育巩固率	
	每年接受资助学生的比例	
	学生接受资助的水平	
	三类残疾儿童的入学率	
	符合条件的随迁子女在公办学校和政府购买服务的民办学校就读的比例	
	留守儿童关爱情况	
学校管理	校长接受资格培训的情况	
	按国家规定的义务教育课程方案开齐开足课程情况	
	具有民族特色的（艺术与体育类）地方课程和学校课程的开设情况	
	学生的课业负担情况	
	学生的学习自我效能感	
普及水平	小学巩固率	
	初中巩固率	
	九年义务教育巩固率	
教育质量	学生体质健康达标率	
	学生综合素质评价合格率	
	学生的学业水平测试合格率	
	学生的学校生活满意度	

一是财力资源的投入。增加教育经费投入是推进民族地区义务教育均衡发展的重要保障。具体来说，财力资源的投入一级指标下包括公共财政预算内教育经费增长与财政经常性收入增长的差异、生均公共财政预算内教育事业费支出、生均公共财政预算内公用经费支出3个二级指标。

二是物力资源的投入。推动民族地区义务教育学校达到国家和省级政府的办学基本标准，实现校际之间、城乡之间物力资源投入的均衡是义务教育均衡发展的基础，亦是办好民族地区每一所学校的基础。

具体来说，物力资源投入一级指标下包括适用于所有学校的二级指标 9 项，即生均教学和辅助用房面积、生均体育运动场（馆）面积、生均教学仪器设备值、生均图书册数、每百名学生拥有计算机台数、每百名学生拥有班班通设备（多媒体设备）数、学校接入互联网情况、实验仪器配备达标情况、音体美器材配备达标情况。同时，物力资源的投入一级指标下还包括仅适用于相关学校的二级指标 4 项，分别是寄宿制学校生均宿舍面积、寄宿制学校生均餐厅面积、寒冷地区学校冬季取暖条件、农牧区学校师均周转宿舍面积。

三是师资队伍的建设。师资队伍的建设是义务教育均衡发展的关键。师资队伍建设的二级指标主要从师资队伍的数量、结构、素质、待遇等方面展开，具体包括教职工与学生比或班师比，每百名学生拥有体育、艺术（美术和音乐）专任教师数、心理健康教育教师配备情况、专任教师年龄结构、生均高于规定学历教师数、生均中等及以上专业技术职务教师数、教师的多元文化素养、教师的信息技术应用能力、每百名教师接受县级以上培训的次数、年教师培训经费占学校公用经费的比例、教职工年人均收入、县域内义务教育学校教师定期交流制度的建立与实施情况 12 项普通二级指标，以及寄宿制学校每百名学生拥有后勤管理服务人员数、寄宿制学校卫生技术人员配备情况、开展双语教育的学校的双语教师与学生比 3 个仅适用于相关学校的二级指标。

四是生源的分配。生源分配的均衡既是义务教育均衡发展的重要体现，也是影响学校教育资源配置和教育质量均衡的重要因素。首先，学校的生源数量是配置教育资源的重要依据，薄弱学校生源数量的减少会使这些学校教育资源的投入相应减少；其次，生源的质量对学校教育质量具有重要影响，农村学校、薄弱学校优质生源的流失会使这些学校提升教育质量变得更加困难。此外，有研究表明，“义务教育阶段择校行为对教育机会分布公平性有显著的影响，择校行为使得家庭社会经济地位与子女就读学校水平之间的一致性增强，在一定程度上强化了社会分层与教育分层之间的对应性，从而进一步引发教育机会分布的不公平性”①。因此，在均衡合理配置师资及财力资源、物力资源的同时，依据就近入学的原则，合理规划学校布局，实施划片招生政策，破解择校难题亦应是促进义务教育均衡发展的重要体现。具体来说，生源的分配一级指标下包括学校规模、大班额比例、高中招生名额分配到初中的比例、划片招生4个二级指标。

五是特殊群体的教育均衡发展。根据民族地区人口和教育实际状况，特殊群体教育均衡发展的二级指标主要围绕少数民族女童的受教育权、家庭经济困难学生资助、特殊儿童教育、随迁子女就读、留守儿童关爱体系等展开，具体包括女童的义务教育巩固率、每年接受资助学生的比例、学生接受资助的水平、三类残疾儿童的入学率、符合条件的随迁子女在公办学校和政府购买服务的民办学校就读的比例、留守儿童关爱情况等6项指标。

六是学校管理。民族地区学校的管理是促进民族地区教育内源性发展的重要因素，因此，有必要将学校管理作为民族地区县域内义务教育均衡发展的监测指标。根据民族地区义务教育均衡发展的特点和学校内源性发展的需要，可将学校管理分为校长接受资格培训的情况、按国家规定的义务教育课程方案开齐开足课程情况、具有民族特色的（艺术与体育类）地方课程和学校课程的开设情况、学生的课业负担情况、学生的学习自我效能感5个二级指标。其中，学生的学习自我效能感是自我效能感在学习领域的表现，指“个体的学业能力信念，是学习者对自己能否利用所拥有的能力或技能去完成学习任务的自信程度的评价，是个体对控制自己学习行为和学习成绩能力的一种主观判断”②。相关研究表明，学习自我效能感不仅是影响学生学习动机、学习成绩、学习策略的一个重要因素，而且与学生的积极学习情绪存在显著正相关，与消极学

① 李湘萍：《义务教育阶段择校行为与教育机会分布公平性研究——基于中国18个城市居民家庭教育选择支出的实证分析》，载《教育研究》，2008（3）。

② 边玉芳：《学习自我效能感量表的编制》，载《心理科学》，2004（5）。

习情绪、学习压力、学习倦怠、学业拖延存在显著负相关。[①]由此可见，学习自我效能感是综合反映学生学习状况的一个重要指标。由于学校管理的最终落脚点在于促进学生的学习和发展，因此学生的学习自我效能感亦可被作为衡量学校管理水平，尤其是教学管理水平的一个重要指标。

七是普及水平。普及性是义务教育的主要特点和基本要求。具体来说，反映义务教育普及水平的指标主要包括小学巩固率、初中巩固率和九年义务教育巩固率 3 个二级指标。

八是教育质量。教育质量的提升与均衡是义务教育进入“基本均衡”阶段的重要体现，也是实现义务教育优质均衡发展的主要价值追求。具体来说，教育质量一级指标下包括学生体质健康达标率、学生综合素质评价合格率、学生的学业水平测试合格率和学生的学校生活满意度 4 个二级指标。其中，学校生活满意度亦称学校生活质量，是指“学生对他们学校生活中的积极经验和消极经验以及所处学校情景发挥功能的总体满意度”[②]。学校生活质量具体体现为学生对学校物质条件、人际关系、课程与教学、学校管理等的切身感受和满意度评价，它既是一个衡量学校综合办学水平的主观指标，又是一个“过程取向”的教育质量评价指标。将这一“过程取向”的教育质量评价指标与学业成绩等“结果取向”的教育质量评价指标相结合，将有助于我们从过程、结果两个方面更加全面地把握学校教育质量。

从长远来看，民族地区义务教育的均衡状况也是发展变化的。上述指标体系主要适合于监测了解现阶段民族地区县域义务教育在各项指标

① 周文霞、郭桂萍:《自我效能感：概念、理论和应用》，载《中国人民大学学报》，2006（1）；王振宏:《初中学生学业自我效能与学业成就关系研究》，载《心理发展与教育》，1999（1）；胡桂英、许百华:《初中生学习归因、学习自我效能感、学习策略和学业成就关系的研究》，载《心理科学》，2002（6）；吴霜:《初中生学业自我效能感、成就目标定向、学业情绪与学习成绩的关系研究》，36 页，延边大学硕士学位论文，2012；朱晓斌、王静丽:《中学生学习自我效能感、学习压力和学习倦怠关系的结构模型》，载《中国临床心理学杂志》，2009（5）；陈秋珠:《初中生学业拖延与学业自我效能感关系研究》，载《华东师范大学学报》（教育科学版），2016（3）。

② Antero Malin & Pirjo Linnakylä, Multilevel Modelling in Repeated Measures of the Quality of Finnish School Life, Scandinavian Journal of Educational Research, No.2, 2001.

上的现实水平和相关指标达到国家和省级政府规定的办学标准的情况以及县域内校际之间、城乡之间在财力资源、物力资源、师资队伍、学校管理、普及程度、教育质量等方面的均衡状况。此外，以上指标体系是根据民族地区义务教育均衡发展的整体状况构建的，由于不同民族地区存在一定的差异，因此，在实施监测时，亦可根据当地实际对相关指标加以适当取舍和调整。

由于民族地区的义务教育均衡发展存在特殊性，科学构建民族地义务教育均衡发展指标体系，除了要以义务教育均衡发展的一般性特征为依据外，还必须充分考虑民族地区的特殊性。当前，我国民族地区采用的县域义务教育均衡发展督导评估指标体系是根据国家层面的统一指标体系并结合本地实际确定的，但在实践中尚存在对民族地区义务教育均衡发展的特殊性体现不够充分的问题。比如，青海省为了激发当地民众发展教育的主动性，促进教育的内源性发展，在《青海省义务教育办学基本标准（试行）》的第二十五条提出了以下办学基本标准："家长对学生综合素质发展状况满意度较高。学生对学校的环境、生活和学习等满意度较高。学生心理健康，形成积极乐观的心态，同学关系、师生关系融洽。"[①] 但是，与此同时，该省作为实施双语教育的地区，却未将双语师资的配置状况纳入义务教育均衡发展督导评估指标。此外，作为寄宿制学校较多的省份，亦未将寄宿制学校学生的住宿、餐饮条件以及寄宿制学校卫生技术人员和后勤管理服务人员配备情况纳入义务教育均衡发展督导评估指标体系。再比如，新疆维吾尔自治区虽然已注意到寄宿制学校的特殊需要，在《新疆维吾尔自治区义务教育学校办学基本标准（试行）》中要求寄宿制学校至少要配备 1 名卫生专业技术人员，但是未将寄宿制学校学生的住宿、餐饮条件以及实施双语地区双语师资的配置状况、教师的多元文化素养等纳入义务教育均衡发展督导评估指标体系。

---

① 青海省人民政府教育督导委员会办公室：《关于印发青海省义务教育发展均衡县督导评估工作方案的通知》（青教督委办〔2017〕3 号），2017 年 8 月 29 日，青海省教育厅网，http://www.qhedu.cn/zwgk/jydd/201708/t20170829_24879.html。

本研究立足义务教育均衡发展的一般性特征和民族地区的特殊性两个方面所构建的民族地区义务教育均衡发展监测指标体系，一方面可以为民族地区义务教育均衡发展督导评估指标的完善提供参考，另一方面当前有关民族地区义务教育均衡发展的实证研究还非常匮乏，本指标体系亦可以为相关实证研究指标的选取提供借鉴。

第二章　甘肃省C县义务教育均衡发展调查与思考

西北民族贫困地区作为我国教育相对薄弱的地区，既是我国均衡发展义务教育的难点，亦是深入推进义务教育均衡发展的攻坚重点。为了了解西北民族贫困地区县域内义务教育均衡发展的进展，本课题组于2016年11月对甘肃省C县进行了实地调查，其间走访调查了该县教育局和城乡7所义务教育学校。

第一节　C县经济社会与教育发展基本状况

C县位于甘肃省西南部，全县总面积909.97平方公里，辖13个乡、4个镇，145个行政村、6个居委会，1296个村民小组。C县是一个多民族自治县。2016年，全县总人口26.59万人，常住人口24.41万人。2017年总人口26.68万人，常住人口24.46万人，城镇人口4.60万人，城镇化率18.81%。在总人口中，汉族122844人，占46.04%；回族84658人，占31.73%；东乡族22611人，占8.47%；保安族18297人，占6.86%；撒拉族10307人，占3.86%；土族6419人，占2.41%；藏族1557人，占0.58%；其他少数民族107人，占0.04%。

C县是原国家扶贫工作重点县和甘肃省58个连片特困县之一，属于西北地区比较典型的贫困县。2015 年，全县一般公共预算收入 11971 万元，当年全县公共财政预算支出 174298 万元，财政自给率 6.87%。2016 年，C 县一般公共财政预算收入 14132 万元，财政支出 197520 万元，财政自给率 7.15%。同年，C 县实现生产总值 148060 万元，人均生产总值 6066 元；全县一、二、三产业的比重为 25.1：7.8：67.1。2017 年，C 县实现生产总值 153539 万元，人均生产总值 6277 元；全县一、二、三产业的比重为 23.2：5.3：71.5 ；全县城镇居民人均可支配收入为 18924.1 元，农村居民人均可支配收入 5239.2 元。

2016 年 C 县共有学校 216 所，其中独立高中 2 所，初中 9 所（全为寄宿制学校），九年一贯制学校 1 所，小学 171 所（含 33 个教学点，其中 91 所附设幼儿园），幼儿园 32 所，职教中心 1 所。共有学生 47572 人，其中小学生 25631 人、初中生 7401 人，义务教育阶段学生占全县学生总数的 69.44%。

C 县 2011 年通过“两基”国检，属于我国较晚实现“两基”的地区。

第二节　C 县推进义务教育均衡发展的主要措施

一、不断加大教育经费投入

从 2013—2015 年，C 县连续 3 年教育经费投入做到了“三个增长”。首先，公共财政预算教育经费拨款的增长高于财政经常性收入的增长。2013 年 C 县财政经常性收入 28765 万元，公共财政预算教育经费拨款 24420 万元，比 2012 年增长 6.47% ；2014 年财政经常性收入 32121 万元，比 2013 年增长 11.67%，公共财政预算教育经费拨款 27420 万元，比 2013 年增长 12.29%，公共财政预算教育经费拨款的增长高于财政经常性收入的增长；2015 年财政经常性收入 38228 万元，比 2014 年增长19.01%，公共财政预算教育经费拨款36200万元，比2014年增长32.02%，公共财政预算教育经费拨款的增长比财政经常性收入的增长高出13.01%。其次，生均预算内教育事业费连年增长。2013—2015年生均预算内教育事业费分别为4823元、5311元、7908元，同比增长分别达到15.27%、10.11%、48.89%。最后，生均预算内公用经费快速增长。预算内公用经费从2013年的小学生均646元、初中生均922元，增长到2015年的小学生均2229元、初中生均1902元。

从经费的来源和支出结构来看，C县的教育经费呈现出以下特点。

第一，国家投入是C县教育经费的主要来源，地方财政投入亦占了一定份额，社会捐助较少。2013—2016年，C县用于改善办学条件的资金为8.4亿元。其中国家投入7.2亿元，占85.71%，县级财政投入1.16亿元，占13.81%，社会捐助400万元，占0.48%。

第二，上级财政投入主要用于基础设施建设，C县县级财政投入主要用于实施从幼儿园到高中的免费教育和教师队伍建设。2013—2016年，在县级财政投入的1.16亿元中，用于免费教育和教师队伍建设1.08亿元，约占93.10%，用于学校建设712万元，约占6.14%，设备购置130多万，约占1.12%。从整体上来看，C县的教育发展起步晚、基础薄弱，2016年人均受教育年限仅为5.6年，远低于全国10.23年、全省8.17年的平均水平。为了减轻各族群众的教育负担，加快教育发展，C县自2010年以来，每年拿出2000多万元，实行从幼儿园到高中的免费教育。2014—2016年共落实教育免费资金4535万元。

二、大力改善办学设施

近年来，C县加快了改善办学设施的步伐。2014—2016年，C县依托“全面改善贫困地区义务教育薄弱学校基本条件”（以下简称“全面改薄”）建设项目，在42所小学新建教学综合楼42幢，这些楼的建筑总面积多在1000平方米左右，42幢楼的建筑总面积相加近4.5万平方米。2015年，投入567万元配发单人课桌凳17673套，高低床3456张，筹资84万元为7所农村小学建设计算机教室7个。2016年4月，作为“全面改薄”项目的一部分，C县104所中小学安装了“班班通”设备492套。其中，20所小学和9所初中实现了电子白板教室“班班通”全覆盖。此外，2015—2016年，C县共下达教师周转房建设计划项目学校7所71套，总投资505万元，建筑总面积2339平方米。

三、积极推进教师队伍建设

C县针对师资力量薄弱的现实，采取多项措施积极推进教师队伍建设。第一，补充教师数量。2013年以来，通过特设岗位、“三支一扶”、省州招录引进等渠道补充公配教师642人，缓解了中小学教师紧缺的问题。第二，重视教师培训。依托“国培计划”“美丽园丁”等教师培训项目，2013—2015年三年组织教师参加各级培训2.28万人次，进一步提升了教师素质。第三，积极探索教师流动机制。针对山区教师派不进、留不住的问题，结合“联村联户、为民富民”行动，连续4年每年从县城中小学抽调60名骨干教师赴40所师资紧缺的边远山区学校支教1年。第四，提高教师待遇。C县除按月足额发放教职工工资外，还划拨一部分资金用于改善乡村教师、班主任和临聘教师的待遇。从2013年起，将农村学校根据地域条件划分为四个类别，按每人每月70元、100元、200元、300元的标准发放乡村教师工作津贴，对所有班主任每月发放工作津贴100元，至2016年共划拨乡村教师津贴1178万元，受益乡村教师2248人，班主任工作津贴461万元，受益班主任1370人。从2016年1月起，对全县临聘教师月增资500元，对教辅人员月增资300元，计划连续增资4年，逐渐达到与公派教师同等标准，2016年全县代课（临聘）教师月工资1700—2200元。

四、努力提高办学水平和教育质量

为了提高办学水平和教育质量，C县除了加大教育投入，积极改善办学设施，推进师资队伍建设外，还采取了以下一些措施。第一，推进校长队伍建设。为了提升学校管理水平，C县对中小学校长实行任期目标责任制和校长聘任制。每学期对校长进行考核，奖优罚劣，对部分教学质量滑坡、管理混乱的学校的校长进行了调整，将部分师德高尚、年富力强、教学成绩优异的副校长、教导主任安排到校长岗位上。2015年，通过民主推荐、公开报名、组织考试、任前公示的选拔程序，有29名责任心强、能力突出、公众认可的中青年教师被公开选拔到各校校长岗位上。同时，C县通过培训等方式积极提升校长管理能力。经统计，2016年3月至11月期间，参加“国培计划”、省级培训和北京师范大学“金色种子”学校联盟等培训项目的义务教育学校校长就达到61人（次）。第二，采取措施强化控辍保学工作。县政府与各乡镇签订了“两基”巩固提高责任书，教育局与各义务教育学校签订了保学工作责任书，明确了乡镇政府和学校在推进义务教育均衡发展中的义务与职责。通过将惠民政策的落实与适龄生入学相结合、对家长进行说服动员、《中华人民共和国义务教育法》宣传，县内各类企业不能雇用、使用童工，各宗教活动场所坚决不得招收适龄儿童少年入寺学经，倡导宗教界人士积极参与捐资助学和动员入学工作，对管理不善、教学质量滑坡造成学生失辍学学校的校长进行问责等措施，强化控辍保学工作。第三，规范办学行为，督促学校按课程设置要求开齐课程，开足课时。第四，通过开展省级骨干教学帮扶薄弱学校和联片教研等活动，活跃教研氛围，以教研促进教育教学改进。

第三节　C 县义务教育均衡发展的现状

一、办学设施的标准化建设水平与校际均衡状况

（一）办学设施的标准化建设水平

1. 生均校舍建筑面积

校舍建筑的面积和房屋质量是衡量一所学校办学条件优劣的一个重要因素。2012 年颁布的《甘肃省义务教育办学基本标准（试行）》（以下简称《甘肃基本标准》）要求，生均校舍建筑面积普通小学应为 5.66—6.54 平方米，寄宿制初中应为 13.41—15.31 平方米，但实际上，在调查的 4 所小学中，XW 小学、BZ 小学、YW 小学分别为 4.22 平方米、4.10 平方米、4.50 平方米，未达到标准值，只有新建了教学综合楼的 LJ 小学为 8.72 平方米，达到了标准值。在 3 所寄宿制初中中，CM 初中为 9.58 平方米，未达到标准值，BZ 初中、LJ 初中分别为 17.93 平方米和 17.60 平方米，达到了标准值（见表 2–1）。

表 2–1　2016 年 C 县 7 所学校的生均校舍建筑面积

学校	生均校舍建筑面积标准值（平方米 / 生）	生均校舍建筑面积实际值（平方米 / 生）
XW 小学	普通小学：5.66—6.54	4.22
BZ 小学		4.10
YW 小学		4.50
LJ 小学		8.72
CM 初中	寄宿制初中：13.41—15.31	9.58
BZ 初中		17.93
LJ 初中		17.60

2. 生均体育运动场（馆）面积

《甘肃省义务教育标准化学校建设评估指标体系（试行）》提出普通小学生均体育运动场（馆）面积要达到15平方米，寄宿制小学达到10平方米，初中要达到8平方米。学校的体育运动场（馆）是学生体育运动和课外活动的需要，但民族贫困地区的体育运动场（馆）建设较为薄弱。以C县来说，在调查的4所小学中，XW小学、BZ小学、YW小学、LJ小学分别为11.00平方米、3.18平方米、1.00平方米和2.11平方米，均未达到标准值。在3所初中中，CM初中为3.34平方米，未达到标准值，BZ初中、LJ初中分别为15.22平方米和14.05平方米，达到了标准值。（见表2–2）

表2–2　2016年C县7所学校的生均体育运动场（馆）面积

学校	生均体育运动场（馆）面积标准值（平方米/生）	生均体育运动场（馆）面积实际值（平方米/生）
XW小学	普通小学：15	11.00
BZ小学		3.18
YW小学		1.00
LJ小学		2.11
CM初中	初中：8	3.34
BZ初中		15.22
LJ初中		14.05

3. 计算机配备数量

配备一定数量的计算机是对学生进行信息技术教育，实现教育信息化的基础。但民族贫困地区学校计算机的配置普遍偏少，甚至存在一所学校只有1台计算机的现象。《甘肃基本标准》规定，学校计算机拥有量至少达到小学生机比12∶1，初中生机比10∶1。但实际上，C县XW小学、YW小学、LJ小学的生机比分别为18.3∶1、60∶1和237∶1，均未达到标准值，BZ小学为11.83∶1，达到了标准值。LJ初中为14.72∶1，未达到标准值，CM初中、BZ初中分别为7.22∶1和7.36∶1，达到了标准值。（见表2–3）

表 2–3　2016 年 C 县 7 所学校的计算机生机比

学校	生机比标准值	生机比实际值
XW 小学	小学：12∶1	18.3∶1
BZ 小学		11.83∶1
YW 小学		60∶1
LJ 小学		237∶1
CM 初中	初中：10∶1	7.22∶1
BZ 初中		7.36∶1
LJ 初中		14.72∶1

4. 生均图书册数

具有一定数量的图书是满足师生阅读需要，营造学习氛围，促进学生全面发展的重要保障。根据《甘肃基本标准》提出的生均藏书小学 15 册以上，生均藏书初中 25 册以上的要求，C 县参与调查的 7 所义务教育学校中，除小规模学校 YW 小学（该校有 60 名学生）生均图书册数为 3.34 册，未达到标准值外，其余 6 所学校均达到了标准值。（见表 2–4）

表 2–4　2016 年 C 县 7 所学校的生均图书册数

学校	生均图书册数标准值（册 / 生）	生均图书册数实际值（册 / 生）
XW 小学	小学：15 以上	16.39
BZ 小学		16.68
YW 小学		3.34
LJ 小学		19.40
CM 初中	初中：25 以上	27
BZ 初中		46.19
LJ 初中		46.83

5. 寄宿生宿舍与食堂面积

寄宿制学校是民族地区的一种重要办学形式，以 C 县来说，全县 9 所初中均为寄宿制学校。然而，寄宿制学校的宿舍与食堂等生活条件的建设是民族地区学校建设中的薄弱环节。《甘肃基本标准》规定，初中寄宿生生均宿舍面积5.5平方米，生均食堂面积1.7平方米。就C县实地调查的3所初中而言，CM初中、BZ初中和LJ初中寄宿生生均宿舍面积分别为4.31平方米、1.41平方米和2.63平方米，均未达到标准值（见表2-5）。这3所初中的寄宿生生均食堂面积分别为0.26平方米、0.95平方米和0.37平方米，亦均未达到标准值。（见表2–6）

表2–5　2016年C县3所寄宿制初中的寄宿生生均宿舍面积

学校	寄宿生生均宿舍面积标准值（平方米/生）	寄宿生生均宿舍面积实际值（平方米/生）
CM初中	初中：5.5	4.31
BZ初中		1.41
LJ初中		2.63

表2–6　2016年C县3所寄宿制初中的寄宿生生均食堂面积

学校	寄宿生生均食堂面积标准值（平方米/生）	寄宿生生均食堂面积实际值（平方米/生）
CM初中		0.26
BZ初中	1.7	0.95
LJ初中		0.37

（二）办学设施的校际均衡状况

1. 小学办学设施的校际均衡度

通过对调查数据的统计分析，所调查的4所小学之间在生均图书册数指标上的差异系数是0.57，在生均校舍建筑面积上的差异系数是0.41，在生均体育运动场（馆）面积（平方米/生）上的差异系数是1.18，每百名学生拥有计算机台数上的差异系数是0.91（见表2–7）。由此可见，4所小学之间在生均图书册数和生均校舍建筑面积方面的差异较小，均衡度较高，在生均体育运动场（馆）面积和每百名学生拥有计算机台数方面的差异较大，均衡度偏低。

表 2–7　C 县 4 所小学办学设施的校际差异

指标	XW 小学	BZ 小学	LJ 小学	YW 小学	均值	标准差	差异系数
生均图书册数	16.39	16.68	19.40	3.34	13.95	7.20	0.57
生均校舍建筑面积（平方米 / 生）	4.22	4.10	8.72	4.5	5.39	2.23	0.41
生均体育运动场（馆）面积（平方米 / 生）	11.00	3.18	2.11	1.00	4.32	4.80	1.18
每百名学生拥有计算机台数	5.46	8.50	0.42	1.70	4.02	3.67	0.91

2. 初中办学设施的校际均衡度

经统计，所调查的 3 所初中在生均图书册数、生均校舍建筑面积、生均体育运动场（馆）面积、每百名学生拥有计算机台数上的差异系数分别为 0.29、0.31、0.60、0.35（见表 2–8）。其中在生均图书册数、生均校舍建筑面积、每百名学生拥有计算机台数方面的差异较小，均衡度较高，在生均体育运动场（馆）面积方面的差异较大，均衡度偏低。

表 2–8　C 县 3 所初中办学设施的校际差异

指标	CM 初中	BZ 初中	LJ 初中	均值	标准差	差异系数
生均图书册数	27	46.19	46.83	40.67	11.91	0.29
生均校舍建筑面积（平方米 / 生）	9.58	17.93	17.60	14.97	4.67	0.31
生均体育运动场（馆）面积（平方米 / 生）	3.34	15.22	14.05	10.87	6.55	0.60
每百名学生拥有计算机台数	13.9	13.59	6.79	11.43	4.02	0.35

二、教师队伍的基本状况与校际均衡水平

（一）教师队伍的基本状况

1. 教职工与学生比

教职工与学生比、专任教师占教职工总数比例及教师的工作量是反映师资数量充足程度的三个重要指标。《甘肃基本标准》要求，学校教

职工编制数达到国家和省上规定的配备标准，满足学校教育教学活动和教学管理工作的需要。2014年中央编办、教育部、财政部印发的《关于统一城乡中小学教职工编制标准的通知》提出，将县镇、农村中小学教职工编制标准统一到城市标准，即初中教职工与学生比为1∶13.5，小学为1∶19。①在C县所调查的7所学校中，除乡村小规模学校YW小学教职工与学生比为1∶20，未达到标准值外，其余6所学校均达到了标准值。（见表2–9）

表2–9　2016年C县7所学校的教职工与学生比

学校	教职工与学生比标准值	教职工与学生比实际值
XW小学	小学：1∶19	1∶13.07
BZ小学		1∶15.77
YW小学		1∶20
LJ小学		1∶11.29
CM初中	初中：1∶13.5	1∶7.59
BZ初中		1∶6.34
LJ初中		1∶8.21

2. 专任教师占教职工总数比例

此外，《甘肃基本标准》规定，小学专任教师占教职工总数比为90%以上；初中专任教师占教职工总人数比为85%以上。所调查的4所小学的专任教师占教职工总数比例均达到上述相应要求。所调查的3所初中中，CM初中专任教师占教职工总数的比例为89.71%，达到了标准值，BZ初中和LJ初中分别为70.69%和80.76%，未达到标准值。（见表2–10）

① 中央编办、教育部、财政部：《关于统一城乡中小学教职工编制标准的通知》（中央编办发〔2014〕72号），2014年11月13日，中华人民共和国教育部网，http://old.moe.gov.cn/publicfiles/business/htmlfiles/moe/s7027/201412/181014.html。

表 2-10　2016 年 C 县 7 所学校专任教师占教职工总数的比例

学校	专任教师占教职工总数比例（%）标准值	教职工数（人）	专任教师数（人）	专任教师占教职工总数的比例（%）
XW 小学	小学：90% 以上	70	67	95.71
BZ 小学		30	30	100
YW 小学		21	20	95.24
LJ 小学		3	3	100
CM 初中	初中：85% 以上	175	157	89.71
BZ 初中		58	41	70.69
LJ 初中		52	42	80.76

3. 教师的工作量

在教师的工作量方面，尽管除乡村小规模学校 YW 小学外，其他调查的 6 所学校教职工与学生比均达到了标准值。但在调查中仍然有一些教师表示自己工作量偏大。究其原因，主要在于以下三个方面。

第一，C 县存在大量的留守儿童和寄宿生，对这些孩子的教育和管理花掉了教师大量的时间和精力。例如，在 JL 学区，幼儿园和小学留守儿童总数为 1503 人，占学校学生总数的 85%，这些群体的健康成长与发展需要教师付出更多的爱心和精力。在当地，小学教师除了要对每一位留守儿童的信息进行登记，每月举办一次法制、安全、心理健康教育讲座和组织课外兴趣小组，丰富留守儿童的课余生活外，每位教师还必须做一名留守儿童的代理家长，尤其是做无人监护留守儿童的代理家长，每周与留守儿童谈一次心，了解他们一周的学习、生活、情绪、交友、身体等方面的情况，交流感情，培养学生良好的心态和健康的心理。

第二，一些学校有教师请病假、产假不在岗的情况。例如，调研过程中，JB 学区小学在册的 106 名教师中，5 人请了病假，2 人请了产假。再如，JX 学区 70 名在册教师中，请了产假与病假的教师有 7 人。

第三，教师教学工作量存在差距。在接受问卷调查的 7 所学校的 103 名教师中，周课时量在 9 节及以下的教师 14 人，占教师总数的

13.59%；周课时量在10—20节之间的教师有80人，占调查教师总数的77.67%；周课时量在21节及以上的教师有9人，占教师总数的8.74%。以上数据表明，在一部分教师教学工作量偏小的同时，另一部分教师的教学工作量却偏大。

4. 音乐、美术、体育、信息技术和心理健康教育教师的配备情况

配置一定数量的音乐、美术、体育、信息技术和心理健康教育教师是义务教育学校开齐开足相关课程，保证教学质量，促进学生身心健康成长的基础。在调查的7所学校中，XW小学无专业的美术老师，BZ小学无专业的体育和信息技术老师，LJ小学无体育专业教师，YW小学作为小规模学校，音乐、美术、体育、信息技术全无专业教师，LJ初中无音乐和信息技术专业教师。从整体上来说，7所学校360名专任教师中，共有专业音乐教师8人、美术9人、体育8人、信息技术7人，占比分别为2.22%、2.50%、2.22%和1.94%。此外，除YW小学和BZ初中无心理健康教育教师外，其余学校的心理健康教育教师均为兼职（见表2-11）。以上数据表明，C县义务教育学校音乐、美术、体育、信息技术、心理健康教育教师存在短缺问题，义务教育师资的结构性短缺问题仍然未得到扭转。

表2-11 C县7所学校音乐、美术、体育、信息技术、心理健康教育教师的配置情况

学校	音乐	美术	体育	信息技术	心理健康教育
XW小学 人数（人）占专任教师百分比（%）	2 2.99	0 0.00	2 2.99	1 1.49	兼职2
BZ小学 人数（人）占专任教师百分比（%）	1 3.33	1 3.33	0 0.00	0 0.00	兼职1
LJ小学 人数（人）占专任教师百分比（%）	1 5.00	1 5.00	0 0.00	1 5.00	兼职2
YW小学 人数（人）占专任教师百分比（%）	0 0.00	0 0.00	0 0.00	0 0.00	0
CM初中 人数（人）占专任教师百分比（%）	3 1.91	5 3.18	3 1.91	3 1.91	兼职2

续表

学校	音乐	美术	体育	信息技术	心理健康教育
BZ 初中 人数（人）占专任教师百分比（%）	1 2.44	1 2.44	2 4.88	2 4.88	0
LJ 初中 人数（人）占专任教师百分比（%）	0 0.00	1 2.38	1 2.38	0 0.00	兼职 2
合计 人数（人）占专任教师百分比（%）	8 2.22	9 2.50	8 2.22	7 1.94	兼职 9

5. 教师的年龄结构

通过对调查数据的统计分析，所调查 7 所学校教师的年龄结构如图 2–1 所示。从图 2–1 可以看出，7 所学校教师的年龄结构呈现以下特点。第一，县城的两所学校 XW 小学和 CM 初中年龄在 31—40 岁的教师占比最大，其次为 30 岁以下的教师和 41—50 岁的教师，50 岁以上的教师占比最少，总体来看，这两所学校教师的年龄结构较为合理。第二，乡村的 4 所学校 BZ 小学、LJ 小学、YW 小学和 LJ 初中 30 岁以下的教师均占比最大，师资呈现年轻化的特点，具有一定经验积累的 31—40 岁较少，年龄结构不够合理。第三，乡村学校 BZ 初中虽然 31—40 岁的教师占比最大，但同时 50 岁以上的教师占比达到了 24.1%，41—50 岁的教师占比仅为 12.1%，总体教师年龄结构不够协调。

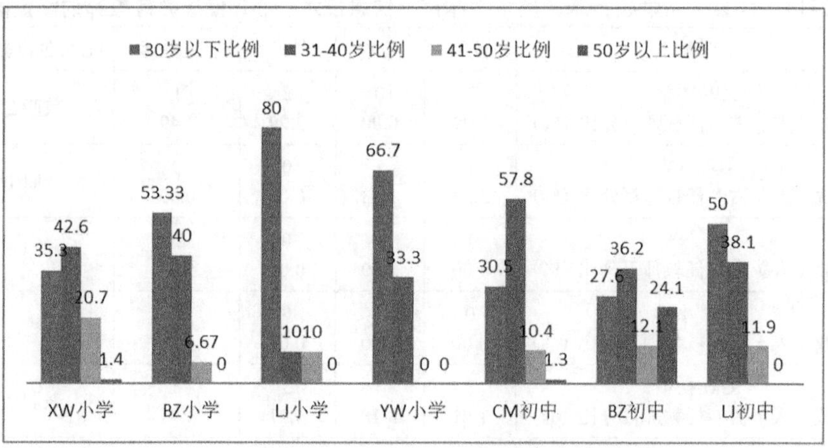

图 2–1　2016 年 C 县 7 所学校教师的年龄结构

6. 教师的学历合格率

教师学历合格率是反映师资质量的一个基本指标。义务教育教师的学历标准要求小学教师应当具备中等师范学校毕业及以上学历，初中教师应当具备高等师范专科学校或者其他大学专科毕业及以上学历。按照学历标准，C县小学教师的学历合格率为100%，初中教师的学历合格率为95%。这就是说，目前还有5%的初中教师学历不合格。

（二）教师队伍的校际均衡水平

1. 小学师资的校际均衡度

通过对调查数据的统计分析，所调查的4所小学之间在师生比指标上的差异系数是0.0613，在生均高于规定学历教师数上的差异系数是0.1639，在生均中级及以上专业技术职务教师数上的差异系数是0.9589（见表2–12）。上述数据说明，4所小学之间在师生比和生均高于规定学历教师数方面的差异较小，均衡度较高，在生均中级及以上专业技术职务教师数方面的差异较大，均衡度偏低。

表2–12　C县4所小学师资的校际差异

指标	XW小学	BZ小学	LJ小学	YW小学	均值	标准差	差异系数
师生比	0.0732	0.0634	0.0844	0.0500	0.0678	0.0146	0.0613
生均高于规定学历教师数	0.0689	0.0529	0.0675	0.0500	0.0598	0.0098	0.1639
生均中级及以上专业技术职务教师数	0.0164	0.0085	0.0042	0.0000	0.0073	0.0070	0.9589

2. 初中师资的校际均衡度

经统计，所调查3所初中之间在师生比指标上的差异系数是0.0924，在生均高于规定学历教师数上的差异系数是0.2043，在生均中级及以上专业技术职务教师数上的差异系数是0.6637（见表2–13）。由此可见，3所初中之间在师生比和生均高于规定学历教师数方面的差异较小，均衡度较高，在生均中级及以上专业技术职务教师数方面的差异较大，均衡度偏低。

表 2–13　C 县 3 所初中师资的校际差异

指标	CM 初中	BZ 初中	LJ 初中	均值	标准差	差异系数
师生比	0.1182	0.1114	0.0984	0.1093	0.0101	0.0924
生均高于规定学历教师数	0.0791	0.1141	0.0843	0.0925	0.0189	0.2043
生均中级及以上专业技术职务教师数	0.0264	0.0597	0.0164	0.0342	0.0227	0.6637

三、义务教育的普及程度

普及性是义务教育的基本特征之一。反映义务教育普及程度的指标主要有入学率、辍学率和巩固率等。在入学率方面，C 县小学适龄儿童入学率为 99.8%，初中阶段入学率为 95.1%。义务教育入学率未达到 100%。《甘肃省县域义务教育均衡发展督导评估实施办法（试行）》（以下简称《甘肃评估办法》）提出，三类残疾儿童少年入学率不低于 80%。C 县“三残”适龄儿童少年入学率为 80.0%，已达到评估要求。在辍学率和巩固率方面，《甘肃评估办法》提出，小学无辍学现象，初中在校生年辍学率控制在 1% 以下，但 C 县目前小学在校学生年辍学率为 0.81%，初中在校学生年辍学率为 1.9%，小学和初中均尚未达到评估要求。《甘肃评估办法》同时提出，2016—2020 年实现义务教育基本均衡的县，义务教育巩固率达到 95%。然而，C 县 2016 年九年义务教育巩固率仅为 75.6%，与上述要求还有较大的差距。（见表 2–14）

表 2–14　C 县义务教育入学率、辍学率与巩固率

指标	评估要求值	实际值
小学入学率	100%	99.8%
初中入学率		95.1%
三类残疾儿童少年入学率	不低于 80%	80.0%
小学辍学率	无辍学现象	0.81%
初中辍学率	1% 以下	1.9%
九年义务教育巩固率	95%	75.6%

四、义务教育质量水平与校际差异

（一）学生体质健康达标率

《甘肃评估办法》提出，学生体质健康达标率在 98% 以上。就 C 县调查的学校而言，BZ 小学学生体质健康达标率为 100%，达到了评估要求值，XW 小学、LJ 小学、CM 初中、BZ 初中、LJ 初中学生体质健康达标率分别为 86%、94%、87%、95%、90%，均未达到评估要求值。（见表 2–15）

表 2–15　C 县 6 所学校学生体质健康达标率

学校	学生体质健康达标率评估要求值	学生体质健康达标率评估要求值
XW 小学	98% 以上	86%
BZ 小学		100%
LJ 小学		94%
CM 初中		87%
BZ 初中		95%
LJ 初中		90%

（二）学业成绩的水平与校际差异

2016 年 C 县初中毕业、高中招生考试成绩如表 2–16 所示。从表

2–16 可以看出，C 县初中毕业、高中招生考试成绩呈现以下特点。

第一，总体来看，全县的成绩和及格率均偏低。在 5 科及格线为 90 分，1 科及格线为 40 分的情况下，全县 6 科总平均分仅为 68.28 分，6 科全部合格的学生比例仅为 7.2%。除体育全县平均分为 42 分，达到了 40 分的及格线以外，其余的语文、数学、英语、物化综合、政史综合 5 科平均分分别为 83.2 分、58.1 分、56.1 分、58.4 分、85.6 分，均未达到 90 分的及格线。上述 5 科及格率分别为 33.0%、21.8%、13.6%、13.7%、43.2%，及格率最高的政史综合 100 人中也只有 43 人成绩及格。

第二，校际之间成绩差异偏大。9 所初中的 6 科总平均分分别为 74.44 分、68.44 分、60.2 分、72.9 分、60.3 分、54.08 分、61.62 分、54.72 分、42.78 分，最高的 A 校与最低的 I 校之间相差 31.66 分。上述学校的合格率分别为 12.1%、4.1%、1.6%、3.1%、0.0%、1.0%、0.0%、0.8%、0.0%，其中 E 校、G 校、I 校的合格率均为 0%，这 3 所学校的合格率与最高的 A 校之间相差 12.1%。另外，各校之间在语文、数学、英语、物化综合、政史综合 5 科成绩方面的差异亦偏大。各校之间上述科目平均分的全距由大到小分别为数学 50.1 分、理化综合 35.1 分、政史综合 31.3 分、英语 30.5 分、语文 17.6 分，及格率全距由大到小分别为政史综合 39.8%、语文 39.3%、数学 32.57%、英语 20.2%、理化综合 18.97%。

表 2–16　2016 年 C 县初中毕业、高中招生考试成绩统计表

学校	语文		数学		英语		物化综合		政史综合		体育		总平均分	合格率(%)
	平均分	及格率(%)	平均分	及格率(%)	平均分	及格率(%)	平均分	及格率(%)	平均分	及格率(%)	平均分	及格率(%)		
A	87.9	45.4	70.1	32.57	62.4	20.2	63.3	18.97	88.5	47.5	41.4	99.6	74.44	12.1
B	82.1	32.8	57.8	19.69	52.8	9.69	60.8	12.5	88.7	51.9	42	100	68.44	4.1
C	77.7	17.3	44.1	10.99	44.4	6.81	50.1	8.377	84.7	40.8	41	99	60.2	1.6
D	79.1	15.4	57.5	20	76.5	26.2	60.9	15.38	90.5	49.2	43.6	100	72.9	3.1

续表

学校	语文		数学		英语		物化综合		政史综合		体育		总平均分	合格率(%)
	平均分	及格率(%)	平均分	及格率(%)	平均分	及格率(%)	平均分	及格率(%)	平均分	及格率(%)	平均分	及格率(%)		
E	80.2	23.2	41.2	3.03	45.3	2.02	53.2	5.051	81.6	36.4	42.5	100	60.3	0.0
F	74.8	9.1	24.9	0	47.1	3.03	46.4	2.02	77.2	27.3	41.1	100	54.08	1.0
G	73.8	7.8	47.4	3.922	52.5	0	48.9	1.961	85.5	43.1	42.6	100	61.62	0.0
H	74	8.5	37.6	5.085	42.5	0.85	49.7	5.085	69.8	15.3	40.1	97.5	54.72	0.8
I	70.3	6.1	20	0	36	0	28.2	0	59.4	12.1	42.2	100	42.78	0.0
全县	83.2	33.0	58.1	21.8	56.1	13.6	58.4	13.7	85.6	43.2	42	99.6	68.28	7.2
全距	17.6	39.3	50.1	32.57	30.5	20.2	35.1	18.97	31.3	39.8	3.5	1	31.66	12.1
备注	2016年体育40分为及格，其他90分为及格。													

第四节　C县义务教育均衡发展存在的问题与对策思考

C县作为经济社会和教育发展水平较为落后的地区，经过国家政策的倾斜和地方政府的努力，一方面教育经费持续增长，办学设施和师资得到了较大改善，办学水平和教育质量有了明显提升；另一方面受历史发展、经济基础、非均衡发展政策惯性等因素的影响，C县义务教育均衡发展仍然存在着一些亟待破解的困难和问题。

一、C县义务教育均衡发展存在的问题

（一）办学设施存在一些短板

第一，学校的体育运动场地建设滞后。许多学校的生均体育运动场

地面积不达标且校际之间不均衡。同时，《甘肃办学标准》要求，完全小学6—11个班规模的学校，建有100米直跑道，初中12个班规模的学校建有200米环形跑道田径场，但目前许多学校的操场虽然已得到平整和硬化，但大多未建设跑道。

第二，许多学校缺少供学生和教师使用的计算机且校级之间配置不均衡。一些小学没有供学生使用的计算机教室。

第三，小学科学实验室和初中理、化、生实验室建设滞后。2016年C县教育局督查组对中小学标准化学校建设情况的督查结果显示，28所学校中，19所学校的实验室建设不达标。

第四，寄宿生的生活条件有待改善。寄宿生的宿舍多是由教室改造而成，一个大宿舍里住二三十名学生，生均宿舍面积普遍偏低。同时，为保证安全，学生宿舍冬季不能生火炉，但许多学校缺乏暖气设备，冬季学生宿舍取暖存在困难，同时一些学校的宿舍楼里没有厕所，学生上厕所，尤其是晚上上厕所极不方便。再有，学校食堂的面积普遍偏低，一些学校食堂的就餐桌椅配备不齐，难以保证学生就餐的需要。此外，除少数学校外，大部分学校没有卫生室和专职的卫生专业技术人员，学生就医不便。

第五，教师的住宿条件有待改善。在西部民族贫困地区，许多乡村教师需要在学校住宿，但许多学校没有专门的教师宿舍，有的学校将办公室或教室隔开作为教师宿舍，宿舍既办公又住宿，严重影响教师的工作质量和生活质量。

（二）师资结构不合理，质量亟待提升，乡村教师队伍不稳定

第一，师资结构性短缺的问题未得到扭转。义务教育学校普遍缺乏专业的音乐、美术、体育、信息技术和心理健康教育等教师。目前与上述课程相关的教育教学任务多由其他教师兼任，教育教学质量难以保证。为了促进学科之间的均衡发展和校际教师共享，当前有一些乡村学区开始尝试实施音乐、美术、体育教师的走教制。例如，LJ学区依据学

生不动教师走教的原则，由学区统筹安排音乐、美术、体育课程教师在学区内8所学校开展教学活动。但该学区走教制在实践中却面临两方面的困难：一是走教教师的交通补助筹措存在困难；二是音乐、体育、美术教师总体严重不足。目前，LJ学区有音乐专业教师2人，体育专业教师2人，美术专业教师1人；LJ学区有小学教学班53个，每班每周均按2节课计算，每周每门课程授课总量要达到106节。按每位教师每周18节课计算，还需补充音乐、体育专业教师各4人和美术专业教师5人。

第二，乡村教师呈现年轻化特点，教师的年龄结构不够合理。乡村学校存在大量的30岁以下的年轻教师，有些学校教师的平均年龄不超过25岁，这些教师虽然对教育教学工作有热情，但教育经验不足，教育教学的方法、能力和其他素质都亟待提升。

第三，乡村学校教师队伍不稳定。目前，乡村教师的收入虽然有所提高，但提高的幅度不大，与乡村教师各方面的付出仍然不匹配，加之乡村教师的生活和工作条件与县城学校差距较大，一些乡村学校每年都有2—3名教师调走。乡村学校的教师往往是一个萝卜一个坑，一旦有教师调走，就会给学校的教学安排带来不少困难。例如，LJ初中2015年有一位英语教师调走，两个班的英语教学工作便处于无人承担的状态，无奈只好找了一名英语专业的实习教师暂时授课。

第四，在教师队伍质量方面，尚有少部分初中教师的学历不合格。无论是小学，还是初中，学校之间在生均中级及以上专业技术职务教师数方面的差异均较大。

（三）农村生源向外流动，城乡学校规模和生源质量分化

近年来，C县农村的生源大量外流导致城乡学校规模和生源质量出现分化。首先，农村生源向城镇，尤其是向县城集中，城乡学校规模两极分化。一方面县城学校学生普遍较多，一些学校出现大班额现象，校园用地面积偏小，另一方面乡村学校生源普遍减少，乡村学校规模不断缩小。就小学而言，目前C县存在大量的学生数少于200人的农村小规

模学校（含村小和教学点）。以我们走访的BZ镇和LJ乡为例，前者共有10所小学（含1个教学点），小规模学校就有6所，后者共有8所小学，其中4所是小规模学校。就初中来说，《甘肃基本标准》规定，农村初中规模一般不少于18个教学班。但实际上C县除了县城的4所初中外，其余位于乡镇的5所初中和1所九年一贯制学校的教学班均少于18个。2016年，除1所新建的县城初中外，位于县城的3所初中的毕业生人数分别为1010人、323人和192人，而位于乡镇的5所初中的毕业生人数分别为65人、100人、100人、51人、119人。乡镇初中中毕业生最多的只有119人，不到县城最大规模学校的1/9，最少的只有51人，不到县城最大规模学校的1/19。其次，优质生源流向县城，城乡生源质量出现分化。县城学校的生源质量相对较高，乡村学生的生源质量相对较低。乡村学校中成绩较好的，一般会被选拔到县城学校上初中。同时，一些家庭条件较好的家庭，也愿意舍近求远，不惜增加家庭教育投入在县城租房将自己的子女送到县城上小学和初中。根据调查，C县对各个学校的生源进行了划片，在访谈中，许多老师都能说出自己学校的划片范围，但老师们同时表示，“实际入学不是这样，可以说由家庭决定，想在那里读就在那里读”。一位乡村教师告诉我们：“学习好的孩子都去了县城，村里的初中都是学习基础薄弱的学生，即使用所有的劲，也只考30分，生源质量差。”

农村生源的转移，是主客观多种原因共同作用的结果。首先，在城乡教育资源和学校办学水平、社会声誉存在差异的情况下，人们对较好教育供给的迫切追求导致一部分家庭舍近求远，不惜增加家庭教育投入将子女送到县城上学。其次，“在城镇化进程中传统文化的衰落与农村文化资本的匮乏，农村人对城市的渴望，及与对相邻亲族的比较使农民进城成为一种内在驱力。农村学校布局调整、陪护子女读书成为农村人民选择进城的借口和原因之一”[①]。最后，城镇化过程中人口向城镇的转

① 姜荣华、赵雪：《城镇化背景下的教育变革与农民的选择教育现代化》，载《教育现代化》，2016（19）。

移也在客观上加速了农村生源的流动。

从产生的结果来看，一方面，随着大量学龄儿童进入城镇学校上学，教育资源得到集中和优化，城镇学校的教育质量和办学水平得到提高，在一定程度上提高了教育资源的利用效率。但另一方面，中小学校向城镇集中却使得部分学生上学路途变远、上学负担加重，进而“加大了边远贫困地区、贫困家庭孩子辍学和失学的风险，使政府有限的教育资源在效率的作用下失去可以保证每个学龄儿童都能上学的公平性”[①]。此外，农村生源的外流，进一步加剧了农村学校办学的困难。首先，农村学校规模缩小，教育经费随之减少，改善办学条件变得更加困难。其次，由于生源质量是影响教育质量的一个重要因素，因此，优质生源的流失势必会进一步削弱乡村学校的教育质量和社会声誉，挫伤农村教师教育教学的热情和信心。上述因素相互叠加使农村学校陷入“生源不足→投入减少、质量不高→生源流失→投入、质量进一步降低→生源进一步流失”的恶性循环，不利于缩小城乡教育发展差距，亦不利于城乡学生接受公平的教育。

（四）控辍保学的任务依然艰巨

当前，西北民族贫困地区控辍保学的任务仍然艰巨。以C县为例，通过一系列措施，辍学情况虽有一定改善，但仍有一小部分初中和小学高年级学生中途放弃学业。经调查，民族地区学生辍学既与学校物质条件和家庭经济状况等客观因素有关，也与当地的风俗习惯和人们对教育的价值存在片面理解具有密切关系。

发展人的科学文化素质、身体素质和心理素质，促进人的社会化和个性化，培育年轻一代健全的人格是教育的本体性价值。在这一本体性价值基础上，教育亦具有提升个体经济地位和社会地位的工具性价值以及全面提高人口素质，为社会培养各级各类人才的价值。然而，在现实

① 范先佐:《城镇化背景下县域义务教育发展问题与策略——基于4个省（自治区）部分县市的调研》，载《华中师范大学学报》（人文社会科学版），2014（4）。

中，人们对教育价值的理解常常存在一些偏误，这些误解是导致少年儿童辍学的重要原因。

第一，一些家庭片面追求教育的工具性价值，看不到或不重视教育对儿童健康全面发展所具有的价值，进而主要从工具性需要出发来判断教育价值的有无与大小。在一些地区，如果学生学习好，升学有望，家里一般会继续供子女上学，以求能够考上大学，将来谋求一份收入更高和更为稳定的工作。但是，如果学生学习一般，或者中等偏下难以升学的时候，一些家长和学生就认为上学无意义或不划算。与其上学，不如早点帮家里做事或打工挣钱，减轻家庭生活和结婚彩礼等方面的经济负担。

第二，受社会和家庭片面追求教育工具性价值的影响，学校出现片面追求成绩和升学率的倾向，对不同学生的认知、归宿、尊重、自我实现等需要缺乏应有的关注，导致一部分学生学校生活质量下降，滋生厌学情绪，萌生辍学意愿。同时一些学生因学习基础差，在学习上跟不上其他同学，学习压力大而不愿意继续上学。

第三，只关注眼前利益，看不到也顾不上教育对个人、家庭乃至社会长远发展的意义。从长远来看，教育对人的发展的促进，尤其是义务教育对人的基本素质的培养是人生存和发展的基本保障，亦是改善个体家庭经济状况、社会地位的基础和推动社会协调与可持续发展的根源。但在短期内，教育，尤其是义务教育并不能马上对个体、家庭和社会带来实际利益。因此，若不能从发展的眼光来看待教育，便很容易认为教育无意义或意义不大。经调查，一些家长受传统观念的影响，认为女孩接受不接受教育不重要，他们往往希望女孩能在出嫁前离开学校，在家学习做饭、做针线，干一些家务活儿和农活儿，一方面为家长分担家庭劳动负担，另一方面为将来的婚姻家庭生活做准备。然而，事实上，女童教育、年轻女性身心的健康和谐发展以及对现代文化知识的掌握，无论对家庭发展和下一代的教育，还是对全民素质的提升都具有十分重要和深远的意义。

二、推进C县义务教育均衡发展的对策思考

（一）根据不同地区、不同学校教育资源的短板，实施精准化的倾斜政策

民族贫困地区地方财政自给率低。以C县来说，2015年和2016年财政自给率分别仅为6.87%和7.15%。近年来，在国家倾斜政策和地方政府的努力下，民族贫困地区教育经费持续增长，教育资源的总体水平得到大幅度提升。但是由于这些地区原有教育基础薄弱，相对其他地区，教育资源的缺口更大，同时地方政府财力非常有限，导致这些地区的教育资源投入仍显不足，一方面许多学校的教育资源存在短板，另一方面教育资源配置不够均衡，不同学校面临的教育资源短板不尽相同。因此，为了切实保障民族贫困地区义务教育经费和资源的供给，精准有效地补齐这些地区不同学校教育资源的短板，一方面，中央和省级政府需要对这些地区实施政策的再倾斜，同时应进一步根据需求与本级政府的财政能力，明确各级政府在义务教育发展中应承担的财政投入比例以及各级政府的具体分担办法。另一方面，各级政府需要对民族贫困地区县域和县域内不同学校达到相关标准所需的物质和财力资源进行核算，在核算的基础上实施精准化的倾斜政策，促使相关资源投放到最为短缺和需要的地方，确保这些地区的义务教育学校办学条件全部达到省级办学基本标准，校际之间在办学设施、教师队伍等方面达到相对均衡。

（二）稳定农村教师队伍，优化师资结构，提升师资质量

针对当前民族贫困地区县域内义务教育师资存在的主要问题，今后师资建设的重点应放在稳定乡村教师队伍、优化师资结构、提升师资质量等方面。

第一，大幅度提高乡村教师津贴，尤其是偏远山区教师的津贴，加大乡村教师周转房建设力度，改善乡村教师生活和工作条件，提升乡村

学校对教师的吸引力。

第二，针对师资结构性短缺的问题，面向高校毕业生和社会人员精准招考，择优录用音乐、美术、体育、信息技术、心理健康教育等紧缺专业教师，并根据紧缺程度，优先分派上述教师到更为需要的学校或学区任教。

第三，完善教师交流轮岗制度，充分发挥交流教师的示范带动作用。目前，民族贫困地区已实施了“三区”人才支持计划和义务教育学校校长教师交流轮岗制度，但交流教师到农村学校后主要是担任教学工作，并未开展教研等活动，示范带动作用未得到有效发挥。建议教育行政部门和相关学校对交流教师的工作职责进一步加以明确，重点引导交流教师发挥自身优势，对农村学校教师，尤其是年轻教师进行全方位的传、帮、带，从教育教学理念、教学策略的运用等方面对其进行有效引领和帮助，充分发挥交流教师的示范、带动和辐射作用。

第四，完善教师培训制度。促进教师培训机会的公平，让所有教师，尤其是乡村年轻教师拥有参加培训的机会。同时，增加培训的针对性，从农村教师的实际出发，针对农村教育教学中面临的主要问题，对农村教师进行专项培训。

第五，推进乡村教师职称制度改革。加大对乡村中小学教师的倾斜支持力度，促进县域内校际、城乡教师职称结构协调均衡。

第六，完善教师准入与退出制度，清退不合格教师，建立正常的新陈代谢机制。

（三）统筹城乡教育发展，均衡合理配置生源等教育资源

农村生源向城镇流动虽然有利于教育资源的集中和提高教育效率，但是，它同时又会增加农村学校的办学难度，加大县域内城乡、校际之间教育发展的差距。因此，为了促进教育公平，切实推进义务教育均衡发展，县域内生源等教育资源的配置必须同时兼顾到城镇与偏远农村的学校，统筹协调好经济相对发达的城镇和偏远贫困的农村的教

育发展。具体可以从以下三个方面入手。

第一，“各级政府和教育行政部门应树立和强化以公平为核心的义务教育均衡发展理念，并坚持用这一理念来武装各级政府部门、教育行政部门、中小学校长及广大教师和学生家长的头脑……只有在价值观念上把‘公平’置于最为重要的价值取向和追求，才能在工作方针和实践策略上统筹县域义务教育发展，才能对县域内义务教育最薄弱的环节予以更多的倾注和关怀，继而也才能促进整个县域义务教育均衡发展步伐”①。

第二，依据“就近入学”的原则，科学制定和调整义务教育发展规划，全面落实“小学升入初中免试就近入学”的政策。根据生源分布状况，科学合理地划定各个学校的招生片区，督促学校严格按划定片区免试招生。

第三，在均衡合理配置生源等教育资源的同时，探索形成骨干教师帮扶农村教师发展、联片教研、优质教育资源共享、学校联盟、集团化办学等以城带乡、城乡互补的教育发展新机制。

（四）营造重视教育的社会氛围，着力提升学校吸引力

由于对教育价值理解的偏误是导致学生辍学的重要原因，因此，提升民族地区义务教育的入学率和巩固率不仅需要强化政府和学校的保学职责、杜绝社会雇佣童工，而且需要转变人们的教育价值观念与行为，在全社会形成重视教育的氛围。

第一，发挥政府部门的导向作用。政府及其决策主体应从全面提高人口素质，推动社会协调、可持续发展的角度，充分理解和肯定义务教育对个人和社会长远发展所具有的价值，高度重视义务教育的发展，积极保障义务教育经费投入，有力推进办学条件的改善。同时，政府在制定教育政策制度时，要充分体现教育的本体性价值和长远价值，始终把促进儿童的健康、全面发展，全面提高人口素质作为发展义务教育的根

① 杨令平、司晓宏：《西部县域义务教育均衡发展现状调研报告》，载《教育研究》，2012（4）。

本宗旨，并将这一根本宗旨作为评判一个地区、一所学校教育优劣的首要标准。

第二，发挥政府部门和社会媒体的舆论宣传作用。政府部门和社会媒体要运用各种渠道和形式积极报道现实中出现的尊师重教的先进事迹，广泛宣传《中华人民共和国义务教育法》以及义务教育对个人、家庭和社会所具有的重大而深远的意义。

第三，发挥学校在教育观念方面的辐射作用。学校及其主体作为专门担负教育职责的机构和人员，不仅要摆脱自身的盲从状态，树立正确、合理的教育价值观，而且要通过各种形式积极与家长沟通，引导家长走出对教育价值的片面理解，不断增进家长对教育价值理解的全面性和深入性。

第四，着力提升学生的学校生活质量。学校生活质量是学生在学校中的体验和感受，它反映了学生对学校日常生活的满意水平。已有研究表明，除了学校物质条件外，校园安全、学生对身体发育和心理健康等的评价、学习感受、师生关系、同伴关系、学生对班级和学校活动的参与程度、师生是否会以学生的家庭背景、成绩、生源地等对学生采取歧视性行为是影响学生学校生活质量的重要因素。[①] 因此，立足于教育的本体性价值，关注学生的需要和感受，协调学校人际关系，营造全员参与、平等民主的氛围，尊重和爱护全体学生，是提升民族地区学生学校生活满意度和学校吸引力，预防学生辍学的重要保证。

---

① 徐志勇、赵美艳：《小学生学校生活质量（QSL）调查研究——以北京市 2248 名学生为例》，载《教育学报》，2012（3）。

第三章　甘肃省 H 市义务教育均衡发展调查与思考

为了了解甘肃省藏族聚居区县域内义务教育均衡发展的进展，课题组于 2017 年 6 月对甘肃省 H 市进行了实地调查。调查期间访问了市教育局，收集了当地义务教育的相关文件和数据资料，实地调查了 5 所城乡义务教育学校。

第一节　H 市经济社会与教育发展的基本状况

H 市地处青藏高原东北边缘，是甘肃省 G 藏族自治州州府所在地，也是全州政治、经济、文化、科技和金融中心。H 市现辖 6 乡 4 个街道、39 个村民委员会、8 个社区、249 个村民小组。全市有藏、汉、回等 18 个民族，2016 年年末常住人口 9.39 万人，其中藏族人口 4.97 万人，占全市人口的 52.93%，城镇人口 5.21 万人、农牧村人口 4.18 万人，城镇化率 55.48%。2016 年人口自然增长率 9.58‰，比上年上升 1.76 个千分点；人口出生率 14.96‰，比上年上升 2.11 个千分点；0—14 岁人口 1.88 万人，占全部人口的 20.02%。全市土地总面积 2670 平方公里，其中牧业用地 261 万亩，农业用地 15.36 万亩，林业用地 77.87 万亩。H 市平均海拔 2960 米，年均气温 1.7℃，年降水量 558 毫米，无绝对无霜期。

H市地理位置独特，自古以来就是中原和西蜀与安多藏族聚居区连接的重要枢纽，历史上是藏汉交流、东进西出、南来北往的著名商贸集散地，素有“丝绸南路香巴拉”的美誉。H市的主导产业包括：以犏牛繁育、奶牛养殖、青稞和油菜种植、蔬菜大棚为主的高原农牧业；藏传佛教、草原风情为主的民俗文化旅游业；金、铜、锑、花岗岩、黏土等矿产业；奶类及牛羊肉加工业；传统藏学医药业；商贸流通业；水电、太阳能、风能等新型能源产业。2016年，H市实现生产总值367296万元，按常住人口计算，人均生产总值39115.65元；三次产业结构为5.63∶18.31∶76.06；全市累计完成大口径财政收入49563万元，一般公共预算收入18358万元，一般财政预算支出162043万元，财政自给率11.33%。全市城镇居民人均可支配收入21491元，人均消费支出18830元，农牧民人均纯收入6627元，人均生活消费支出5389元。2017年，全市完成生产总值390811万元，三次产业结构为5.6∶17.5∶76.9；一般公共预算收入15872万元，一般公共预算支出187903万元，财政自给率8.45%；城镇居民人均可支配收入达到23275元，农牧民人均纯收入7190元。

2016—2017学年，H市有各级各类学校59所（含州直学校），其中完全中学3所、高级中学1所、特殊教育学校1所、完全小学13所、教学点6所，幼儿园35所。全市在校生20790人，其中高中生4131人、初中生4696人、小学生8446人、幼儿园3428人、特校生89人。全市有教职工3203人，专任教师1598人，其中高中教师318人、初中361人、小学教师686人、幼儿教师216人、特殊学校教师17人。全市九年义务教育巩固率95.04%，学前三年毛入园率88.92%，高中阶段毛入学率132.89%。

H市2011年通过“两基”国检，2015年通过义务教育学校标准化建设评估验收，2017年接收并通过国家县域内义务教育基本均衡发展督导评估，实现县域内义务教育基本均衡发展。

第二节 H市推进义务教育均衡发展的主要措施

一、突出政府行为，落实政府责任

第一，省政府给予政策支持和倾斜。2013年，甘肃省教育厅印发《甘肃省教育厅支持G藏族自治州教育跨越发展行动计划（2013—2020年）》（甘教厅〔2013〕109号），支持H所在的G州全面落实省政府《关于大力推进义务教育均衡发展的意见》精神，加强中小学标准化建设和双语寄宿制学校建设，指导制订并实施义务教育“控辍保学”方案，建立健全义务教育均衡发展保障机制，并在教师招聘指标、教师职称评聘时对G州予以倾斜照顾。2015年印发的《甘肃省精准扶贫民族教育专项支持计划（2015—2020年）》提出，大力促进民族地区义务教育均衡发展，提高民族地区九年义务教育巩固率，继续抓好“控辍保学”工作；合理规划、科学布局，因地制宜加大寄宿制学校建设力度，努力改善学生学习生活环境；加大省级资金投入力度，全面改善民族地区义务教育薄弱学校基本办学条件，缩小城乡差距和校际差距。

第二，H市委、市政府坚持教育优先发展战略。市长担任全市义务教育均衡发展工作领导小组组长，统筹协调推进全市义务教育均衡发展工作。教育工作优先研究，教育经费优先保障，教育困难优先解决。

第三，出台政策，引导规范教育均衡发展。H市先后出台了《关于进一步巩固提高全市两基成果促进义务教育均衡发展的若干意见》《H市推进义务教育均衡发展评估验收工作实施方案》《关于加强学校体育艺术教育工作的意见》等一系列教育均衡协调发展规划和政策。

第四，建立义务教育均衡发展推进工作机制。建立了乡、街道及职能部门教育工作目标管理制和考核评估制度，建立了县级领导包校制度、职能部门联系帮扶学校制度和人大、政协视察、调研年度教育工作机制。

二、加大教育投入，改善城乡学校办学条件

第一，新建和维修校舍。编制了《H市全面改薄整体规划（2014—2018年）》，规划总投资9334.23万元。截至2017年上半年已完成8104.1万元投资任务，占规划任务的86.82%。2014年以来，累计投入1.8亿元，先后实施了H市初级中学等基础设施建设项目12个，总建筑面积49863平方米，完成13所中小学校校舍维修。从2014—2016年，H市小学的校舍总面积从73604平方米增加到88583.66平方米，两年内增加14979.66平方米，其中，教学及辅助用房从31331平方米增加到35896.49平方米，两年内增加4565.49平方米，行政办公用房从5610平方米增加到9529.81平方米，两年内增加3919.81平方米，生活用房从29212平方米增加到33874.46平方米，两年内增加4662.46平方米（见表3-1）。

表3-1　H市2014年和2016年小学校舍建筑面积比较（单位：平方米）

年份	2014年	2016年	新增
校舍建筑面积	73604	88583.66	14979.66
1. 教学及辅助用房	31331	35896.49	4565.49
教室	27304	29669.77	2365.77
实验室	1070	1408.68	338.68
图书室	1171	1771.94	600.94
微机室	1684	1878.62	194.62
语音室	102	1167.48	1065.48
2. 行政办公用房	5610	9529.81	3919.81
其中：教师办公室	4500	4553.79	53.79
3. 生活用房	29212	33874.46	4662.46
教工宿舍	3474	4728.3	1254.3
其中：教师周转宿舍	0	1271.6	1271.6
学生宿舍	15860	13281.09	–2578.91

续表

年份	2014年	2016年	新增
食堂	3749	4967.72	1218.72
厕所	2649	7156.98	4507.98
其他	3480	3740.37	260.37
4. 其他用房	7451	9282.9	1831.9

第二，改善学校教学仪器设备。从2014—2016年，累计投入1839余万元，实施了仪器设备合理化、网络宽带快速化、专用教室标准化“三大工程”。从2014—2016年，H市小学的教学仪器设备总值从669.96万元增长到2446.18，两年内增加1776.22万元。制定出台了《关于进一步加强教育信息化建设的意见》，加快推进教育信息化建设。建成H市教育资源共享平台，三年来累计为全市各级各类学校配置计算机1027台。截至2017年上半年，全市建成计算机教室19个、电子备课室14个、教学录播教室14个。全市学校生机比达到7∶1，师机比2∶1，全市乡中心以上学校实现宽带网络校校通，班班通设备实现全覆盖，电子白板实现城、乡、村三级学校全覆盖。

三、推进教师队伍建设

第一，建立教师补充机制。严把教师入口关，坚持优者从教的高标准教师用人导向。近年来通过公开招考、现场直聘等方式，引进、招录了中小学教师180名。根据学校实际，配备了宿管、校警、校医等教学辅助人员。

第二，完善教师培训培养机制。制定实施《H市中小学幼儿园教师三年培训规划（2015—2017年）》。三年来，累计选派教师参加“国培”“省培”等各类培训项目1344人次，市级教育部门先后组织160人次赴河西地区、天津市和平区、浙江大学等地考察学习，各中小学校自主选派教师赴兰州、陕西渭南、山东杜郎口等多地进行学习交流。三年来，成功申报入选全国优秀教师1名、省级骨干教师9名、省级“园丁奖”3 名；州级学科带头人、骨干教师 35 名；表彰奖励市级教育先进集体 15 个、优秀教师 143 名、优秀教育工作者 16 名，市级优秀校长 21 名。

第三，不断强化师德师风建设，研究出台《关于进一步加强师德师风建设的意见》《关于进一步加强全市教师队伍建设的意见》，开展师德师风建设主题活动，完善师德师风考核评价机制。

第四，全面保障和提高教师各项待遇。将农牧村教师全部纳入藏区基层工作生活补助政策范围。坚持多劳多得、优劳优酬的原则，严格落实《H 市义务教育教师绩效考核办法》，2014—2015 年累计发放中小学教师绩效工资 348 万余元，调动了广大教师干事创业的积极性和主动性。认真贯彻落实《甘肃省人民政府办公室关于印发甘肃省乡村教师支持计划（2015—2020 年）的通知》精神，全市乡村教师在享受甘肃省乡镇机关事业单位工作人员乡镇月补贴 200—600 元的基础上，从 2016 年起，按每月平均 300 元的标准发放生活补贴。全面落实班主任岗位津贴，2014—2016 年累计发放班主任岗位津贴 169.05 万元。同时，近三年累计为 10 名乡村教师落实农村中小学任教以奖代补政策，发放奖补资金 4 万元。积极推进农村教师周转房建设工程，先后投入 760 万元，建成教师周转房 72 套，144 名教师入住。

四、实施义务教育学校教师交流轮岗和支教工作

2015 年研究出台《H 市义务教育学校校长教师交流轮岗工作实施方案》，2016 年 15 名教师如期开展轮岗交流。2014—2016 年，市直学校选派 11 名教师开展了送教下乡暨联片教研活动，张掖市、武威市选派 23 名“三区”人才骨干教师支援 H 市义务教育薄弱学校教育教学工作。

五、加强学校领导班子建设

2014 年以来，先后充实、调整市属 7 所学校的领导班子，调整提拔

11人。为市属各学校考察提任了47名中层领导干部，为农牧村中心小学、幼儿园考察提任了18名副校长、幼儿园园长。在配齐配强学校领导班子的同时，逐步实现了教育管理干部的有序交替和科学选拔，优化了干部队伍结构，提升了学校管理水平。

六、实施网格化、精细化学校管理模式

先后制定《H市中小学精细化管理实施细则》《H市各级各类学校实施网格化管理实施方案》，全面构建“权责明确、任务清晰、分级管理、网格到底”和各级力量集中下沉的工作监管网络，形成了纵向到底、横向到边、条块结合、全面覆盖的学校管理工作模式，实现人人有责任、层层抓落实的学校管理格局。

七、以教研和督导推动学校教育质量提升

2014年以来，H市累计完成省级规划课题19项、在研课题36项，403人次教师论文、优质课等优秀教研成果荣获省、州奖励和名次。严格落实义务教育课程方案，开齐开足课程。强化课程实施的监督管理和多元化评价，建立督学责任区制度和督学视导检查工作机制，采取教学工作检查、随机入校、文艺汇演、才艺大赛等形式，促进教育教学质量的提升。

八、突出学校办学特色，促进学生个性发展

结合H市藏族聚居区民族特色和乡情、校情，开发出了一批传承民族优秀文化的校本课程。富有地方特色的锅庄舞进入中小学大课间活动，成为学校体育工作的一大特色和亮点。充分挖掘学生特长，全市各学校成立足球队、篮球队、舞蹈队等兴趣小组和社团70余个，培养的各类特长学生在省、州青少年才艺竞赛中成绩优异。其中市中学足球队

代表G州参加全省比赛，荣获高中组第五名、初中组第七名的优异成绩。H市中学艺术特长生连续2年在全省艺术类统考唐卡专业考试中名列前茅。连续2年成功举办H市中小学文艺汇演暨十佳美德少年评选、全市小学球类联谊赛，集中展现了学校素质教育成果。目前，全市建成全国体育工作示范校2所，全国校园足球试点学校4所，省级快乐校园示范校5所，州级传统体育项目学校3所，省、州级德育示范校5所，省、州、市级民族团结示范校4所，省、州级语言文字示范校6所，建成留守儿童之家和乡村少年宫5个。

九、着力提升学校后勤和学生生活保障水平

为了进一步加强寄宿制学校建设，H市将各学校临时工、厨师工资、农牧村学校取暖缺口资金纳入市级财政保障，三年来累计下拨专项资金260万元。统筹实施农村学校温暖工程，先后投入320万元，实现了乡中心小学、完全村小锅炉供暖，农村幼儿园、村小实现电采暖设备全覆盖。投入25.5万元，安装学校饮水机51台，确保师生用水安全。另据了解，H市为农牧区学生提供每天4元、每学年800元的营养餐补助，为家庭经济困难寄宿生发放生活补助每天14.5元、每学年2168元，受到了学校师生及农牧民群众的欢迎。

第三节　H市义务教育均衡发展的现状

一、教育经费投入状况

在教育经费的“三个增长”方面，H市2015年的教育经费投入完全做到了“三个增长”，且增长幅度较大，其中预算内教育经费拨款的

增长比例（83.38%）比地方财政经常性收入的增长比例（24.71%）高出 58.67 个百分点，小学和初中的生均预算内教育事业费分别增长 21.7% 和 32.38%，小学和初中的生均预算内公用经费分别增长 70.63% 和 62%，教职工年人均工资增长 15.39%。与 2015 年相比，2014 和 2016 年 H 市的教育经费投入增长幅度较小，且未完全做到“三个增长”，其中 2014 年小学的生均预算内教育事业费和生均预算内公用经费为负增长，2016 年预算内教育经费拨款为负增长，且低于地方财政经常性收入的增长。（见表 3–2）

表 3–2　H 市 2013—2016 年教育经费投入情况

年份	预算内教育经费拨款		地方财政经常性收入		生均预算内教育事业费				生均预算内公用经费				教职工年人均工资	
	拨款值（万元）	比上年增长比例（%）	收入（万元）	比上年增长比例（%）	小学（元）	比上年增长比例（%）	初中（元）	比上年增长比例（%）	小学（元）	比上年增长比例（%）	初中（元）	比上年增长比例（%）	工资（元）	比上年增长比例（%）
2013	12914	—	20455	—	10316	—	6621	—	1404	—	986	—	60487	—
2014	13535	4.81	21421	4.72	9768	–5.3	6709	1.33	1003	–28.6	1072	8.71	61461	1.61
2015	24820	83.38	26715	24.71	11889	21.7	8881	32.38	1711	70.63	1737	62	70921	15.39
2016	15476	–37.6	28462	6.5	12040	1.28	9014	1.49	1721	0.59	1755	1.04	77190	8.84

二、学校规模与班额现状

（一）小学规模与班额

近年来 H 市小学的规模呈现出三个层次，第一层次是 5 所位于城区的较大规模完全小学，包括 4 所非寄宿制完全小学和 1 所寄宿制完全小学 HS 小学。这些学校 2016 年的班级数为 24—34，学生数为 985—1398 人。第二层次是 8 所中等规模的完全小学，包括 1 所乡村非寄宿制完全小学 NM 小学和 7 所乡村寄宿制完全小学，这些学校 2016 年的班级数为 6—15，学生数为 110—536。第三层次是 6 所学生人数少于 100 人的小规模学校，包括 1 所城乡结合区非完全小学 HY 小学和 5 所乡村教学点，这些学校 2016 年的班级数为 1—5 个，学生数最少的 8 人，最多的 94 人（见表 3–3、表 3–4、表 3–5）。

同时，《甘肃基本标准》提出，小学班额一般不超过 45 人，初中班额一般不超过 50 人。根据调查数据统计，2015 年，H 市 13 所完全小学中，有 8 所学校存在班额超过 45 人的班级，其中 4 所学校的大班额比例在 50% 以上，分别为 100%、76%、52% 和 50%，4 所学校的大班额比例低于 50%，分别为 46.67%、16.67%、11.11% 和 4.17%。2016 年，H 市通过增加班级数等办法，存在大班额的小学减少到 2 所，其大班额比例分别为 73.08% 和 12%（见表 3–3、表 3–4）。此外，H 市小规模学校不存在大班额问题。（见表 3–5）

表 3–3　H 市 2014—2016 年较大规模小学的学生数、班级数和大班额情况

学校	年份	学生数	班级数	超过 45 人大班额数	大班额比例
DS 小学（城区非寄宿制）	2014 年	1400	30	15	50%
	2015 年	1416	30	14	46.67%
	2016 年	1398	34	0	0
DY 小学（城区非寄宿制）	2014 年	1403	25	15	60%
	2015 年	1443	26	26	100%
	2016 年	1381	26	19	73.08%
ZZ 小学（城区非寄宿制）	2014 年	1250	25	17	68%
	2015 年	1215	25	13	52%
	2016 年	1290	32	0	0
DE 小学（城区非寄宿制）	2014 年	947	24	0	0
	2015 年	931	24	1	4.17%
	2016 年	985	25	3	12%
HS 小学（城区寄宿制）	2014 年	1385	25	21	84%
	2015 年	1336	25	19	76%
	2016 年	1283	33	0	0

表 3-4　H 市 2014—2016 年中等规模小学的学生数、班级数和大班额情况

学校	年份	学生数	班级数	超过 45 人大班额数	大班额比例
NM 小学（乡村非寄宿制）	2014 年	152	6	1	16.67%
	2015 年	127	6	0	0
	2016 年	157	6	0	0
LX 小学（乡村寄宿制）	2014 年	532	17	0	0
	2015 年	479	12	0	0
	2016 年	536	15	0	0
KD 小学（乡村寄宿制）	2014 年	140	6	0	0
	2015 年	145	6	0	0
	2016 年	165	6	0	0
ZG 小学（乡村寄宿制）	2014 年	196	6	2	33.34%
	2015 年	213	6	3	50.00%
	2016 年	198	6	0	0
KM 小学（乡村寄宿制）	2014 年	128	9	0	0
	2015 年	101	8	0	0
	2016 年	110	9	0	0
RD 小学（乡村寄宿制）	2014 年	142	6	0	0
	2015 年	124	6	0	0
	2016 年	121	6	0	0
DM 小学（乡村寄宿制）	2014 年	141	6	0	0
	2015 年	161	6	1	16.67%
	2016 年	169	6	0	0
JM 小学（乡村寄宿制）	2014 年	302	7	2	28.57%
	2015 年	316	9	1	11.11%
	2016 年	339	11	0	0

表 3-5　H 市 2014—2016 年小规模小学的学生数、班级数和大班额情况

学校	年份	学生数	班级数	超过 45 人大班额数	大班额比例
HY 小学（城乡结合区）	2014 年	139	6	0	0
	2015 年	119	6	0	0
	2016 年	94	5	0	0

续表

学校	年份	学生数	班级数	超过 45 人大班额数	大班额比例
RJ 小学（乡村）	2014 年	21	3	0	0
	2015 年	18	2	0	0
	2016 年	8	1	0	0
ZD 小学（乡村）	2014 年	30	6	0	0
	2015 年	22	3	0	0
	2016 年	19	2	0	0
GC 小学（乡村）	2014 年	22	3	0	0
	2015 年	21	3	0	0
	2016 年	14	2	0	0
DH 小学（乡村）	2014 年	25	3	0	0
	2015 年	30	3	0	0
	2016 年	30	3	0	0
MS 村校（乡村）	2014 年	35	3	0	0
	2015 年	30	3	0	0
	2016 年	49	3	0	0

（二）初中规模与班额

H 市 3 所初中均位于城区，其中 DE 中学（初中部）为非寄宿制学校，ZZ 中学（初中部）和 HZ 中学（初中部）为寄宿制学校。这 3 所初中的规模都比较适中，2016 年学生数分别为 1866 人、1124 人和 1706 人，班级数分别为 38、23 和 36。同时，从 2014—2016 年，3 所初中的学生数变化不大，学校规模较为稳定。就班额来说，2014 年和 2015 年，3 所初中 50 人以上的大班额比例较高，2014 年分别为 90.63%、100% 和 96.30%，2015 年分别为 64.71%、100% 和 88.89%，2016 年，3 所初中的班级数都有了一定的增长，消除了大班额现象。（见表 3–6）

表 3-6　H 市 2014—2016 年初中的班级数和班额

学校	年份	学生数	班级数	超过 50 人大班额数	大班额比例
DE 中学（初中部）	2014 年	1859	32	29	90.63%
	2015 年	1866	34	22	64.71%
	2016 年	1866	38	0	0
ZZ 中学（初中部）	2014 年	1264	18	18	100%
	2015 年	1249	18	18	100%
	2016 年	1124	23	0	0
HZ 中学（初中部）	2014 年	1738	27	26	96.30%
	2015 年	1743	27	24	88.89%
	2016 年	1706	36	0	0

三、办学设施的标准化建设状况

（一）生均用地面积

1. 小学的生均用地面积

《甘肃省基本标准》提出，主城旧区非全寄宿制完全小学生均用地面积应为 11.40 平方米，主城新区完全小学应为 15 平方米，其他非寄宿制完全小学应为 20 平方米，全寄宿制小学应为 32 平方米。就 H 市的情况来看，首先，4 所主城旧区非寄宿制完全小学中，DS 小学和 DY 小学的生均用地面积在 2014 年就达到了 11.40 平方米的标准，其余 2 所小学 ZZ 小学和 DE 小学 2014 年和 2015 年未达标，但 2016 年通过扩大学校用地总面积，亦达到了上述标准。其次，NM 小学作为 H 市唯一的 1 所乡村非寄宿制小学，在 2014 年生均用地面积就达到 20 平方米的标准。最后，H 市 8 所全寄宿制完全小学中，KD 小学、ZG 小学、KM 小学、DM 小学、JM 小学 5 所小学在 2014 年已达到 32 平方米的标准，其余 3 所小学 LX 小学、HS 小学、RD 小学 2014 年未达标，但 RD 小学和 LX 小学通过扩大学校用地总面积分别于 2015 年和 2016 年达标，只有 HS

小学2016年仍未达标。总体来看，H市13所完全小学中，2014年生均用地面积达标的学校8所，2015年增加到9所，2016年增加到12所，到2016年，尚有1所寄宿制小学生均用地面积未达标。（见表3-7）

表3-7　H市2014—2016年完全小学的生均用地面积

学校类型	学校	年份	学校用地总面积（平方米）	学生数	生均用地面积（平方米/生）	标准值（平方米/生）
城区非寄宿制完全小学	DS小学	2014年	24205.89	1400	17.28	11.40
		2015年	24205.89	1416	17.09	
		2016年	24205.89	1398	17.31	
	DY小学	2014年	26722	1403	19.04	
		2015年	26722	1443	18.51	
		2016年	26722	1381	19.34	
	ZZ小学	2014年	8335.25	1250	6.66	
		2015年	8335.25	1215	6.86	
		2016年	14819.19	1290	11.48	
	DE小学	2014年	6792	947	7.17	
		2015年	6792	931	7.29	
		2016年	11871.2	985	12.05	
乡村非寄宿制完全小学	NM小学	2014年	7911	152	52.04	20
		2015年	7911	127	62.29	
		2016年	7911	157	50.38	
全寄宿制完全小学	KD小学	2014年	9118.95	140	65.13	32
		2015年	9118.95	145	62.88	
		2016年	9118.95	165	55.26	
	ZG小学	2014年	9877	196	50.39	
		2015年	9877	213	46.37	
		2016年	9877	198	49.88	
	KM小学	2014年	25416	128	198.56	
		2015年	25416	101	251.64	
		2016年	12187.42	110	110.79	
	LX小学	2014年	13846	532	26.02	
		2015年	13846	479	28.90	
		2016年	17172	536	32.03	

续表

学校类型	学校		学校用地总面积（平方米）	学生数	生均用地面积（平方米 / 生）	标准值（平方米 / 生）
全寄宿制完全小学	HS 小学	2014 年	35137.4	1385	25.36	32
		2015 年	35137.4	1336	27.38	
		2016 年	35137.4	1283	27.39	
	RD 小学	2014 年	3347	142	23.57	
		2015 年	4633.2	124	37.36	
		2016 年	4633.2	121	38.29	
	DM 小学	2014 年	8211.06	141	58.23	
		2015 年	8211.06	161	48.59	
		2016 年	8211.06	169	48.58	
	JM 小学	2014 年	8586.12	302	28.43	
		2015 年	8586.12	316	27.17	
		2016 年	11086.12	339	32.70	

此外，课题组对 H 市学生人数少于 100 人的小规模学校的生均用地面积进行了统计，发现 H 市 6 所小规模学校中，2016 年生均用地面积最低的 HY 小学为 28.92 平方米，最高 RJ 小学为 168.5 平方米，其余 4 所在 37.71 到 104.22 平方米之间，从 2014 年到 2016 年，除 RJ 小学因学生数骤减，生均用地面积增长较大外，其余学校生均用地面积值相对稳定。（见表 3–8）

表 3–8　H 市 2014—2016 年小规模学校的生均用地面积

学校	年份	学校用地总面积（平方米）	学生数	生均用地面积（平方米 / 生）
RJ 小学	2014 年	1348	21	64.19
	2015 年	1348	18	74.89
	2016 年	1348	8	168.5
ZD 小学	2014 年	1256	30	41.87
	2015 年	1256	22	57.09
	2016 年	1256	19	66.11
GC 小学	2014 年	1067	22	48.5
	2015 年	1067	21	50.81
	2016 年	1067	14	76.21

续表

学校	年份	学校用地总面积（平方米）	学生数	生均用地面积（平方米 / 生）
DH 小学	2014 年	4689.67	25	187.59
	2015 年	4689.67	30	156.32
	2016 年	3126.67	30	104.22
MS 村校	2014 年	1848	35	52.80
	2015 年	1848	30	61.60
	2016 年	1848	49	37.71
HY 小学	2014 年	2718.09	139	19.55
	2015 年	2718.09	119	22.84
	2016 年	2718.09	94	28.92

2. 初中的生均用地面积

依据《甘肃基本标准》，中心城区（主城旧区）非寄宿制初中生均用地面积应达到 11.40 平方米，寄宿制初中生均用地面积应为 34 平方米。H 市非寄宿制初中 DE 中学（初中部）在 2014 年生均用地面积已达到 11.40 平方米的标准，同时，2 所寄宿制初中 ZZ 中学（初中部）和 HZ 中学（初中部）2014 年和 2015 年生均用地面积均未达到相应标准，但 2016 年通过扩大用地总面积，均基本达到寄宿制初中 34 平方米的标准。（见表 3–9）

表 3–9　H 市 2014—2016 年初中生均用地面积

学校	年份	学校用地总面积（平方米）	学生数	生均用地面积（平方米 / 生）	标准值（平方米 / 生）
DE 中学（初中部）	2014 年	36929.01	1859	19.86	11.4
	2015 年	36836.82	1866	19.74	
	2016 年	36976.70	1866	19.82	
ZZ 中学（初中部）	2014 年	36230.48	1264	28.66	34
	2015 年	35442.04	1249	28.38	
	2016 年	37595.50	1124	33.45	
HZ 中学（初中部）	2014 年	14735.73	1738	8.48	
	2015 年	14591.31	1743	8.37	
	2016 年	57753.42	1706	33.85	

（二）生均校舍建筑面积

1. 小学生均校舍建筑面积

《甘肃基本标准》提出，非全寄宿制小学生均校舍面积（不含学生食堂宿舍面积）不低于 5.66 平方米，全寄宿制小学生均不低于 12.25 平方米。H 市 5 所非全寄宿制完全小学中，DE 小学和 NM 小学于 2014 年达到了相应标准，其余 3 所通过增加校舍建筑总面积，于 2016 年达到了相应标准。同时，8 所全寄宿制小学中，7 所位于乡村的学校于 2014 达到了相应标准，但 1 所位于城区的 HS 小学虽然在 2016 年较大的增加了校舍建筑总面积，但仍未达到寄宿制小学标准。（见表 3–10）

表 3–10　H 市 2014—2016 年完全小学的生均校舍建筑面积

学校类型	学校	年份	校舍建筑总面积（平方米）	学生数	生均校舍建筑面积（平方米 / 生）	标准值（平方米 / 生）
非寄宿制完全小学	DS 小学	2014 年	7067	1400	5.04	5.66
		2015 年	7067	1416	4.99	
		2016 年	9708.9	1398	6.94	
	DY 小学	2014 年	6683	1403	4.76	
		2015 年	7043	1443	4.88	
		2016 年	9764.6	1381	7.07	
	ZZ 小学	2014 年	6480	1250	5.18	
		2015 年	6608.92	1215	5.44	
		2016 年	10526.05	1290	8.16	
	DE 小学	2014 年	7681.28	947	8.11	
		2015 年	7681.28	931	8.25	
		2016 年	7726.2	985	7.84	
	NM 小学	2014 年	1338	152	8.80	
		2015 年	1338	127	10.53	
		2016 年	1338	157	8.52	

续表

学校类型	学校	年份	校舍建筑总面积（平方米）	学生数	生均校舍建筑面积（平方米 / 生）	标准值（平方米 / 生）
全寄宿制完全小学	KD 小学	2014 年	3422	140	24.44	12.25
		2015 年	4277	145	29.49	
		2016 年	4536.11	165	27.49	
	ZG 小学	2014 年	3678	196	18.77	
		2015 年	3589	213	16.85	
		2016 年	3589	198	18.13	
	KM 小学	2014 年	3294	128	25.73	
		2015 年	3276	101	32.44	
		2016 年	3276	110	29.78	
	LX 小学	2014 年	8148	532	15.31	
		2015 年	7961	479	16.62	
		2016 年	7828	536	14.60	
	HS 小学	2014 年	9834.47	1385	7.10	
		2015 年	9834.47	1336	7.36	
		2016 年	13358.58	1283	10.41	
	RD 小学	2014 年	3092	142	21.77	
		2015 年	2875.5	124	23.19	
		2016 年	2715.5	121	22.44	
	DM 小学	2014 年	3342	141	24.70	
		2015 年	4117.31	161	25.57	
		2016 年	4809.13	169	28.46	
	JM 小学	2014 年	4976	302	16.48	
		2015 年	4976	316	15.75	
		2016 年	5365.59	339	15.83	

据对 H 市小规模学校的生均校舍建筑面积的统计，2016 年 H 市 6 所小规模学校的生均校舍建筑面积最低的 HY 小学为 8.20 平方米，最高的 RJ 小学为 74.62 平方米，其余 4 所为 10.35—37.93 平方米（见表 3-11）。

表 3-11　H 市 2014—2016 年小规模学校的生均校舍建筑面积

学校	年份	校舍建筑总面积（平方米）	学生数	生均校舍建筑面积（平方米 / 生）
RJ 小学	2014 年	597	21	28.43
	2015 年	597	18	33.17
	2016 年	597	8	74.62
ZD 小学	2014 年	306	30	10.20
	2015 年	540	22	24.55
	2016 年	540	19	28.42
GC 小学	2014 年	702	22	31.90
	2015 年	489	21	23.29
	2016 年	489	14	34.93
DH 小学	2014 年	1668	25	66.72
	2015 年	1619.3	30	53.98
	2016 年	1138	30	37.93
MS 村校	2014 年	507	35	14.49
	2015 年	507	30	16.9
	2016 年	507	49	10.35
HY 小学	2014 年	789	139	5.68
	2015 年	771	119	6.48
	2016 年	771	94	8.20

2. 初中生均校舍建筑面积

《甘肃基本标准》提出，非全寄宿制初中生均校舍面积（不含学生食堂宿舍面积）不低于 6.66 平方米，全寄宿制初中生均不低于 13.41 平方米。H 市非寄宿制初中 DE 中学（初中部）于 2014 年达到了上述相应标准。2 所全寄宿制中，ZZ 中学（初中部）于 2015 年达到相应标准，HZ 中学（初中部）2016 年达到相应标准。（见表 3-12）

表 3–12　H 市 2014—2016 年初中生均校舍建筑面积

<table>
<tr><th>学校</th><th>年份</th><th>校舍建筑总面积（平方米）</th><th>学生数</th><th>生均校舍建筑面积（平方米 / 生）</th><th>标准值（平方米 / 生）</th></tr>
<tr><td rowspan="3">DE 中学（初中部）</td><td>2014 年</td><td>12605.74</td><td>1859</td><td>6.78</td><td rowspan="3">6.66</td></tr>
<tr><td>2015 年</td><td>12495.17</td><td>1866</td><td>6.7</td></tr>
<tr><td>2016 年</td><td>16348.66</td><td>1866</td><td>8.76</td></tr>
<tr><td rowspan="3">ZZ 中学（初中部）</td><td>2014 年</td><td>15326.04</td><td>1264</td><td>12.13</td><td rowspan="6">13.41</td></tr>
<tr><td>2015 年</td><td>23935.21</td><td>1249</td><td>19.16</td></tr>
<tr><td>2016 年</td><td>23394.21</td><td>1124</td><td>20.81</td></tr>
<tr><td rowspan="3">HZ 中学（初中部）</td><td>2014 年</td><td>12387.97</td><td>1738</td><td>7.13</td></tr>
<tr><td>2015 年</td><td>12266.99</td><td>1743</td><td>7.04</td></tr>
<tr><td>2016 年</td><td>28075.41</td><td>1706</td><td>16.46</td></tr>
</table>

（三）生均体育运动场（馆）面积

1. 小学的生均体育运动场（馆）面积

2017 年 4 月，教育部印发的《县域义务教育优质均衡发展督导评估办法》提出，“生均体育运动场馆面积：小学、初中分别达到 7.5 平方米以上、10.2 平方米以上”。2016 年，H 市 5 所非寄宿制普通小学的生均体育运动场（馆）面积由低到高分别为 3.69 平方米、3.94 平方米、8.29 平方米、9.40 平方米、13.74 平方米，有 2 所未达到上述 7.5 平方米的标准；8 所寄宿制小学的生均体育运动场（馆）面积由低到高分别为 7.37 平方米、7.40 平方米、8.48 平方米、10.90 平方米、11.74 平方米、12.87 平方米、13.22 平方米、36.27 平方米，其中 2 所未达到 7.5 平方米的标准（见表 3–13）；6 所小规模学校的生均体育运动场（馆）面积由低到高依次为 4.08 平方米、9.47 平方米、14.29 平方米、15.96 平方米、19.89 平方米、40.50 平方米、42.5 平方米，其中 1 所的生均体育运动场（馆）面积低于 7.5 平方米（见表 3–14）。总体来看，H 市 13 所完全小学和 6 所小规模学校中，已有 9 所完全小学和 5 所小规模学校的生均体育运动场（馆）面积达到了县域义务教育优质均衡发展督导评估标准，有 4 所完全小学和 1 所小规模学校未达到上述标准。

表 3–13 H 市 2014—2016 年完全小学的生均体育运动场（馆）面积

学校类型	学校	年份	体育运动场（馆）总面积（平方米）	学生数	生均体育运动场（馆）面积（平方米 / 生）	标准值（平方米 / 生）
非寄宿制小学	DS 小学	2014 年	9672	1400	6.91	7.5
		2015 年	13543.7	1416	9.56	
		2016 年	13145.34	1398	9.40	
	DY 小学	2014 年	16000	1403	11.40	
		2015 年	14000	1443	9.70	
		2016 年	18977	1381	13.74	
	ZZ 小学	2014 年	2871	1250	2.30	
		2015 年	2871	1215	2.36	
		2016 年	10696.49	1290	8.29	
	DE 小学	2014 年	3600.5	947	3.80	
		2015 年	3600.5	931	3.87	
		2016 年	3882.5	985	3.94	
	NM 小学	2014 年	580	152	3.82	
		2015 年	580	127	4.57	
		2016 年	580	157	3.69	
寄宿制小学	KD 小学	2014 年	1800	140	12.86	
		2015 年	1800	145	12.41	
		2016 年	1800	165	10.90	
	ZG 小学	2014 年	1680	196	8.57	
		2015 年	1680	213	7.89	
		2016 年	1680	198	8.48	
	KM 小学	2014 年	3996	128	31.21	
		2015 年	3996	101	39.56	
		2016 年	3996	110	36.27	
	LX 小学	2014 年	4500	532	8.46	
		2015 年	4500	479	9.39	
		2016 年	6292.78	536	11.74	
	HS 小学	2014 年	9500.4	1385	6.86	
		2015 年	9500.4	1336	7.11	
		2016 年	9500.4	1283	7.40	

续表

学校类型	学校	年份	体育运动场（馆）总面积（平方米）	学生数	生均体育运动场（馆）面积（平方米 / 生）	标准值（平方米 / 生）
寄宿制小学	RD 小学	2014 年	400	142	2.82	7.5
		2015 年	1050	124	8.47	
		2016 年	1600	121	13.22	
	DM 小学	2014 年	2170	141	15.39	
		2015 年	1897.3	161	11.78	
		2016 年	2175	169	12.87	
	JM 小学	2014 年	2400	302	7.95	
		2015 年	2400	316	7.59	
		2016 年	2500	339	7.37	

表 3–14　H 市 2014—2016 年小规模学校的生均运动场（馆）面积

学校	年份	体育运动场（馆）总面积（平方米）	学生数	生均体育运动场（馆）面积（平方米 / 生）	标准值（平方米 / 生）
RJ 小学	2014 年	340	21	16.19	7.5
	2015 年	340	18	18.88	
	2016 年	340	8	42.50	
ZD 小学	2014 年	180	30	6.00	
	2015 年	180	22	8.18	
	2016 年	180	19	9.47	
GC 小学	2014 年	200	22	9.09	
	2015 年	200	21	9.52	
	2016 年	200	14	14.29	
DH 小学	2014 年	849.7	25	33.99	
	2015 年	849.7	30	28.32	
	2016 年	596.7	30	19.89	
MS 村校	2014 年	200	35	5.71	
	2015 年	200	30	6.67	
	2016 年	200	49	4.08	

续表

学校	年份	体育运动场（馆）总面积（平方米）	学生数	生均体育运动场（馆）面积（平方米/生）	标准值（平方米/生）
HY小学	2014年	500	139	3.60	7.5
	2015年	1500	119	12.60	
	2016年	1500	94	15.96	

2. 初中生均体育运动场（馆）面积

《县域义务教育优质均衡发展督导评估办法》提出，初中生均体育运动场（馆）面积10.2平方米以上。H市的DE中学（初中部）虽然在2014年和2015年未达到上述标准，但2016年通过增加运动场（馆）总面积达到了上述标准。同时，ZZ中学（初中部）和HZ中学（初中部）2016年的生均体育运动场（馆）面积分别为10.18平方米、4.28平方米，尚未达到上述标准（见表3–15）。

表3–15　H市2014—2016年初中生均体育运动场（馆）面积

学校	年份	运动场（馆）总面积（平方米）	学生数	生均运动场（馆）面积（平方米/生）	标准值（平方米/生）
DE中学（初中部）	2014年	13134.4	1859	7.07	10.2
	2015年	18308.33	1866	9.81	
	2016年	20577.07	1866	11.02	
ZZ中学（初中部）	2014年	10194.56	1264	8.07	
	2015年	11852	1249	9.49	
	2016年	11438.23	1124	10.18	
HZ中学（初中部）	2014年	6431，76	1738	3.70	
	2015年	7251.94	1743	4.16	
	2016年	7299.68	1706	4.28	

（四）生均教学和辅助用房面积

1. 小学生均教学和辅助用房面积

《县域义务教育优质均衡发展督导评估办法》提出，“生均教学及辅助用房面积：小学、初中分别达到 4.5 平方米以上、5.8 平方米以上”。就 H 市的小学而言，2016 年城区 5 所完全小学的生均教学及辅助用房面积分别为 3.45 平方米、3.62 平方米、4.35 平方米、3.66 平方米、3.55 平方米，均未达到上述标准，但 8 所乡村完全小学中，除 LX 小学和 JM 小学未达标外，其余 6 所小学均已达标。此外，6 所小规模学校中，除 MS 村校生均教学及辅助用房面积为 4.37 平方米，未达到上述标准外，其余 5 所均已达到上述标准。总体来说，H 市 19 所小学中，已有 11 所小学的生均教学及辅助用房面积达到了县域义务教育优质均衡发展督导评估标准，同时，城区全部 5 所小学、2 所乡村完全小学和 1 所小规模学校共 8 所小学的生均教学及辅助用房面积未达到了县域义务教育优质均衡发展督导评估标准。（见表 3-16）

表 3-16　H 市 2016 年小学的生均教学和辅助用房面积

学校类型	学校	教学和辅助用房总面积（平方米）	学生数	生均教学和辅助用房面积（平方米 / 生）	标准值（平方米 / 生）
城区完全小学	DS 小学	4825	1398	3.45	4.5
	DY 小学	4993.99	1381	3.62	
	ZZ 小学	5606.59	1290	4.35	
	DE 小学	3609.3	985	3.66	
	HS 小学	4557.11	1283	3.55	
乡村完全小学	NM 小学	978	157	6.23	
	KD 小学	1372.4	165	8.32	
	ZG 小学	1012	198	5.11	
	KM 小学	1092	110	9.93	
	LX 小学	2018	536	3.76	

续表

学校类型	学校	教学和辅助用房总面积（平方米）	学生数	生均教学和辅助用房面积（平方米/生）	标准值（平方米/生）
乡村完全小学	RD 小学	1036.5	121	8.57	4.5
	DM 小学	1514.1	169	8.96	
	JM 小学	1440.5	339	4.25	
小规模学校	RJ 小学	334	8	41.75	
	ZD 小学	270	19	14.21	
	GC 小学	213	14	15.21	
	DH 小学	256	30	8.53	
	MS 村校	214	49	4.37	
	HY 小学	554	94	5.89	

2. 初中生均教学和辅助用房面积

H 市 2016 年 3 所初中的生均教学和辅助用房面积分别为 3.58 平方米、3.18 平方米、2.58 平方米，均远低于《县域义务教育优质均衡发展督导评估办法》中提出的初中生均教学及辅助用房面积达到 5.8 平方米以上的标准。（见表 3–17）

表 3–17　H 市 2016 年初中生均教学和辅助用房面积

学校	教学和辅助用房总面积（平方米）	学生数	生均教学和辅助用房面积（平方米/生）	标准值（平方米/生）
DE 中学（初中部）	6678.48	1866	3.58	5.8
ZZ 中学（初中部）	3570.23	1124	3.18	
HZ 中学（初中部）	4399.23	1706	2.58	

（五）生均教学仪器设备值

1. 小学生均教学仪器设备值

《县域义务教育优质均衡发展督导评估办法》提出，“生均教学仪器设备值：小学、初中分别达到 2000 元以上、2500 元以上”。2016 年，H 市所有完全小学和小规模学校的生均教学仪器设备值均已达到了上述

2000 元的标准。（见表 3–18）

表 3–18 H 市 2015—2016 年小学的生均教学仪器设备值

学校类型	学校	年份	教学仪器设备总值（万元）	学生数	生均教学仪器设备（万元 / 生）	标准值（万元 / 生）
城区完全小学	DS 小学	2015 年	219.73	1416	0.16	0.2
		2016 年	312.76	1398	0.22	
	DY 小学	2015 年	158.8	1443	0.11	
		2016 年	288.88	1381	0.20	
	ZZ 小学	2015 年	240.16	1215	0.20	
		2016 年	325.36	1290	0.25	
	DE 小学	2015 年	190.6	931	0.20	
		2016 年	267.92	985	0.27	
	HS 小学	2015 年	304.26	1336	0.23	
		2016 年	348.22	1283	0.27	
乡村完全小学	NM 小学	2015 年	46.17	127	0.36	
		2016 年	46.17	157	0.29	
	KD 小学	2015 年	65.74	145	0.45	
		2016 年	74.95	165	0.45	
	ZG 小学	2015 年	56.76	213	0.27	
		2016 年	99.76	198	0.50	
	KM 小学	2015 年	48.8	101	0.48	
		2016 年	33.53	110	0.30	
	LX 小学	2015 年	126.48	479	0.26	
		2016 年	223.61	536	0.42	
	RD 小学	2015 年	41.4	124	0.33	
		2016 年	82.18	121	0.68	
	DM 小学	2015 年	47.88	161	0.30	
		2016 年	64.35	169	0.38	
	JM 小学	2015 年	84.35	316	0.27	
		2016 年	114.35	339	0.34	
小规模学校	RJ 小学	2015 年	9.57	18	0.53	
		2016 年	12.21	8	1.53	

续表

学校类型	学校	年份	教学仪器设备总值（万元）	学生数	生均教学仪器设备（万元/生）	标准值（万元/生）
小规模学校	ZD 小学	2015 年	17.18	22	0.78	0.2
		2016 年	15.21	19	0.80	
	GC 小学	2015 年	12.68	21	0.60	
		2016 年	49.56	14	3.54	
	DH 小学	2015 年	29.7	30	0.99	
		2016 年	22.62	30	0.75	
	MS 村校	2015 年	15.66	30	0.52	
		2016 年	15.66	49	0.32	
	HY 小学	2015 年	39.8	119	0.33	
		2016 年	87.11	94	0.93	

2. 初中生均教学仪器设备值

H市3所初中2016年的生均教学仪器设备值虽然比2015年有所增长，分别为1800元、1400元、1300元，但仍远低于《县域义务教育优质均衡发展督导评估办法》中提出的初中生均教学仪器设备值2500元以上的标准。（见表3-19）

表 3-19　H 市 2015—2016 年初中生均教学仪器设备值

学校	年份	教学仪器设备总值（万元）	学生数	生均教学仪器设备值（万元/生）	标准值（万元/生）
DE 中学（初中部）	2015 年	312.83	1866	0.17	0.25
	2016 年	330.01	1866	0.18	
ZZ 中学（初中部）	2015 年	33.70	1249	0.02	
	2016 年	154.18	1124	0.14	
HZ 中学（初中部）	2015 年	107.24	1743	0.06	
	2016 年	222.19	1706	0.13	

（六）生机比

1. 小学生机比

《甘肃基本标准》提出，学校计算机拥有量至少达到小学生机比 12∶1、初中生机比 10∶1。H 市完全小学在 2015—2016 年均达到上述相应标准。（见表 3–20）

表 3–20　H 市 2014—2016 年完全小学的生机比

<table>
<tr><th>学校类型</th><th>学校</th><th>年份</th><th>计算机总数（台）</th><th>学生数</th><th>生机比</th><th>标准值</th></tr>
<tr><td rowspan="15">城区完全小学</td><td rowspan="3">DS 小学</td><td>2014 年</td><td>118</td><td>1400</td><td>11.86∶1</td><td rowspan="21">12∶1</td></tr>
<tr><td>2015 年</td><td>138</td><td>1416</td><td>10.26∶1</td></tr>
<tr><td>2016 年</td><td>170</td><td>1398</td><td>8.22∶1</td></tr>
<tr><td rowspan="3">DY 小学</td><td>2014 年</td><td>161</td><td>1403</td><td>8.71∶1</td></tr>
<tr><td>2015 年</td><td>169</td><td>1443</td><td>8.54∶1</td></tr>
<tr><td>2016 年</td><td>253</td><td>1381</td><td>5.46∶1</td></tr>
<tr><td rowspan="3">ZZ 小学</td><td>2014 年</td><td>156</td><td>1250</td><td>8.01∶1</td></tr>
<tr><td>2015 年</td><td>210</td><td>1215</td><td>5.79∶1</td></tr>
<tr><td>2016 年</td><td>177</td><td>1290</td><td>7.29∶1</td></tr>
<tr><td rowspan="3">DE 小学</td><td>2014 年</td><td>115</td><td>947</td><td>8.23∶1</td></tr>
<tr><td>2015 年</td><td>115</td><td>931</td><td>8.10∶1</td></tr>
<tr><td>2016 年</td><td>222</td><td>985</td><td>4.44∶1</td></tr>
<tr><td rowspan="3">HS 小学</td><td>2014 年</td><td>102</td><td>1385</td><td>13.53∶1</td></tr>
<tr><td>2015 年</td><td>220</td><td>1336</td><td>6.07∶1</td></tr>
<tr><td>2016 年</td><td>276</td><td>1283</td><td>4.65∶1</td></tr>
<tr><td rowspan="6">乡村完全小学</td><td rowspan="3">NM 小学</td><td>2014 年</td><td>30</td><td>152</td><td>5.07∶1</td></tr>
<tr><td>2015 年</td><td>27</td><td>127</td><td>4.70∶1</td></tr>
<tr><td>2016 年</td><td>31</td><td>157</td><td>5.06∶1</td></tr>
<tr><td rowspan="3">KD 小学</td><td>2014 年</td><td>50</td><td>140</td><td>2.80∶1</td></tr>
<tr><td>2015 年</td><td>50</td><td>145</td><td>2.90∶1</td></tr>
<tr><td>2016 年</td><td>70</td><td>165</td><td>2.35∶1</td></tr>
</table>

续表

学校类型	学校	年份	计算机总数（台）	学生数	生机比	标准值
乡村完全小学	ZG小学	2014年	55	196	3.56：1	12：1
		2015年	55	213	3.87：1	
		2016年	50	198	3.96：1	
	KM小学	2014年	53	128	2.42：1	
		2015年	55	101	1.83：1	
		2016年	32	110	3.44：1	
	LX小学	2014年	48	532	11.08：1	
		2015年	76	479	6.30：1	
		2016年	114	536	4.70：1	
	RD小学	2014年	26	142	5.46：1	
		2015年	33	124	3.76：1	
		2016年	45	121	2.69：1	
	DM小学	2014年	35	141	4.03：1	
		2015年	36	161	4.47：1	
		2016年	36	169	4.69：1	
	JM小学	2014年	45	302	6.71：1	
		2015年	45	316	7.02：1	
		2016年	60	339	5.65：1	

另据统计，H市2016年6所小规模学校的生机比分别为1.14：1、2.11：1、1.56：1、2.5：1、6.13：1、1.84：1。（见表3-21）

表3-21　H市2014—2016年小规模学校的生机比

学校	年份	计算机总数（台）	学生数	生机比
RJ小学	2014年	3	21	7：1
	2015年	4	18	4.5：1
	2016年	7	8	1.14：1
ZD小学	2014年	3	30	10：1
	2015年	11	22	2：1
	2016年	9	19	2.11：1

续表

学校	年份	计算机总数（台）	学生数	生机比
GC 小学	2014 年	3	22	7.33：1
	2015 年	6	21	3.5：1
	2016 年	9	14	1.56：1
DH 小学	2014 年	12	25	2.08：1
	2015 年	12	30	2.5：1
	2016 年	12	30	2.5：1
MS 村校	2014 年	4	35	8.75：1
	2015 年	4	30	7.5：1
	2016 年	8	49	6.13：1
HY 小学	2014 年	41	139	3.39：1
	2015 年	60	119	1.98：1
	2016 年	51	94	1.84：1

2. 初中生机比

按照《甘肃基本标准》提出的初中生机比 10：1 的标准，H 市 3 所初中的生机比在 2016 年均达准。（见表 3–22）

表 3–22　H 市 2014—2016 年初中生机比

学校	年份	计算机总数（台）	学生数	生机比	标准值
DE 中学（初中部）	2014 年	127	1859	14.61：1	10：1
	2015 年	360	1866	5.18：1	
	2016 年	363	1866	5.13：1	
ZZ 中学（初中部）	2014 年	92	1264	13.63：1	
	2015 年	148	1249	8.44：1	
	2016 年	160	1124	7：1	
HZ 中学（初中部）	2014 年	148	1738	11.7：1	
	2015 年	147	1743	11.85：1	
	2016 年	312	1706	5.46：1	

（七）生均图书册数

1. 小学生均图书册数

《甘肃基本标准》提出，生均藏书小学 15 册以上，初中 25 册以上，2016 年 H 市完全小学的生均图书册数均已达到上述标准。（见表 3–23）

表 3–23　H 市 2015—2016 年完全小学的生均图书册数

学校类型	学校	年份	图书总册数（册）	学生数	生均图书册数（册 / 生）	标准值（册 / 生）
城区完全小学	DS 小学	2015 年	24198	1416	17.08	15
		2016 年	33453	1398	23.93	
	DY 小学	2015 年	34209	1443	23.71	
		2016 年	34333	1381	24.86	
	ZZ 小学	2015 年	25889	1215	21.31	
		2016 年	26141	1290	20.26	
	DE 小学	2015 年	15903	931	17.08	
		2016 年	21170	985	21.49	
	HS 小学	2015 年	24361	1336	18.23	
		2016 年	25011	1283	19.49	
乡村完全小学	NM 小学	2015 年	9576	127	75.40	
		2016 年	5024	157	32.00	
	KD 小学	2015 年	7726	145	53.28	
		2016 年	4000	165	24.24	
	ZG 小学	2015 年	12800	213	60.09	
		2016 年	5612	198	28.34	
	KM 小学	2015 年	10991	101	108.82	
		2016 年	3861	110	35.10	
	LX 小学	2015 年	15000	479	31.32	
		2016 年	13746	536	25.65	
	RD 小学	2015 年	4393	124	40.27	
		2016 年	4446	121	36.74	

续表

学校类型	学校	年份	图书总册数（册）	学生数	生均图书册数（册 / 生）	标准值（册 / 生）
乡村完全小学	DM 小学	2015 年	9974	161	61.95	15
		2016 年	6627	169	39.21	
	JM 小学	2015 年	8057	316	25.50	
		2016 年	2000	339	25.90	

另据统计，H 市 6 所小规模学校 2016 年的生均图书册数最低 30.36 册，最高达 187.5 册。（见表 3–24）

表 3–24　H 市 2015—2016 年小规模学校的生均图书册数

学校	年份	图书总册数（册）	学生数	生均图书册数（册 / 生）	标准值（册 / 生）
RJ 小学	2015 年	786	18	43.67	25
	2016 年	1500	8	187.5	
ZD 小学	2015 年	823	22	37.40	
	2016 年	823	19	43.32	
GC 小学	2015 年	425	21	20.24	
	2016 年	425	14	30.36	
DH 小学	2015 年	2719	30	90.63	
	2016 年	2569	30	85.63	
MS 村校	2015 年	1000	30	33.33	
	2016 年	2000	49	44.81	
HY 小学	2015 年	8485	119	71.30	
	2016 年	3085	94	32.82	

2. 初中生均图书册数

2016 年，H 市 3 所初中的生均图书册数分别为 25 册、27 册、26 册，按照初中 25 册以上的标准，3 所学校均已达标（见表 3–25）。

表 3-25　H 市 2014—2016 年初中生均图书册数

学校	年份	图书总册数（册）	学生数	生均图书册数（册 / 生）	标准值（册 / 生）
DE 中学（初中部）	2014 年	45515	1859	24	25
	2015 年	46862	1866	25	
	2016 年	46773	1866	25	
ZZ 中学（初中部）	2014 年	21551	1264	17	
	2015 年	25664	1249	20	
	2016 年	30519	1124	27	
HZ 中学（初中部）	2014 年	34434	1738	20	
	2015 年	46252	1743	27	
	2016 年	47168	1706	26	

（八）寄宿生生均宿舍和食堂面积

1. 小学寄宿生生均宿舍和食堂面积

《甘肃基本标准》规定，小学寄宿生生均宿舍面积 5.0 平方米，生均食堂面积 1.7 平方米。2016 年，H 市所有寄宿制小学的生均宿舍面积已达到相应标准，生均食堂面积亦均达到相应标准。（见表 3-26 和表 3-27）

表 3-26　H 市 2014—2016 年寄宿制小学寄宿生生均宿舍面积

学校	年份	宿舍总面积（平方米）	寄宿生数	寄宿生生均宿舍面积（平方米 / 生）	标准值（平方米 / 生）
KD 小学	2014 年	1021	140	7.29	5.0
	2015 年	720	145	4.97	
	2016 年	974.7	165	5.91	
ZG 小学	2014 年	1000	196	5.26	
	2015 年	1000	213	4.69	
	2016 年	1013	198	5.12	
KM 小学	2014 年	1283	128	10.02	
	2015 年	576	101	5.70	
	2016 年	576	110	5.24	

续表

学校	年份	宿舍总面积（平方米）	寄宿生数	寄宿生生均宿舍面积（平方米 / 生）	标准值（平方米 / 生）
LX 小学	2014 年	3835	532	7.21	5.0
	2015 年	3000	479	6.26	
	2016 年	2702.4	536	5.04	
HS 小学	2014 年	4124	1386	2.98	
	2015 年	4027.2	1336	3.01	
	2016 年	4027.2	482	8.36	
RD 小学	2014 年	840	142	5.92	
	2015 年	650	124	5.24	
	2016 年	960	121	7.93	
DM 小学	2014 年	1394	141	9.89	
	2015 年	1394	161	8.66	
	2016 年	1326	169	7.85	
JM 小学	2014 年	1191	302	3.94	
	2015 年	1191	316	3.77	
	2016 年	1701.79	339	5.02	

表 3-27　H 市 2014—2016 年寄宿制小学寄宿生生均食堂面积

学校	年份	宿舍总面积（平方米）	寄宿生数	寄宿生生均食堂面积（平方米 / 生）	标准值（平方米 / 生）
KD 小学	2014 年	166	140	1.19	1.7
	2015 年	426	145	2.94	
	2016 年	334	165	2.02	
ZG 小学	2014 年	400	196	2.04	
	2015 年	400	213	1.88	
	2016 年	400	198	2.02	
KM 小学	2014 年	315	128	2.46	
	2015 年	288	101	2.85	
	2016 年	288	110	2.62	
LX 小学	2014 年	460	532	0.86	
	2015 年	460	479	0.96	
	2016 年	997.4	536	1.86	

续表

学校	年份	宿舍总面积（平方米）	寄宿生数	寄宿生生均食堂面积（平方米 / 生）	标准值（平方米 / 生）
HS 小学	2014 年	1046	1386	0.75	1.7
	2015 年	1046	1336	0.78	
	2016 年	1046	482	2.17	
RD 小学	2014 年	320	142	2.25	
	2015 年	320	124	2.58	
	2016 年	224	121	1.85	
DM 小学	2014 年	172	141	1.22	
	2015 年	476.61	161	2.96	
	2016 年	314	169	1.86	
JM 小学	2014 年	300	302	0.99	
	2015 年	300	316	0.95	
	2016 年	731.4	339	2.16	

2. 初中寄宿生生均宿舍和食堂面积

《甘肃基本标准》规定，初中寄宿生生均宿舍面积 5.5 平方米，生均食堂面积 1.7 平方米。H 市 2 所寄宿制初中 2014 年生均宿舍面积均未达标，但通过增加宿舍总面积，于 2016 年达到了标准（见表 3–28）。就食堂面积而言，HZ 中学（初中部）的生均食堂面积在 2014 年和 2015 年未达到标准，但 2016 年通过大幅增加食堂总面积达到了标准，同时，另一所寄宿制学校 ZZ 中学（初中部）的食堂总面积自 2014 年以来一直未增加，2016 年生均宿舍面积为 0.79 平方米，尚未达到标准。（见表 3–29）

表 3–28　H 市 2014—2016 年寄宿制初中寄宿生生均宿舍面积

学校	年份	宿舍总面积（平方米）	寄宿生数	寄宿生生均宿舍面积（平方米 / 生）	标准值（平方米 / 生）
ZZ 中学（初中部）	2014 年	5480.02	1263	4.34	5.5
	2015 年	7550.94	1249	6.05	
	2016 年	7286.73	1124	6.48	

续表

学校	年份	宿舍总面积（平方米）	寄宿生数	寄宿生生均宿舍面积（平方米/生）	标准值（平方米/生）
HZ 中学（初中部）	2014 年	6501.66	1453	4.47	5.5
	2015 年	6142.97	1743	3.52	
	2016 年	8869.37	1491	5.95	

表 3-29　H 市 2014—2016 年寄宿制初中寄宿生生均食堂面积

学校	年份	食堂总面积（平方米）	寄宿生数	寄宿生生均食堂面积（平方米/生）	标准值（平方米/生）
ZZ 中学（初中部）	2014 年	937.54	1263	0.74	1.7
	2015 年	917.52	1249	0.73	
	2016 年	885.49	1124	0.79	
HZ 中学（初中部）	2014 年	662.39	1453	0.46	
	2015 年	647.25	1743	0.37	
	2016 年	2897.28	1491	1.94	

四、办学设施的区域内均衡状况

（一）完全小学办学设施的校际均衡度

经统计分析，H 市完全小学校际间生均教学与辅助用房面积、生均图书册数、每百名学生拥有计算机台数、生均教学仪器设备值的差异系数分别为 0.43、0.34、0.37 和 0.37，说明 H 市完全小学之间在上述四个方面的差异程度较小，均衡度较高。同时，H 市完全小学校际间生均体育场（馆）面积、每百名学生拥有网络多媒体教室数的差异系数分别为 0.72 和 0.54，说明 H 市完全小学之间在上述两个方面的差异程度较大，均衡度较低。（见表 3-30）

表 3–30　H 市 2016 年完全小学办学设施的校际均衡度

学校	生均教学与辅助用房面积（平方米 / 生）	生均体育场（馆）面积（平方米 / 生）	生均图书册数（册 / 生）	每百名学生拥有计算机台数	生均教学仪器设备值（万元 / 生）	每百名学生拥有网络多媒体教室数
DS 小学	3.45	9.40	23.93	12	0.22	5
DY 小学	3.62	13.74	24.86	18	0.20	4
ZZ 小学	4.35	8.29	20.26	14	0.25	4
DE 小学	3.66	3.94	21.49	23	0.27	5
HS 小学	3.55	7.40	19.49	22	0.27	6
NM 小学	6.23	3.69	32.00	20	0.29	7
KD 小学	8.32	10.90	24.24	42	0.45	8
ZG 小学	5.11	8.48	28.34	25	0.50	6
KM 小学	9.93	36.27	35.10	29	0.30	19
LX 小学	3.76	11.74	25.65	21	0.42	6
RD 小学	8.57	13.22	36.74	37	0.68	11
DM 小学	8.96	12.87	39.21	21	0.38	11
JM 小学	4.25	7.37	5.90	18	0.34	6
均值	5.67	11.33	25.94	23.23	0.35	7.54
标准差	2.42	8.16	8.77	8.50	0.13	4.12
差异系数	0.43	0.72	0.34	0.37	0.37	0.54

（二）全部小学（包括小规模学校）办学设施的校际均衡度

统计数据显示，H 市全部小学（包括小规模学校）校际间生均教学与辅助用房面积、生均体育场（馆）面积、生均图书册数、每百名学生拥有计算机台数、生均教学仪器设备值、每百名学生拥有网络多媒体教室数的差异系数分别为 1.02、0.76、0.98、0.62、1.17、0.78，说明 H 市全部小学在上述六个方面的差异程度均较大，均衡度均较低。（见表 3–31）

表 3-31　H 市 2016 年全部小学办学设施的校际均衡度

学校	生均教学与辅助用房面积（平方米 / 生）	生均体育场（馆）面积（平方米 / 生）	生均图书册数（册 / 生）	每百名学生拥有计算机台数	生均教学仪器设备值（万元 / 生）	每百名学生拥有网络多媒体教室数
DS 小学	3.45	9.40	23.93	12	0.22	5
DY 小学	3.62	13.74	24.86	18	0.20	4
ZZ 小学	4.35	8.29	20.26	14	0.25	4
DE 小学	3.66	3.94	21.49	23	0.27	5
HS 小学	3.55	7.40	19.49	22	0.27	6
NM 小学	6.23	3.69	32.00	20	0.29	7
KD 小学	8.32	10.90	24.24	42	0.45	8
ZG 小学	5.11	8.48	28.34	25	0.50	6
KM 小学	9.93	36.27	35.10	29	0.30	19
LX 小学	3.76	11.74	25.65	21	0.42	6
RD 小学	8.57	13.22	36.74	37	0.68	11
DM 小学	8.96	12.87	39.21	21	0.38	11
JM 小学	4.25	7.37	5.90	18	0.34	6
RJ 小学	41.75	42.50	187.50	89	1.53	37
ZD 小学	14.21	9.47	43.32	47	0.80	26
GC 小学	15.21	14.29	30.36	64	3.54	29
DH 小学	8.53	19.89	85.63	40	0.75	20
MS 村校	4.37	4.08	44.81	16	0.32	12
HY 小学	5.89	15.96	32.82	54	0.93	11
均值	8.62	13.34	40.09	32.21	0.66	12.26
标准差	8.76	10.14	39.09	19.95	0.77	9.53
差异系数	1.02	0.76	0.98	0.62	1.17	0.78

（三）完全小学办学设施的城乡均衡状况

以生均教学与辅助用房面积等为因变量，城乡为自变量，进行独立样本 t 检验。结果表明，H 市城乡完全小学在生均体育场（馆）面积、生均图书册数、每百名学生拥有计算机台数、每百名学生拥有网络多媒体教室数四个方面没有显著差异，但在生均教学与辅助用房面积、生均教学仪器

设备值两个方面存在显著差异，且均是乡村高于城市。（见表3–32）

表3–32　H市2016年完全小学办学设施的城乡差异

学校类型	生均教学与辅助用房面积（平方米/生）	生均体育场（馆）面积（平方米/生）	生均图书册数（册/生）	每百名学生拥有计算机台数	生均教学仪器设备值（万元/生）	每百名学生拥有网络多媒体教室数
城区完全小学	3.73	8.55	22.01	17.80	0.24	4.80
乡村完全小学	6.89	13.07	28.40	26.63	0.42	9.25
t	–3.736	–0.967	–1.317	–2.051	–3.014	–2.170
p	0.006**	0.354	0.215	0.065	0.012*	0.053

注：$^{**}p<0.01$，$^{*}p<0.05$（下同）。

（四）全部小学（包括小规模学校）办学设施的城乡均衡状况

以生均教学与辅助用房面积等为因变量，城乡为自变量，进行独立样本t检验。结果表明，H市城乡小学（包括小规模学校）在生均教学与辅助用房面积、生均体育场（馆）面积、生均图书册数、每百名学生拥有计算机台数、生均教学仪器设备值五个方面不存在显著差异，但在每百名学生拥有网络多媒体教室数方面乡村小学非常显著地高于城区学校（见表3–33）。

表3–33　H市2016年全部小学办学设施的城乡差异

学校类型	生均教学与辅助用房面积（平方米/生）	生均体育场（馆）面积（平方米/生）	生均图书册数（册/生）	每百名学生拥有计算机台数	生均教学仪器设备值（万元/生）	每百名学生拥有网络多媒体教室数
城区小学	4.09	9.79	23.81	23.83	0.36	5.83
乡村小学	10.71	14.98	47.60	36.08	0.70	15.23
t	–1.596	–1.039	–1.252	–1.264	–1.154	–3.115
p	0.129	0.313	0.227	0.223	0.264	0.007**

（五）完全小学与小规模学校之间办学设施的均衡状况

以生均教学与辅助用房面积等为因变量，学校类型为自变量，进行独立样本 t 检验。结果表明，H 市完全小学与小规模学校在生均教学与辅助用房面积、生均体育场（馆）面积、生均图书册数、生均教学仪器设备值四个方面没有显著差异，但在每百名学生拥有计算机台数、每百名学生拥有网络多媒体教室数两个方面存在显著差异，且均是小规模学校高于完全小学（见表 3–34）。

表 3–34　H 市 2016 年完全小学与小规模学校之间办学设施的差异

学校类型	生均教学与辅助用房面积（平方米 / 生）	生均体育场（馆）面积（平方米 / 生）	生均图书册数（册 / 生）	每百名学生拥有计算机台数	生均教学仪器设备值（万元 / 生）	每百名学生拥有网络多媒体教室数
完全小学	5.67	11.33	25.93	23.23	0.35	7.54
小规模学校	14.99	17.70	70.74	51.67	1.31	22.50
t	–1.641	–1.295	–1.803	–2.776	–2.022	–3.486
p	0.160	0.213	0.130	0.035*	0.98	0.014*

（六）初中办学设施的校际均衡度

统计数据显示，H 市初中校际间生均教学与辅助用房面积、生均体育场（馆）面积、生均图书册数、每百名学生拥有计算机台数、生均教学仪器设备值、每百名学生拥有网络多媒体教室数的差异系数分别为 0.16、0.43、0.04、0.16、0.13 和 0.25，说明 H 市初中之间在上述六个方面的差异程度较小，均衡度均较高。（见表 3–35）

表 3–35　H 市 2016 年初中办学设施的校际均衡度

学校	生均教学与辅助用房面积（平方米 / 生）	生均体育场（馆）面积（平方米 / 生）	生均图书册数（册 / 生）	每百名学生拥有计算机台数	生均教学仪器设备值（万元 / 生）	每百名学生拥有网络多媒体教室数
DE 中学（初中部）	3.58	11.02	25	19	0.18	2

续表

	生均教学与辅助用房面积（平方米 / 生）	生均体育场（馆）面积（平方米 / 生）	生均图书册数（册 / 生）	每百名学生拥有计算机台数	生均教学仪器设备值（万元 / 生）	每百名学生拥有网络多媒体教室数
ZZ 中学（初中部）	3.18	10.18	27	14	0.14	2
HZ 中学（初中部）	2.58	4.28	26	18	0.13	3
均值	3.11	8.49	26	17	0.15	2.33
标准差	0.50	3.67	1.00	2.64	0.02	0.58
差异系数	0.16	0.43	0.04	0.16	0.13	0.25

五、教师队伍的标准化建设状况

（一）教职工数量

1. 小学教职工数量及专任教师占教职工总数比例

H 市在 2014—2016 年完全小学的教职工与学生比均已达到 1∶19 的城乡统一标准。同时，除 DM 小学 2016 年专任教师占教职工总数比例为 89.29%，未达到《甘肃基本标准》提出的小学专任教师占教职工总数比为 90% 以上的标准外，其余 12 所完全小学的专任教师占教职工总数比例均已达到上述标准。（见表 3–36）

表 3–36　H 市 2014—2016 年完全小学的教职工与学生比及专任教师占教职工总数比例

学校类型	学校	年份	教职工与学生比实际值	教职工与学生比标准值	专任教师占教职工数比例实际值	专任教师占教职工数比例标准值
城区完全小学	DS 小学	2014 年	1∶15.6	1∶19	94.44%	90%
		2015 年	1∶15.6		95.56%	
		2016 年	1∶15.5		95.56%	
	DY 小学	2014 年	1∶17.3		92.59%	
		2015 年	1∶17.8		95.06%	
		2016 年	1∶16.6		93.98%	

续表

学校类型	学校	年份	教职工与学生比实际值	教职工与学生比标准值	专任教师占教职工数比例实际值	专任教师占教职工数比例标准值
城区完全小学	ZZ 小学	2014 年	1：12.1	1：19	95.15%	90%
		2015 年	1：13.1		95.7%	
		2016 年	1：13.6		94.74%	
	DE 小学	2014 年	1：10.3		94.57%	
		2015 年	1：11		94.12%	
		2016 年	1：10.9		93.33%	
	HS 小学	2014 年	1：13.3		96.15%	
		2015 年	1：13.2		96.04%	
		2016 年	1：13.1		95.92%	
乡村完全小学	NM 小学	2014 年	1：5.2		96.55%	
		2015 年	1：5.1		96%	
		2016 年	1：7.5		90.48%	
	KD 小学	2014 年	1：7		100%	
		2015 年	1：5.2		100%	
		2016 年	1：6.3		96.15%	
	ZG 小学	2014 年	1：6.1		93.75%	
		2015 年	1：5.1		100%	
		2016 年	1：5.4		100%	
	KM 小学	2014 年	1：3.4		100	
		2015 年	1：2.3		93%	
		2016 年	1：3		97.30%	
	LX 小学	2014 年	1：13.3		92.5%	
		2015 年	1：11.4		95.24%	
		2016 年	1：16.8		96.88%	
	RD 小学	2014 年	1：7.9		100%	
		2015 年	1：5.6		100%	
		2016 年	1：7.1		100%	
	DM 小学	2014 年	1：5.6		100%	
		2015 年	1：5.8		96.43%	
		2016 年	1：6		89.29%	

续表

学校类型	学校	年份	教职工与学生比实际值	教职工与学生比标准值	专任教师占教职工数比例实际值	专任教师占教职工数比例标准值
乡村完全小学	JM 小学	2014 年	1∶9.4	1∶19	100%	90%
		2015 年	1∶8.8		100%	
		2016 年	1∶12.1		100%	

此外,《国务院办公厅关于印发乡村教师支持计划(2015—2020 年)的通知》(国办发〔2015〕43 号)提出，乡村中小学教职工编制按照城市标准统一核定，其中村小学、教学点编制按照生师比和班师比相结合的方式核定。① 另外，2002 年教育部发布的《关于贯彻〈国务院办公厅转发中央编办、教育部、财政部关于制定中小学教职工编制标准意见的通知〉的实施意见》提出，城市小学和县镇小学每班可配备教师 1.8 人。城市小学每班配备教职工数为 2.1—2.4 人，县镇小学每班配备教职工数为 1.9—2.1 人。② 根据上述文件规定，2016 年 H 市 6 所小规模学校虽然教职工与学生比均达到了城乡统一标准 1∶19，但每班配备教职工数只有 RJ 小学(1∶3)和 HY 小学(1∶3.8)达到了相关标准，其余 4 所小规模学校的每班配备教职工数分别为 1∶1.5、1∶1.5、1∶1.7、1∶1.3，均未达到相关标准。(见表 3–37)

表 3–37　H 市 2014—2016 年小规模学校的教职工与学生比及每班配备教职工数

学校	年份	教职工与学生比实际值	教职工与学生比标准值	每班配备教职工数实际值	每班配备教职工数标准值
RJ 小学	2014 年	1∶2.3	1∶19	1∶3	1.9—2.1
	2015 年	1∶3.6		1∶2.5	
	2016 年	1∶2.7		1∶3	

① 国务院办公厅:《关于印发乡村教师支持计划(2015—2020 年)的通知》(国办发〔2015〕43 号),2015 年 6 月 8 日，中华人民共和国中央人民政府网，http://www.gov.cn/zhengce/content/2015-06/08/content_9833.htm。

② 教育部:《关于贯彻〈国务院办公厅转发中央编办、教育部、财政部关于制定中小学教职工编制标准意见的通知〉的实施意见》(教人〔2002〕8 号),2017 年 10 月 20 日，中华人民共和国教育部网，http://www.moe.gov.cn/jyb_xxgk/gk_gbgg/moe_0/moe_8/moe_26/tnull_316.html。

续表

学校	年份	教职工与学生比实际值	教职工与学生比标准值	每班配备教职工数实际值	每班配备教职工数标准值
ZD 小学	2014 年	1∶7.5	1∶19	1∶1.3	1.9—2.1
	2015 年	1∶7.3		1∶1	
	2016 年	1∶6.3		1∶1.5	
GC 小学	2014 年	1∶5.5		1∶1.3	
	2015 年	1∶7		1∶1	
	2016 年	1∶4.7		1∶1.5	
DH 小学	2014 年	1∶3.6		1∶2.3	
	2015 年	1∶7.5		1∶1.3	
	2016 年	1∶6		1∶1.7	
MS 村校	2014 年	1∶11.7		1∶1	
	2015 年	1∶7.5		1∶1.3	
	2016 年	1∶12.3		1∶1.3	
HY 小学	2014 年	1∶5.8		1∶4	
	2015 年	1∶4.8		1∶4.2	
	2016 年	1∶4.9		1∶3.8	

2. 初中教职工数量及专任教师占教职工总数比例

按照初中教职工与学生比达到 1∶13.5 和专任教师占教职工总人数比达到 85% 以上的标准，H 市 3 所初中 2016 年的教职工与学生比和专任教师占教职工总数比例均已达标。（见表 3–38）

表 3–38　H 市 2014—2016 年初中的教职工与学生比及专任教师占教职工总数比例

学校	年份	教职工与学生比实际值	教职工与学生比标准值	专任教师占教职工总数比例实际值	专任教师占教职工总数比例标准值
DE 中学（初中部）	2014 年	1∶13.09	1∶13.5	88.44%	85%
	2015 年	1∶13.65		90.48%	
	2016 年	1∶13.28		90.70%	

续表

学校	年份	教职工与学生比实际值	教职工与学生比标准值	专任教师占教职工总数比例实际值	专任教师占教职工总数比例标准值
ZZ 中学（初中部）	2014 年	1：14.51	1：13.5	87.64%	85%
	2015 年	1：14.42		91.54%	
	2016 年	1：13.17		88.60%	
HZ 中学（初中部）	2014 年	1：13.36		84.91%	
	2015 年	1：14.13		96.55%	
	2016 年	1：12.23		90.34%	

（二）教师的年龄结构

1. 小学教师的年龄结构

《甘肃基本标准》提出，学校专任教师学科、年龄和职称等结构合理。

就H市完全小学专任教师的年龄结构来说，城区的5所学校DS小学、DY小学、ZZ小学、DE小学、HS小学教师的年龄结构较为合理，呈现出中间大、两头小，即中青年教师人数多占比大、青年教师和老年教师人数少占比小的特点。具体来说，这5所小学30—39岁年龄段的教师所占比例均最大，分别为55.81%、52.60%、48.89%、51.19%和68.09%，其次为40—49岁的教师，分别为22.09%、26.90%、37.78%、34.52%和14.89%，两者相加分别为77.90%、79.50%、86.67%、85.71%和82.98%，相对而言，30岁以下教师所占比例较小，分别为17.44%、14.10%、10.00%、5.95%和14.89%，50岁以上教师所占比例最小，分别为4.65%、6.40%、3.33%、8.33%和2.13%。

同时，H市乡村完全小学教师的年龄结构呈现年轻化的特点。在8所乡村完全小学中，除NM小学30—39岁的教师所占比例（84.21%）最大，其余年龄段教师所占比例较小外，其余7所小学均是30岁以下年轻教师所占比例最大，具体分别为52.00%、45.95%、55.56%、58.06%、58.82%、52.00%、67.86%，其次是30—39岁的有一定教育教学经验的教师，分别为48.00%、43.24%、25.00%、29.03%、41.18%、36.00%、25.00%，相对而言，40—49岁的教师和50岁以上的教师占比较小，40—49岁分别为0、10.81%、5.56%、6.45%、0、12.00%、3.57%，50岁以上分别为0、0、13.89%、6.45%、0、0、3.57%。

此外，H市6所小规模学校中，4所学校教师的年龄结构亦呈现出年轻化的特点，其中RJ小学3名教师全部为30岁以下教师，占比100%；ZD小学、GC小学和MS村校的教师年龄全部小于39岁，且30岁以下教师比例大于30—39岁教师比例。另外2所小规模学校教师的年龄结构相对较为合理，其中DH小学5名教师中，30—39岁教师3人，占比60.00%，40—49岁教师2人，占比40.00%；HY小学17名教师中，30—39岁教师15人，占比88.24%，30岁以下教师和40—49岁各1人，占比均为5.88%。（见表3–39）

表3–39　H市2016年小学专任教师的年龄结构

学校类型	学校	30岁以下		30—39岁		40—49岁		50岁以上	
		人数	百分比	人数	百分比	人数	百分比	人数	百分比
城区完全小学	DS小学	15	17.44%	48	55.81%	19	22.09%	4	4.65%
	DY小学	11	14.1%	41	52.60%	21	26.90%	5	6.4%
	ZZ小学	9	10%	44	48.89%	34	37.78%	3	3.33%
	DE小学	5	5.95%	43	51.19%	29	34.52%	7	8.33%
	HS小学	14	14.89%	64	68.09%	14	14.89%	2	2.13%
乡村完全小学	NM小学	1	5.26%	16	84.21%	2	10.53%	0	0
	KD小学	13	52.00%	12	48.00%	0	0	0	0
	ZG小学	17	45.95%	16	43.24%	4	10.81%	0	0
	KM小学	20	55.56%	9	25.00%	2	5.56%	5	13.89%
	LX小学	18	58.06%	9	29.03%	2	6.45%	2	6.45%
	RD小学	10	58.82%	7	41.18%	0	0	0	0
	DM小学	13	52.00%	9	36.00%	3	12.00%	0	0
	JM小学	19	67.86%	7	25.00%	1	3.57%	1	3.57%
小规模学校	RJ小学	3	100%	0	0	0	0	0	0

续表

学校类型	学校	30 岁以下		30—39 岁		40—49 岁		50 岁以上	
		人数	百分比	人数	百分比	人数	百分比	人数	百分比
小规模学校	ZD 小学	2	66.67%	1	33.33%	0	0	0	0
	GC 小学	2	66.67%	1	33.33%	0	0	0	0
	DH 小学	0	0	3	60.00%	2	40.00%	0	0
	MS 村校	3	75%	1	25.00%	0	0	0	0
	HY 小学	1	5.88%	15	88.24%	1	5.88%	0	0
合计		176	25.69%	346	50.51%	134	19.56%	29	4.23%

2. 初中教师的年龄结构

H 市 3 所初中 30 岁以下、30—39 岁、40—49 岁的教师均占有一定比例，相对而言，50 岁以上教师的人数均较少，所占比例亦比其他年龄段所占比例小。（见表 3–40）

表 3–40　H 市 2016 年初中专任教师的年龄结构

学校	30 岁以下		30—39 岁		40—49 岁		50 岁以上	
	人数	百分比	人数	百分比	人数	百分比	人数	百分比
DE 中学（初中部）	45	32.61%	43	31.16%	36	26.09%	14	10.14%
ZZ 中学（初中部）	24	26.67%	25	27.78%	35	38.89%	6	6.67%
HZ 中学（初中部）	43	30.50%	72	51.06%	20	14.18%	6	4.26%
合计	112	30.35%	140	37.94%	91	24.67%	26	7.05%

（三）教师的学科结构

1. 小学教师的学科结构

经过对 H 市各学科教师人数和班科比（指开设某一课程的班级数与该课专任教师的比例）的统计，H 市小学教师的学科结构呈现以下特点。

第一，语文与数学教师数量较为充足。从全市来看，2016 年 H 市小学语文教师共 278 人，数学共 191 人，语文和数学教师的人数分别占当年教师总数的 42.77% 和 29.38%，两者相加达到了 72.15%，其他各学科教师总共仅为 181 人，占比 27.85%。从各学校来看，13 所完全小学中，除 DY 小学、LX 小学、JM 小学语文教师的班科比分别为 1.08∶1、1.25∶1、1.1∶1，略高于 1∶1 外，其余 10 所完全小学语文教师的班科比均不高于 1∶1（考虑到民族地区语文课包括汉语文和民族语文两门课，班科比 1∶1 意味着 1 位教师担任 2 个班的汉语文或民族语文教学工作），同时，数学教师的班科比除 LX 小学为 2.5∶1 外，其余 12 所完全小学数学教师的班科比均不高于 1.5∶1。

第二，部分完全小学存在一些课程没有专门教师或教师数量不足的问题。具体来说，NM 小学、KD 小学、RD 小学的品德与生活（社会）课程没有专门的教师，DS 小学、DY 小学、ZZ 小学、HS 小学、JM 小学的品德与生活（社会）课程教师班科比分别为 17∶1、8.67∶1、8∶1、11∶1、11∶1，品德与生活（社会）课程教师数量不足；RD 小学没有专门的英语教师，DY 小学、JM 小学英语课程教师班科比分别为 4.25∶1、7∶1，英语教师数量不足；NM 小学没有专门的体育教师，DS 小学、ZZ 小学、HS 小学、LX 小学、JM 小学体育教师班科比分别为 34∶1、16∶1、33∶1、15∶1、11∶1，体育教师数量明显不足；HS 小学、NM 小学、KD 小学、ZG 小学、RD 小学、DM 小学 6 所小学没有专门的科学教师，DS 小学、ZZ 小学科学教师班科比分别为 23∶1、22∶1，科学教师不足；RD 小学、DM 小学没有专门的艺术（含音乐与美术）教师，DS 小学、ZZ 小学、HS 小学艺术（含音乐与美术）教师班科比分别为 11.33∶1、32∶1、16.5∶1，艺术（含音乐与美术）教师明显不足；RD 小学没有专门的综合实践活动课程教师，DS 小学、ZZ 小学、HS 小学综合实践活动课程教师班科比分别为 11.5∶1、22∶1、23∶1，综合实践活动课程教师不足。

第三，小规模学校教师学科结构严重倾斜。在 6 所小规模学校中，除 HY 小学各科教师齐全外，其余 5 所小规模学校的教师全部为语文和数学教师，其他各门课程全部没有专门教师。（见表 3–41）

表 3-41　H 市 2016 年小学专任教师的学科结构

学校类型	学校		语文	数学	品德与生活（社会）	英语（班级数以3—6年级为准）	体育	科学（班级数以3—6年级为准）	艺术（含音乐与美术）	综合实践活动（班级数以3—6年级为准）
城区完全小学	DS 小学	人数	34	34	2	9	1	1	3	2
		班科比	1∶1	1∶1	17∶1	2.56∶1	34∶1	23∶1	11.33∶1	11.5∶1
	DY 小学	人数	24	24	3	4	5	2	5	3
		班科比	1.08∶1	1.08∶1	8.67∶1	4.25∶1	5.2∶1	8.5∶1	5.2∶1	5.67∶1
	ZZ 小学	人数	46	26	4	9	2	1	1	1
		班科比	0.7∶1	1.23∶1	8∶1	2.44∶1	16∶1	22∶1	32∶1	22∶1
	DE 小学	人数	25	25	4	8	5	5	7	4
		班科比	1∶1	1∶1	6.25∶1	2∶1	5∶1	3.2∶1	3.57∶1	4∶1
	HS 小学	人数	47	25	3	7	1	0	2	1
		班科比	0.7∶1	1.32∶1	11∶1	3.29∶1	33∶1	0	16.5∶1	23∶1
乡村完全小学	NM 小学	人数	11	4	0	2	0	0	1	1
		班科比	0.55∶1	1.5∶1	0	2∶1	0	0	6∶1	4∶1
	KD 小学	人数	11	5	0	4	1	0	2	1
		班科比	0.55∶1	1.2∶1	0	1∶1	6∶1	0	3∶1	4∶1
	ZG 小学	人数	11	4	5	2	3	0	5	1
		班科比	0.55∶1	1.5∶1	1.2∶1	1∶1	2∶1	0	1.2∶1	4∶1
	KM 小学	人数	10	8	5	3	1	1	3	1
		班科比	0.9∶1	1.13∶1	1.8∶1	1.67∶1	9∶1	5∶1	3∶1	5∶1
	LX 小学	人数	12	6	2	3	1	2	3	2
		班科比	1.25∶1	2.5∶1	7.5∶1	3.33∶1	15∶1	5∶1	5∶1	5∶1
	RD 小学	人数	10	5	0	0	1	0	0	0
		班科比	0.6∶1	1.2∶1	0	0	6∶1	0	0	0
	DM 小学	人数	12	6	1	3	1	0	0	2
		班科比	0.5∶1	1∶1	6∶1	1.33∶1	6∶1	0	0	2∶1
	JM 小学	人数	10	8	1	1	1	1	2	1
		班科比	1.1∶1	1.38∶1	11∶1	7∶1	11∶1	7∶1	5.5∶1	7∶1

续表

学校类型	学校		语文	数学	品德与生活（社会）	英语（班级数以3—6年级为准）	体育	科学（班级数以3—6年级为准）	艺术（含音乐与美术）	综合实践活动（班级数以3—6年级为准）
小规模学校	RJ小学	人数	2	1	0	0	0	0	0	0
小规模学校	RJ小学	班科比	0.5∶1	1∶1	0	0	0	0	0	0
小规模学校	ZD小学	人数	1	1	0	0	0	0	0	0
小规模学校	ZD小学	班科比	2∶1	2∶1	0	0	0	0	0	0
小规模学校	GC小学	人数	2	1	0	0	0	0	0	0
小规模学校	GC小学	班科比	1∶1	2∶1	0	0	0	0	0	0
小规模学校	DH小学	人数	3	2	0	0	0	0	0	0
小规模学校	DH小学	班科比	1∶1	1.5∶1	0	0	0	0	0	0
小规模学校	MS村校	人数	2	1	0	0	0	0	0	0
小规模学校	MS村校	班科比	1.5∶1	3∶1	0	0	0	0	0	0
小规模学校	HY小学	人数	5	5	1	1	1	1	1	1
小规模学校	HY小学	班科比	1∶1	1∶1	1∶1	3∶1	5∶1	3∶1	5∶1	3∶1
合计		人数	278	191	31	56	24	14	35	21
合计		班科比	0.83∶1	1.21∶1	7.45∶1	2.64∶1	9.63∶1	10.57∶1	6.6∶1	7.05∶1

2. 初中教师的学科结构

H市3所初中教师的学科结构整体看较为均衡，但也有部分课程教师数量不足。具体来说，HZ中学（初中部）体育与健康课程教师的班科比为7.2∶1，体育与健康课程教师数量不足；DE中学（初中部）和ZZ中学（初中部）艺术（含音乐与美术）课程教师的班科比分别为12.67∶1和11.5∶1，艺术（含音乐与美术）课程教师不足。（见表3–42）

表 3–42　H 市 2016 年初中专任教师的学科结构

学校		语文	数学	思想品德	英语	体育与健康	物理	化学	生物	地理	历史	艺术（含音乐与美术）	综合实践活动（含信息、劳动与技术）
DE 中学（初中部）	人数	22	27	10	26	9	10	8	5	8	6	3	4
	班科比	1.73:1	1.41:1	3.8:1	1.46:1	4.22:1	3.8:1	4.75:1	7.6:1	4.75:1	6.33:1	12.67:1	9.5:1
ZZ 中学（初中部）	人数	28	16	5	7	5	5	3	3	5	6	2	4
	班科比	0.82:1	1.44:1	4.6:1	3.29:1	4.6:1	4.6:1	7.67:1	7.67:1	4.6:1	3.83:1	11.5:1	5.75:1
HZ 中学（初中部）	人数	34	17	9	18	5	7	3	5	5	10	9	4
	班科比	1.06:1	2.12:1	4:1	2:1	7.2:1	5.14:1	12:1	7.2:1	7.2:1	3.6:1	4:1	9:1
合计	人数	84	60	24	51	19	22	14	13	18	22	14	12
	班科比	1.15:1	1.62:1	4.04:1	1.9:1	5.11:1	4.41:1	6.93:1	7.46:1	5.39:1	4.41:1	6.93:1	8.08:1

（四）教师的学历结构

1. 小学教师的学历结构

从统计数据来看，H 市小学教师的学历结构呈现出以下特点。

第一，所有教师的学历都达到了高中以上学历这一最低要求，学历达标率 100%。

第二，本科和专科学历教师是 H 市小学教师的绝对主力，从全市来看，本科和专科学历教师占比分别为 65.99% 和 29.20%，两者相加达 95.19%，研究生学历和高中阶段学历教师占比分别仅为 1.01% 和 3.80%。

第三，完全小学教师的学历以本科为主，所有完全小学本科学历教师所占比例均最大，且均在 50% 以上。

第四，6 所小规模学校中，GC 小学、MS 村校、HY 小学 3 所学校教师以本科学历为主，本科学历教师占比分别为 100%、75.00%、

88.24%，另 3 所学校 RJ 小学、ZD 小学、DH 小学的教师以专科学历为主，专科学历教师占比分别为 100%、66.67%、60.00%。（见表 3–43）

表 3–43　H 市 2016 年小学专任教师的学历结构

学校类型	学校	研究生毕业		本科毕业		专科毕业		高中阶段毕业	
		人数	百分比	人数	百分比	人数	百分比	人数	百分比
城区完全小学	DS 小学	1	1.16%	63	73.26%	19	22.09%	3	3.49%
	DY 小学	0	0	60	76.92%	17	21.79%	1	1.28%
	ZZ 小学	1	1.11%	48	53.33%	40	44.44%	1	1.11%
	DE 小学	0	0	48	57.14%	31	36.90%	5	5.95%
	HS 小学	3	3.19%	63	67.02%	24	25.53%	4	4.26%
乡村完全小学	NM 小学	0	0	15	78.95%	4	21.05%	0	0
	KD 小学	1	4.00%	15	60.00%	9	36.00%	0	0
	ZG 小学	0	0	26	70.27%	11	29.73%	0	0
	KM 小学	1	2.78%	26	72.22%	4	11.11%	5	13.89%
	LX 小学	0	0	21	67.74%	10	32.26%	0	0
	RD 小学	0	0	11	64.71%	6	35.29%	0	0
	DM 小学	0	0	13	52.00%	9	36.00%	3	12.00%
	JM 小学	0	0	19	67.86%	7	25.00%	2	7.14%
小规模学校	RJ 小学	0	0	0	0	3	100%	0	0
	ZD 小学	0	0	1	33.33%	2	66.67%	0	0
	GC 小学	0	0	3	100%	0	0	0	0
	DH 小学	0	0	2	40.00%	3	60.00%	0	0
	MS 村校	0	0	3	75.00%	0	0	1	25.00%
	HY 小学	0	0	15	88.24%	1	5.88%	1	5.88%
合计		7	1.02%	452	65.99%	200	29.20%	26	3.80%

2. 初中教师的学历结构

H 市初中教师的学历结构呈现以下特点。

第一，所有初中教师的学历均在专科及以上。

第二，3 所初中教师的学历均以本科为主，本科学历教师占比分别达 86.23%、75.56% 和 87.23%，相比较而言，专科学历教师的比例较小，分别为 12.32%、20.00% 和 10.64%，研究生学历教师的比例更小，分别仅为 1.45%、4.44% 和 2.13%。（见表 3–44）

表 3–44　H 市 2016 年初中专任教师的学历结构

学校	研究生毕业		本科毕业		专科毕业		高中阶段毕业	
	人数	百分比	人数	百分比	人数	百分比	人数	百分比
DE 中学（初中部）	2	1.45%	119	86.23%	17	12.32%	0	0
ZZ 中学（初中部）	4	4.44%	68	75.56%	18	20.00%	0	0
HZ 中学（初中部）	3	2.13%	123	87.23%	15	10.64%	0	0
合计	9	2.44%	310	84.01%	50	13.55%	0	0

（五）教师的职称结构

1. 小学教师的职称结构

2006 年人事部印发的《事业单位岗位设置管理试行办法实施意见》提出："专业技术高级、中级、初级岗位之间的结构比例全国总体控制目标为 1∶3∶6。"[①] 参照上述事业单位各级职称之间的结构比例，结合统计数据，H 市小学教师的职称结构呈现出以下特点。

第一，高级职称教师数量偏少，且分布不均，集中于少数学校。全市小学高级职称教师仅 14 人，占比 2.04%。同时这些教师集中分布于 4 所学校，其中 DY 小学 8 人、DE 小学 4 人、ZZ 小学和 HY 小学各 1 人。除这 4 所学校外，其余 10 所完全小学和 5 所小规模学校共 15 所学校无高级职称教师。

第二，各类学校之间中级职称教师分布不均衡，乡村学校中级职称教师偏少。5 所城区完全小学的中级职称教师比例均在 30% 以上，但 8 所乡村完全小学中，除 NM 小学的中级职称教师比例（52.63%）高于 30% 外，其余 7 所乡村完全小学的中级职称教师比例均低于 30%。此外，在 6 所小规模学校中，有 4 所没有中级职称教师。总体来看，H 市

① 人事部:《关于印发〈事业单位岗位设置管理试行办法实施意见〉的通知》（国人部发〔2006〕87 号），2006 年 11 月 17 日，中华人民共和国中央人民政府网，http://www.gov.cn/zwgk/2006-11/17/content_445979.htm。

19 所小学中，有 11 所小学的中级职称教师比例低于 30%。

第三，部分乡村完全小学和小规模学校未定级教师人数较多，比例偏高。在 8 所乡村完全小学中，有 4 所学校未定级教师的比例超过 35%，换句话说，在这些学校，三分之一以上的教师属于未评定职称的教师。同时，在 6 所小规模学校中，有 4 所学校的教师以未评定职称的教师为主，其中 MS 村校 4 名教师全部为未评定职称的教师，占比 100%，另外 3 所小规模学校 RJ 小学、ZD 小学、GC 小学均是 3 名教师中，2 人未评定职称，占比 66.67%。（见表 3–45）

表 3–45　H 市 2016 年小学专任教师的职称结构

学校类型	学校	高级（含小学特级和中学高级）		中级（含小学高级和中学一级）		初级（含小学一、二、三级和中学二、三级）		未定级	
		人数	百分比	人数	百分比	人数	百分比	人数	百分比
城区完全小学	DS 小学	0	0	39	45.35%	41	47.67%	6	6.98%
	DY 小学	8	10.26%	41	52.56%	26	33.33%	3	3.85%
	ZZ 小学	1	1.11%	50	55.56%	37	41.11%	2	2.22%
	DE 小学	4	4.76%	50	59.52%	28	33.33%	2	2.38%
	HS 小学	0	0	33	35.11%	57	60.64%	4	4.26%
乡村完全小学	NM 小学	0	0	10	52.63%	9	47.37%	0	0
	KD 小学	0	0	5	20.00%	14	56.00%	6	24.00%
	ZG 小学	0	0	11	29.73%	7	18.92%	19	51.35%
	KM 小学	0	0	9	25.00%	23	63.89%	4	11.11%
	LX 小学	0	0	7	22.58%	15	48.39%	9	29.03%
	RD 小学	0	0	2	11.76%	9	52.94%	6	35.29%
	DM 小学	0	0	5	20.00%	10	40.00%	10	40.00%
	JM 小学	0	0	4	14.29%	11	39.29%	13	46.43%
小规模学校	RJ 小学	0	0	0	0	1	33.33%	2	66.67%
	ZD 小学	0	0	0	0	1	33.33%	2	66.67%
	GC 小学	0	0	0	0	1	33.33%	2	66.67%
	DH 小学	0	0	2	40.00%	3	60.00%	0	0
	MS 村校	0	0	0	0	0	0	4	100%
	HY 小学	1	5.88%	8	47.06%	8	47.06%	0	0
合计		14	2.04%	276	40.29%	301	43.94%	94	13.72%

2. 初中教师的职称结构

H 市 3 所初中中，DE 中学（初中部）和 ZZ 中学（初中部）的中高级职称教师比例较高，分别为 57.97% 和 62.22%。相比较而言，HZ 中学（初中部）的中高级职称教师比例较低，仅为 36.91%。（见表 3–46）

表 3–46　H 市 2016 年初中专任教师的职称结构

学校	高级（含小学特级和中学高级）		中级（含小学高级和中学一级）		初级（含小学一、二、三级和中学二、三级）		未定级	
	人数	百分比	人数	百分比	人数	百分比	人数	百分比
DE 中学（初中部）	45	32.61%	35	25.36%	51	36.96%	7	5.07%
ZZ 中学（初中部）	22	24.44%	34	37.78%	30	33.33%	4	4.44%
HZ 中学（初中部）	16	11.38%	36	25.53%	61	43.26%	28	19.86%
合计	83	22.49%	105	28.46%	142	38.48%	39	10.57%

（六）每百名学生拥有县级以上骨干教师数

1. 小学每百名学生拥有县级以上骨干教师数

《县域义务教育优质均衡发展督导评估办法》提出："每百名学生拥有县级以上骨干教师数：小学、初中均达到 1 人以上。"截至 2016 年，H 市 NM 小学、KD 小学、LX 小学、HY 小学 4 所小学每百名学生拥有县级以上骨干教师数分别为 1.27、3.03、1.87、1.06，已达到上述标准。但是，除这 4 所学校外，H 市其余 15 所小学尚未达到上述标准，其中 4 所完全小学和 5 所小规模学校整个学校没有县级以上骨干教师。（见表 3–47）

表 3–47　H 市 2016 年小学每百名学生拥有县级以上骨干教师数

学校类型	学校	学生数	县级以上骨干教师总数	每百名学生拥有县级以上骨干教师数	标准值
城区完全小学	DS 小学	1398	4	0.29	1
	DY 小学	1381	10	0.72	

续表

学校类型	学校	学生数	县级以上骨干教师总数	每百名学生拥有县级以上骨干教师数	标准值
城区完全小学	ZZ 小学	1290	2	0.16	1
	DE 小学	985	5	0.51	
	HS 小学	1283	5	0.39	
乡村完全小学	NM 小学	157	2	1.27	
	KD 小学	165	5	3.03	
	ZG 小学	198	0	0	
	KM 小学	110	0	0	
	LX 小学	536	10	1.87	
	RD 小学	121	0	0	
	DM 小学	169	0	0	
	JM 小学	339	1	0.29	
小规模学校	RJ 小学	8	0	0	
	ZD 小学	19	0	0	
	GC 小学	14	0	0	
	DH 小学	30	0	0	
	MS 村校	49	0	0	
	HY 小学	94	1	1.06	
合计		8346	45	0.54	

2. 初中每百名学生拥有县级以上骨干教师数

2016 年，H 市 3 所初中每百名学生拥有县级以上骨干教师数分别为 0.64、0.44 和 0.35，均远未达到 1 人以上的标准。（见表 3–48）

表 3–48　H 市 2016 年初中每百名学生拥有县级以上骨干教师数

学校	学生数	县级以上骨干教师总数	每百名学生拥有县级以上骨干教师数	标准值
DE 中学（初中部）	1866	12	0.64	1
ZZ 中学（初中部）	1124	5	0.44	
HZ 中学（初中部）	1706	6	0.35	
合计	4696	23	0.49	

（七）教师参加培训状况

1. 小学教师参加培训状况

通过对H市2014—2016年3年间小学教师参加各级培训人次和3年参加培训教师人次占3年教师总数百分比的统计，该市小学教师的培训呈现如下特点。

第一，教师参加培训的人次较多，比例较大。从全市来看，H市小学教师3年参加各级培训的人次达2536，占到3年教师总数的117.24%。这意味着平均每年参加培训的教师人次超过了每年教师的平均数。从各学校来看，H市各小学3年参加培训教师人次占3年教师数的百分比在43.75%—247.42%之间，这意味着即使参加培训教师人次与教师数百分比最小的学校，平均每年参加教师培训的人次亦达到了每年教师平均数的43.75%。

第二，从整体来看，在各级培训中，参加校级和省级培训的教师人次居多。2014—2016年3年间全市小学教师参加各级培训的人次由高到低依次为校级1645人次，占比76.52%，省级427人次，占比19.74%，县级184人次，占比8.51%，国家级146人次，占比6.75%，地市级134人次，占比6.20%。其中参加校级培训的教师人次超过了总人次的四分之三，参加省级培训的人次接近总人次的五分之一（见表3–49）。

表 3-49　H 市 2014—2016 年 3 年间小学教师参加各级培训人次及占 3 年教师总数的百分比

学校类型	学校	国家级		省级		地市级		县级		校级		合计	
		人次	百分比	人次	百分比	人次	百分比	人次	百分比	人次	百分比	人次	百分比
城区完全小学	DS 小学	5	1.95%	120	46.69%	10	3.89%	19	7.39%	0	0	154	59.92%
	DY 小学	16	6.96%	48	20.87%	9	3.91%	9	3.91%	416	180.87%	498	216.52%
	ZZ 小学	37	13.36%	28	10.11%	27	9.75%	0	0	89	32.13	181	65.34%
	DE 小学	7	2.78%	37	14.74%	22	8.77%	0	0	160	63.75%	226	90.04%
	HS 小学	13	4.47%	34	11.68%	6	2.06%	44	15.12%	623	214.09%	720	247.42%
乡村完全小学	NM 小学	4	5.63%	13	18.31%	13	18.31%	21	29.58%	15	21.13%	66	92.96%
	KD 小学	6	8.22%	11	15.07%	0	0	15	20.55%	0	0	32	43.84%
	ZG 小学	16	14.68%	11	10.09%	0	0	13	11.93%	61	55.96%	101	92.66%
乡村完全小学	KM 小学	10	8.77%	9	7.89%	20	17.54%	2	1.75%	66	57.89%	107	93.86%
	LX 小学	7	6.48%	34	31.48%	6	5.56%	19	17.59%	104	96.30%	170	157.41%
	RD 小学	0	0	8	14.04%	6	10.53%	0	0	24	42.22%	38	66.67%
	DM 小学	4	5.19%	21	27.27%	0	0	9	11.69%	0	0	34	44.16%
	JM 小学	6	6.25%	9	9.38%	5	5.21%	12	12.50%	10	10.42%	42	43.75%
小规模学校	RJ 小学	0	0	1	7.14%	0	0	7	50.00%	0	0	8	57.14%
	ZD 小学	3	33.33%	1	11.11%	2	22.22%	0	0	3	33.33%	9	100%
	GC 小学	4	50.00%	0	0	1	12.50%	0	0	3	37.5%	8	100%
	DH 小学	1	2.22%	0	0	0	0	5	11.11%	43	95.56%	49	108.89%
	MS 村校	0	0	0	0	3	25.00%	2	16.67%	7	58.33%	12	100%
	HY 小学	7	10.94%	42	65.63%	4	6.25%	7	10.94%	21	32.81%	81	126.56%
合计		146	6.75%	427	19.74%	134	6.20%	184	8.51%	1645	76.52%	2536	117.24%

2. 初中教师参加培训状况

H市DE中学（初中部）、ZZ中学（初中部）、HZ中学（初中部）2014—2016年3年间教师接受培训人次分别为900、35、321，占3年教师总数的百分比分别为253.52%、12.32%、83.59%，与其他两所初中相比，ZZ中学（初中部）教师参加培训的人次明显较少，比例已远小于其他两所学校。（见表3-50）

表3-50　H市2014到2016年3年期间初中教师接收培训人次及占教师总数的百分比

学校	国家级		省级		地市级		县级		校级		合计	
	人次	百分比	人次	百分比	人次	百分比	人次	百分比	人次	百分比	人次	百分比
DE中学（初中部）	15	4.23%	55	15.49%	24	6.76%	0	0	806	227.04%	900	253.52%
ZZ中学（初中部）	5	1.76%	30	10.56%	0	0	0	0	0	0	35	12.32%
HZ中学（初中部）	2	0.52%	73	19.01	246	64.06%	0	0	0	0	321	83.59%
合计	22	2.15%	158	15.44%	270	26.39%	0	0	806	78.89%	1256	122.78%

（八）专职校医、专职保健人员和心理健康教育教师配备情况

1. 小学专职校医或专职保健人员和心理健康教育教师配备情况

《甘肃基本标准》提出，寄宿制学校或600人以上的非寄宿制学校，配备持有卫生专业执业资格证书的专职卫生专业技术人员。2016年，H市8所寄宿制小学中，尽管HS小学、KD小学、LX小学、DM小学4所小学配备有专职卫生专业技术人员（校医或保健人员），但其他4所小学ZG小学、KM小学、RD小学、JM小学未配备专职卫生专业技术人员（校医或保健人员）；同时，H市4所600人以上的非寄宿制小学DS小学、DY小学、ZZ小学、DE小学均配备了专职卫生专业技术人员（校医或保健人员）（见表3-51）。

《甘肃基本标准》同时提出，城市中小学要根据实际需要配备1—2名专职心理健康教育教师；农村学校要至少配备1名专兼职心理健康教育

教师。2016年，H市5所城区小学中，除DE小学配备有1名专职心理健康教育教师，其余4所小学虽配备了心理健康教育教师，但均为兼职。同时，H市8所乡村完全小学中，除NM小学未配备心理健康教育教师外，其余7所小学均配备了1名兼职心理健康教育教师。（见表3–51）

表3–51 H市2016年小学专职校医、专职保健人员和心理健康教育教师配备情况

学校类型	学校	专职校医	专职保健人员	心理健康教育教师数（名）
城区完全小学	DS小学	无	有	兼职2
	DY小学	有	无	兼职1
	ZZ小学	有	无	兼职1
	DE小学	有	有	专职1
	HS小学（寄宿制）	有	无	兼职2
乡村完全小学	NM小学	有	无	0
	KD小学（寄宿制）	有	无	兼职1
	ZG小学（寄宿制）	无	无	兼职1
	KM小学（寄宿制）	无	无	兼职1
乡村完全小学	LX小学（寄宿制）	有	有	兼职1
	RD小学（寄宿制）	无	无	兼职1
	DM小学（寄宿制）	有	有	兼职1
	JM小学（寄宿制）	无	无	兼职1
小规模学校	RJ小学	无	无	0
	ZD小学	无	无	0
	GC小学	无	无	0
	DH小学	无	无	0
	MS村校	无	无	0
	HY小学	有	无	兼职1

2. 初中专职校医、专职保健人员和心理健康教育教师配备情况

2016年，H市3所初中均配备有专职的卫生专业技术人员（校医或保健人员），同时，3所初中均配备有1名以上心理健康教育教师，但是，其中ZZ中学（初中部）唯一的心理健康教育教师为兼职，未达到

城市中小学要配备 1—2 名专职心理健康教育教师的标准。（见表 3–52）

表 3–52　H 市 2016 年初中专职校医、专职保健人员和心理健康教育教师配备情况

学校	专职校医	专职保健人员	心理健康教育教师（名）
DE 中学（初中部）	有	无	专职 1、兼职 2
ZZ 中学（初中部）	有	有	兼职 1
HZ 中学（初中部）	有	有	专职 1、兼职 3

六、教师队伍的均衡状况

（一）完全小学教师队伍的校际均衡度

经统计分析，H 市完全小学校际间师生比、生均高于规定学历教师数、生均中级及以上专业技术职务教师数、每百名学生拥有县级以上骨干教师数的差异系数分别为 0.6278、0.5777、0.5642 和 1.3798，说明 H 市完全小学之间在上述四个方面的差异程度较大，均衡度均较低。（见表 3–53）

表 3–53　H 市 2016 年完全小学教师队伍的校际均衡度

学校	师生比	生均高于规定学历教师数	生均中级及以上专业技术职务教师数	每百名学生拥有县级以上骨干教师数
DS 小学	0.0615	0.0594	0.0279	0.2861
DY 小学	0.0565	0.0558	0.0355	0.7241
ZZ 小学	0.0698	0.069	0.0395	0.155
DE 小学	0.0853	0.0802	0.0548	0.5076
HS 小学	0.0733	0.0701	0.0257	0.3897
NM 小学	0.121	0.121	0.0637	1.2739
KD 小学	0.1515	0.1515	0.0303	3.0303
ZG 小学	0.1869	0.1869	0.0556	0
KM 小学	0.3273	0.2818	0.0818	0
LX 小学	0.0578	0.0578	0.0131	1.8657

续表

学校	师生比	生均高于规定学历教师数	生均中级及以上专业技术职务教师数	每百名学生拥有县级以上骨干教师数
RD 小学	0.1405	0.1405	0.0165	0
DM 小学	0.1479	0.1302	0.0296	0
JM 小学	0.0826	0.0767	0.0118	0.295
均值	0.1201	0.1139	0.0374	0.6560
标准差	0.0754	0.0658	0.0211	0.9046
差异系数	0.6278	0.5777	0.5642	1.3798

（二）全部小学（包括小规模学校）教师队伍的校际均衡度

统计数据显示，H 市全部小学（包括小规模学校）校际间师生比、生均高于规定学历教师数、生均中级及以上专业技术职务教师数、每百名学生拥有县级以上骨干教师数的差异系数分别为 0.6121、0.6136、0.8244 和 1.5973，说明 H 市全部小学之间在上述四个方面的差异程度较大，均衡度均较低。（见表 3–54）

表 3–54　H 市 2016 年全部小学教师队伍的校际均衡度

学校	师生比	生均高于规定学历教师数	生均中级及以上专业技术职务教师数	每百名学生拥有县级以上骨干教师数
DS 小学	0.0615	0.0594	0.0279	0.2861
DY 小学	0.0565	0.0558	0.0355	0.7241
ZZ 小学	0.0698	0.069	0.0395	0.155
DE 小学	0.0853	0.0802	0.0548	0.5076
HS 小学	0.0733	0.0701	0.0257	0.3897
NM 小学	0.121	0.121	0.0637	1.2739
KD 小学	0.1515	0.1515	0.0303	3.0303
ZG 小学	0.1869	0.1869	0.0556	0
KM 小学	0.3273	0.2818	0.0818	0
LX 小学	0.0578	0.0578	0.0131	1.8657
RD 小学	0.1405	0.1405	0.0165	0

续表

学校	师生比	生均高于规定学历教师数	生均中级及以上专业技术职务教师数	每百名学生拥有县级以上骨干教师数
DM 小学	0.1479	0.1302	0.0296	0
JM 小学	0.0826	0.0767	0.0118	0.295
KD 小学	0.375	0.375	0	0
ZD 小学	0.1579	0.1579	0	0
GC 小学	0.2143	0.2143	0	0
DH 小学	0.1667	0.1667	0.0667	0
MS 村校	0.0816	0.0612	0	0
HY 小学	0.1809	0.1702	0.0851	1.0638
均值	0.1441	0.1382	0.0336	0.5048
标准差	0.0882	0.0848	0.0277	0.8063
差异系数	0.6121	0.6136	0.8244	1.5973

（三）完全小学教师队伍的城乡均衡状况

以师生比等为因变量，城乡为自变量，进行独立样本t检验。结果表明，H市城乡完全小学在生均中级及以上专业技术职务教师数、每百名学生拥有县级以上骨干教师数两个方面没有显著差异，但在师生比、生均高于规定学历教师数两个方面存在显著差异，且均是乡村高于城市。（见表3–55）

表3–55　H市2016年完全小学教师队伍的城乡均衡状况

学校	师生比	生均高于规定学历教师数	生均中级及以上专业技术职务教师数	每百名学生拥有县级以上骨干教师数
城区完全小学	0.0693	0.0669	0.0367	0.4125
乡村完全小学	0.1519	0.1433	0.0378	0.8081
t	–2.212	–2.412	–0.106	–0.952
p	0.049*	0.034*	0.918	0.370

（四）全部小学（包括小规模学校）教师队伍的城乡均衡状况

以师生比等为因变量，城乡为自变量，进行独立样本 t 检验。结果表明，H 市城乡小学在师生比、生均高于规定学历教师数、生均中级及以上专业技术职务教师数、每百名学生拥有县级以上骨干教师数四个方面均没有显著差异。（见表 3–56）

表 3–56 H 市 2016 年全部小学教师队伍的城乡均衡状况

学校	师生比	生均高于规定学历教师数	生均中级及以上专业技术职务教师数	每百名学生拥有县级以上骨干教师数
城区完全小学	0.0878	0.0841	0.0448	0.5211
乡村完全小学	0.1701	0.1632	0.0284	0.43973
t	–2.050	–2.049	1.214	0.058
p	0.056	0.056	0.241	0.954

（五）完全小学与小规模学校教师队伍的均衡状况

以师生比等为因变量，完全小学与小规模学校为自变量，进行独立样本 t 检验。结果表明，H 市完全小学与小规模学校在师生比、生均高于规定学历教师数、生均中级及以上专业技术职务教师数、每百名学生拥有县级以上骨干教师数四个方面均没有显著差异。（见表 3–57）

表 3–57 H 市 2016 年完全小学与小规模学校教师队伍的均衡状况

学校类型	师生比	生均高于规定学历教师数	生均中级及以上专业技术职务教师数	每百名学生拥有县级以上骨干教师数
完全小学	0.1201	0.1139	0.0374	0.656
小规模学校	0.1961	0.1909	0.0253	0.1773
t	–1.860	–1.982	0.702	1.219
p	0.080	0.064	0.508	0.240

（六）初中教师队伍的校际均衡度

经统计分析，H市初中校际间师生比、生均高于规定学历教师数、生均中级及以上专业技术职务教师数、每百名学生拥有县级以上骨干教师数的差异系数分别为0.0558、0.0814、0.2384和0.3101，说明H市初中之间在上述四个方面的差异程度较小，均衡度均较高。（见表3–58）

表3–58　H市2016年初中教师队伍的校际均衡度

学校类型	师生比	生均高于规定学历教师数	生均中级及以上专业技术职务教师数	每百名学生拥有县级以上骨干教师数
DE中学	0.0740	0.0648	0.0429	0.6431
ZZ中学	0.0801	0.0641	0.0498	0.4448
HZ中学	0.0826	0.0739	0.0305	0.3517
均值	0.0789	0.0676	0.0411	0.4799
标准差	0.0044	0.0055	0.0098	0.1488
差异系数	0.0558	0.0814	0.2384	0.3101

第四节　H市义务教育均衡发展存在的问题与对策思考

一、H市义务教育均衡发展存在的主要问题与困难

（一）教育投入不稳定

H市2013年预算内教育经费拨款值为12914万元，2014年为13535万元，比上年增长4.81%，2015年，预算内教育经费拨款值猛增到24820万元，比上年增长了11285万元，增长比率高达83.38%，但到2016年，预算内教育经费拨款值又回落到15476万元，比上年减少

了 9344 万元，下降比率为 37.65%。从上述预算内教育经费拨款值的变化可以看出，H 市的教育投入缺乏长期的规划和健全的保障机制，教育经费的投入易受短期因素的影响而出现较大波动。

（二）办学设施整体改善较大，但仍有部分学校的办学设施未达标

随着近些年“全面改薄”计划的实施和义务教育学校标准化建设的推进，H 市义务教育学校的办学设施得到了较大改善，城乡差距缩小，乡村小学在每百名学生拥有网络多媒体教室数方面甚至超过了城区学校。但是，仍有一些学校的办学设施存在短板。这主要体现在一部分义务教育学校的生均体育运动场（馆）面积和生均教学及辅助用房面积偏小，3 所初中的生均教学仪器设备值偏低以及个别学校的用地面积、建筑面积、食堂面积偏小等方面。

（三）教师整体超编同时结构性短缺

从整体上来看，H 市义务教育教师的数量已超编，各学校的师生比亦已达到标准，但同时，许多学校的体育、艺术（包括音乐与美术）、品德与生活（社会）、科学、英语、综合实践活动等课程教师不同程度地存在短缺。由此出现了一方面学校需要教师，另一方面政府出于编制考虑每年引进教师的数量非常有限。经调查，出现上述问题的原因主要有以下三个方面。一是 H 市作为民族地区，许多学校实施双语教育，与其他学校相比，这些学校要多开设一门民族语文课程，因此所需的教师数量亦比其他学校要多。二是 H 市存在许多规模较小的学校，除了 6 所 100 人以下的小规模学校外，还有 6 所完全小学的学生数少于 200 人。这些规模较小的学校虽然学生人数少、班额小，但教学班数和所需教师却相对较多，因此仅按照师生比配置教师，必然会使这些学校出现教师数量不足的问题。三是幼儿园教师占了小学教师的编制，即将小学管辖的幼儿园的教师的编制算入了小学的教师编制，导致小学教师的实际编制减少。

（四）教师职称结构和骨干教师配置不合理

与办学设施相比，H市教师队伍存在的问题较多。除了上文提到结构性短缺问题外，教师的职称结构不够合理。这主要体现在以下三个方面：一是小学高级职称教师总体数量偏少，且集中在少数学校；二是城乡学校之间中级职称教师分布不均衡，与城市学校相比，乡村学校和小规模学校中级职称教师偏少，校际间生均中级及以上专业技术职务教师数差异较大；三是许多乡村学校存在较多的未评定职称的教师。此外，骨干教师配置不合理。一方面全市县级以上骨干教师总体数量偏少，另一方面各个学校之间配置不均，许多学校没有县级以上骨干教师。

（五）乡村小规模学校教师队伍不能满足教学的需要

与完全小学相比，乡村小规模学校的教师队伍更为薄弱，难以满足教学需要。首先，乡村小规模学校教师数量不足。其次，乡村小规模学校教师全部为语文和数学教师，难以满足开齐课程的需要。再次，乡村小规模学校教师职称较低。在18名乡村小规模学校教师中，只有2人具有中级职称，其余6人为初级职称，10人未定级。最后，缺乏骨干教师，5所乡村小规模学校均无县级以上骨干教师。

（六）乡村教师流失严重

导致H市乡村学校教师职称结构、年龄结构不合理的一个重要原因是乡村教师的流失。据调查，H市每年都会引进一些年轻教师分派到乡村学校，但这些教师中有相当一部分在乡村学校工作几年后就会离开，一是通过选聘调入城区学校，二是去了外地。在调查中，一位具有13年教龄的农牧结合区乡中心小学副校长表示，他们学校“2008年分配下来的老师现在一个都不剩全走掉了或者调走了”。其他接受访谈的老师亦提到，一些老师刚到评中级职称的年限或刚评完中级职称就调走了，甚至有的老师干一两年就离开了。关于乡村教师流失的原因，主要包括以下一些方面，一是H市的乡村学校多处于高海拔地区，氧气稀薄，气候寒冷多雨雪，条件艰苦，交通不便；二是农牧区学校的教师大都平时要住校，到周末才能回家，很多时候照顾不到孩子和家庭；三是由于乡村学校学生大都寄宿以及存在留守儿童等原因，乡村教师既要全天候负责学生的学习，还要操心学生的生活，相对于城区学校教师，乡村教师的工作负担往往更大，更为辛苦。

（七）“控辍保学”难度大

当前H市仍然有部分义务教育学生辍学，辍学原因主要有以下几个方面。一是一些家庭因缺乏劳力，让孩子辍学去放牧；二是一些儿童厌学情绪严重，不愿上学；三是一些附近县区来H市上小学的学生小学毕业后，一方面H市初中招收名额有限，优先招收本地学生，他们进不去，另一方面又不想回到户籍所在地，很大一部分就辍学了。

除上述问题和困难外，H市与其他许多县区一样存在城镇挤、乡村弱的问题。所不同的是，由于H市是G州州府所在地，因此，有许多G州下辖县的学生到H市来上学，进一步加剧了城市挤的问题。

二、推进H市义务教育均衡发展的对策

（一）制定区域教育发展规划，保持所需经费投入的稳定增长

在对区域教师现状与问题进行调查摸底的基础上，根据社会发展需要和国家的教育方政政策，研究制定区域教育发展规划，明确一定时期内区域教育发展的主要目标，系统谋划达成的目标的路径、步骤和具体措施，对于实现区域教育的科学、持续发展具有重要的意义。就义务教育而言，为了科学有效地推进县域内义务教育均衡发展，地方政府应以现状研判为基础，根据中央和省级政府有关义务教育均衡发展的政策要求和时间节点，进一步明确本地区义务教育均衡发展的具体目标和任务，进而对一定时期内义务教育均衡发展工作做出全面的部署，制定一系列可操作的措施，并对措施的实施步骤、时间进度以及人、财、物方面的保障做出安排。同时，

由于教育经费是制约教育规划和相关措施落实的关键因素，因此，地方政府在年初安排财政预算时应依据教育发展规划始终优先保证教育经费的投入。通过稳定、持续的教育经费投入，稳步推进义务教育均衡发展。

（二）针对学校办学条件短板，一校一策，提升学校标准化建设水平

针对一些学校在办学条件方面存在的短板，结合学校和当地具体情况，研究制定专门的改进方案，一校一策，通过一一补齐各学校的短板，全面提升各个学校标准化建设的水平，为所有学校提升办学水平和教育质量奠定必要的物质基础。

（三）多策并举，解决师资结构性短缺问题

第一，由于民族地区开展双语教育的班级要比普通班级多开设一门汉语文或民族语文课程，因此，对于开展双语教育的学校，应增加一定数量的教师编制，即在原有教师编制基础上，每开设两个双语教学班，增加 1 个教师编制。第二，小学下辖幼儿园的学校，应设置幼儿教师编制，避免幼儿教师挤占小学编制。第三，根据道路交通情况，相对较近的学校之间可实施音乐、体育、美术等课程教师走教制，通过校际之间教师资源的共享，改善师资结构性短缺问题。

（四）着力推进农村学校教职工队伍建设

第一，当前 H 市乡镇寄宿制学校的食宿条件已有了很大的改善，但一些学校尚缺乏专门的后勤管理服务人员，建议通过政府购买服务等方式为寄宿制学校配备必要的后勤管理服务人员。第二，按照政策要求，为所有乡镇寄宿制学校配备专职卫生专业技术人员。第三，在平均 300 元的基础上进一步提高乡村教师生活补助。第四，在提高乡村教师待遇和社会地位的同时，终止城区学校从乡村学校选聘优秀教师的行为。第五，职称评定向乡村学校倾斜，适当增加乡村学校中高级职称指标，逐渐提高乡村学校中高级职称教师比例。

第四章　青海省 Y 市义务教育均衡发展调查与思考

为了了解青海省藏族聚居区县域内义务教育均衡发展的进展，课题组于 2017 年 9 月对青海省 Y 市进行了实地调查，其间实地调查了城乡 4 所义务教育学校。这 4 所学校分别是城区的 EW 小学、城郊的 XZ 寄宿小学、乡政府所在地的 BT 寄宿小学和城区的 YZ 初中。

第一节　Y 市经济社会与教育发展基本状况

Y 市地处青藏高原东部，青海省东南部。2017 年全市总人口 12.04 万人，藏族人口占全市总人口的 97% 以上，是一个以藏族人口为主的少数民族聚居区。全市总面积 1.57 万平方公里，下辖 4 个街道办事处和 2 镇 6 乡 62 个行政村。Y 市境内平均海拔 4493.4 米，气候寒冷，年温差小，日温差大，地貌以山地为主，地形复杂，河谷多，盆地少，是一个以牧为主，农牧结合的半农半牧县级市。2015 年地区生产总值 12.36 亿元，人均约 11099 元。其中第一产业完成 5.04 亿元，占比 40.78%；第二产业完成 5.69 亿元，占比 46.04%；第三产业完成 1.63 亿元，占比 13.19%。地方财政一般公共预算收入 9439 万元，人均 847.67 元。城镇居民人均可支配收入 21161 元，农牧民人均纯收入 4608 元。2015 年镇化率按常住人口计算约为40%，低于青海省50.3%及全国56.1%的水平。Y市属于集中连片贫困全覆盖地区。2016年全市贫困人口18288人，占全市农牧民数量的21.4%，全部62个行政村中有17个行政村属于贫困村，占27.42%，贫困农牧民人均纯收入为2673元，仅为全州农牧民人均纯收入的43.1%。2017年,Y市公共财政一般预算收入为8964万元，公共财政一般预算支出为178547万元，财政自给率仅5.02%。

2017年，Y市市属义务教育学校有35所，义务教育在校生共计19621人，其中小学14478人、初中5143人。全市在编在岗教职工1213人，其中小学851人、初中362人。专任教师1124人，其中小学772人、初中352人。

2007年Y市通过“两基”验收。2017年，Y市接收并通过国家县域义务教育基本均衡发展督导评估，实现县域内义务教育基本均衡发展。

第二节　Y市推进义务教育均衡发展的主要措施

一、明确义务教育均衡发展目标任务，建立工作推进机制

Y市委、市政府重视教育发展，2012年出台了《关于加强和改进教育教学管理，努力提高教育办学质量的决定》。2014年召开的Y市首次教育工作大会提出了保证教育投入、促进义务教育均衡发展，巩固“两基”成果的具体任务。2016年，Y市所在民族自治州召开全州义务教育均衡发展推进会，Y市等县市与州政府签订了县域义务教育均衡发展目标责任书。同年，根据青海省教育督导委员会办公室关于Y市申报义务教育发展基本均衡县材料审核的意见和Y市所在州人民政府教育督导评估组对Y市义务教育均衡发展的督导整改意见，Y市制定了《Y市义务教育均衡发展督导评估整改方案》，提出了明确的整改内容，确定了有

针对性的整改措施和负责落实的责任单位。

二、加大教育投入

2013—2016年教育累计投入8.6亿元，财政对教育的拨款占财政支出的比率平均达到17%以上。

三、改善学校办学设施

至2015年年末，Y市农村牧区初中校舍改造、中小学标准化学校建设等项目顺利完工，新建各类校舍22.64万平方米，全市教育基础设施得到全面加强和改善。为中小学配备了所需的教学仪器、音体美器材、电教设备、图书、计算机、班班通，基本实现宽带网络全覆盖。经过近三年的试点，城乡学校“同步课堂”远程教学已趋于成熟，于2017年8月参加了第三届中国教育博览会，2018年全面实现村级学校“同步课堂”远程教学。“同步课堂”远程教学试点项目，利用高速光纤传输网络技术和“智慧云教育”平台系统，可以实现城区学校讲课、乡村学校听课的功能，并提供远程实时互动交流发言和解答功能。

四、加强教师队伍建设，建立教师流动机制

第一，对教师进行全员分批次培训，据统计，2013—2016年四年全市教师参加各级各类培训总计达2247人次，实现了教师全员轮训目标。第二，每年组织市级学科带头人和教育能手开展送教下乡活动，提高教学质量薄弱学校师资水平，同时举办校长论坛、教师论坛助力校长、教师专业发展。第三，提高乡村教师待遇。在全面落实国家和省州乡村教师补贴的基础上，市政府自筹资金对偏远地区任教的教师给予100—750元的艰苦边远地区津贴补助。第四，建立校长教师流动机制，2015—

2017 年三年共有 260 余名学校领导和教师参与交流。

五、规范学校管理，注重办学特色，提高教育质量

第一，促进学校管理规范化。严格贯彻落实国家和省规定的义务教育课程方案，义务教育阶段学校开齐课程，开足课时；实施国家学生体质健康标准，通过阳光体育、两操、中小学民族团结进步操、大课间活动等，保障中小学生每天体育锻炼时间不少于一小时；严格规范办学行为，严禁中小学设立重点班，实施提质减负。第二，以高效课堂为引领，以教学质量检测为手段，着力促进教育教学质量提升。第三，促进学校特色发展。加大学校社团特色课程的开设。学生社团课程试点建设展现出勃勃生机。特色创建与民族文化相结合，大力倡导学校个性办学，努力打造一批教育品牌，用品牌引领全市教育发展，传承民族文化，开展民俗教育。第三民族中学的生态歌舞艺术团、第一完全小学的大唐画室、第二完全小学的红领巾记者站都获得了良好发展，给全市教育注入了活力。第四，推动家校共育。2017 年，Y 市举办首次高原家庭教育论坛，多位知名专家参加论坛，推动了 Y 市家校共育的发展。第五，保障校园安全稳定。以平安校园创建为契机，经常性地开展矛盾纠纷排查与安全隐患排查，开展各类安全教育，实现了教育系统安全稳定零事故目标。

六、推进“控辍保学”工作

为了巩固提高义务教育普及水平，贯彻落实青海省政府办公厅颁布的《关于进一步加大“控辍保学”力度，全面提高义务教育普及水平的通知》（青政办〔2015〕141 号）的要求，Y 市实施了所在州政府印发的《义务教育阶段学校控辍保学工作责任追究制度》《义务教育阶段学生辍学报告制度》《义务教育阶段辍学生劝返复学制度》和《小学升初中整班移交制度》等四项“控辍保学”制度。2015 年，Y 市召开了“控

辍保学”专题工作会议，研究部署了全市巩固“两基”成果及“控辍保学”工作。同年市政府出台了《关于做好2015年Y市小升初阶段辍学学生劝返工作的紧急通知》，要求对全市110名学生通过乡镇政府和街道办上门开展劝返工作。与此同时，一些乡镇将每年的3月和9月确定为“控辍保学”月，乡镇干部进村入户开展调查，认真宣传“控辍保学”法律法规和相关政策，并制定了《“控辍保学”工作规定》和《乡规民约》。

七、建立扶弱体系，保障适龄儿童平等接受教育权利

将外来随迁子女教育纳入教育发展规划和财政保障体系。2013年以来，近4000名外来随迁子女到市区学校就读。为切实保障贫困家庭学生等特殊群体接受义务教育，全面落实“两免一补”、青海省15年免费教育和“三江源”异地奖补政策。关于15年免费教育，《青海省人民政府关于完善城乡义务教育经费保障机制和实行15年免费教育的实施意见》（青政〔2016〕27号）提出，从2016年春季开学起，青海省建立城乡统一的义务教育经费保障机制，对玉树、果洛、黄南、海南、海北、海西六个州所有学生和西宁、海东两市贫困家庭学生学前三年、义务教育九年、普通高中和中职三年实施15年免费教育，“十三五”末前覆盖全省。其中义务教育阶段在原有农牧区“两免一补”和城市义务教育学生免除学杂费的基础上，免除城乡义务教育学生学杂费，并免费提供教科书。继续对农牧区寄宿生给予生活补助，将城市贫困家庭寄宿生纳入补助范围，按小学年生均1100元、初中1350元标准提供生活补助。“三江源”异地奖补政策目前在青海省的玉树、果洛、黄南、海南、海北、海西六个州实施，其中有关义务教育的内容为初中学生到异地就读享受异地奖补政策，其前提条件必须是由教育部门统一组织异地就读的，凡自行到异地就读的学生不享受该政策。每学年生均补助公用经费标准为2300元，每人每学年生活补助标准为2200元。

第三节　Y市义务教育均衡发展的现状

一、办学设施标准化建设现状

（一）生均教学及辅助用房面积

《青海省义务教育均衡发展办学基本标准（试行）》（以下简称《青海基本标准》）提出，教学及辅助用房面积：小学生均不低于2平方米；初中生均不低于2.2平方米。课题组在Y市实地调查的3所小学和1所初中的生均教学及辅助用房面积均达到了上述相应标准。（见表4–1）

表4–1　2017年Y市4所学校的生均教学及辅助用房面积

学校	生均教学及辅助用房面积标准值（平方米/生）	生均教学及辅助用房面积实际值（平方米/生）
EW小学	小学：2	2.17
XZ小学		3.12
BT小学		2.12
YZ初中	初中：2.2	14.7

（二）生均体育运动场（馆）面积

《青海基本标准》要求，体育运动场（馆）面积：小学生均不低于3.5平方米；初中生均不低于5平方米。在Y市调查的4所义务教育学校均达到了上述相应标准。（见表4–2）

表 4–2　2017 年 Y 市 4 所学校的生均体育运动场（馆）面积

学校	生均体育运动场（馆）面积标准值（平方米 / 生）	生均体育运动场（馆）面积实际值（平方米 / 生）
EW 小学	小学：3.5	4.95
XZ 小学		4.73
BT 小学		3.51
YZ 初中	初中：5	11.6

（三）每百名学生拥有计算机台数

《青海基本标准》提出，每百名学生拥有计算机台数：小学达到 5 台；初中达到 10 台。在 Y 市调查的 4 所义务教育学校中，除 BT 小学的每百名学生拥有计算机台数为 4.89，未达到上述标准外，其余 2 所小学和 1 所初中均达到了相应标准。（见表 4–3）

表 4–3　2017 年 Y 市 4 所学校每百名学生拥有计算机台数

学校	每百名学生拥有计算机台数标准值	每百名学生拥有计算机台数实际值
EW 小学	小学：5	15.5
XZ 小学		9.88
BT 小学		4.89
YZ 初中	初中：10	14

（四）生均图书册数

《青海基本标准》提出，图书册数：小学生均达到 20 册；初中生均达到 30 册。在 Y 市调查的 4 所义务教育学校均达到了上述相应标准。（见表 4–4）

表 4-4　2017 年 Y 市 4 所学校生均图书册数

学校	生均图书册数标准值（册 / 生）	生均图书册数实际值（册 / 生）
EW 小学	小学：20	33
XZ 小学		30
BT 小学		21.41
YZ 初中	初中：30	80

（五）生均教学仪器设备值

《青海基本标准》提出，教学仪器设备值：小学生均达到 330 元；初中生均达到 600 元。在 Y 市调查的 4 所义务教育学校均达到了上述相应标准。（见表 4-5）

表 4-5　2017 年 Y 市 4 所学校生均教学仪器设备值

学校	生均教学仪器设备值标准值（元）	生均教学仪器设备值实际值（元）
EW 小学	小学：330	3447.57
XZ 小学		687.32
BT 小学		406.65
YZ 初中	初中：600	3872

二、教师队伍标准化建设现状

（一）师生比

《青海省义务教育发展基本均衡县督导评估工作方案》提出，师生比小学达到 1 : 19.5，初中达到 1 : 15。在 Y 市调查的 4 所义务教育学校中，EW 小学、XZ 小学和 BT 小学的师生比分别为 1 : 23.5、1 : 22.9 和 1 : 22.21，均未达到小学 1 : 19.5 的标准；YZ 初中的师生比为 1 : 15.4，亦未达到初中 1 : 15 的标准。（见表 4-6）

表 4-6 2017 年 Y 市 4 所学校师生比

学校	师生比标准值	师生比实际值
EW 小学	小学：1∶19.5	1∶23.5
XZ 小学		1∶22.9
BT 小学		1∶22.21
YZ 初中	初中：1∶15	1∶15.40

（二）生均高于规定学历教师数

《青海省义务教育发展基本均衡县督导评估工作方案》提出，生均高于规定学历教师数小学达到 0.04，初中达到 0.039。在 Y 市调查的 4 所义务教育学校中，EW 小学的生均高于规定学历教师数为 0.039，未达到小学 0.04 的标准，其余 2 所小学和 1 所初中均已达标。（见表 4-7）

表 4-7 2017 年 Y 市 4 所学校生均高于规定学历教师数

学校	生均高于规定学历教师数标准值	生均高于规定学历教师数实际值
EW 小学	小学：0.04	0.039
XZ 小学		0.040
BT 小学		0.051
YZ 初中	初中：0.039	0.045

（三）生均中级及以上专业技术职务教师数

《青海省义务教育发展基本均衡县督导评估工作方案》提出，生均中级及以上专业技术职务教师数小学达到 0.020，初中达到 0.026。在 Y 市调查的 4 所义务教育学校均达到了上述相应标准。（见表 4-8）

表 4-8　2017 年 Y 市 4 所学校生均中级及以上专业技术职务教师数

学校	生均中级及以上专业技术职务教师数标准值	生均中级及以上专业技术职务教师数实际值
EW 小学	小学：0.02	0.028
XZ 小学		0.020
BT 小学		0.022
YZ 初中	初中：0.026	0.039

三、办学设施和教师队伍的校际均衡状况

据统计，2017 年 Y 市 31 所小学之间生均体育运动场（馆）面积与生均教学仪器设备值的差异系数分别为 0.682 与 0.712，说明 Y 市小学校际间在上述两个方面差异较大，均衡度较低。同时，Y 市 31 所小学之间生均教学及辅助用房面积、每百名学生教学用计算机台数、生均图书册数、师生比、生均高于规定学历教师数、生均中级及以上专任教师数的差异系数分别为 0.408、0.399、0.348、0.224、0.245、0.485，说明 Y 市小学校际间在上述六个方面差异较小，均衡度较高。就初中而言，Y 市 6 所初中之间办学条件八项指标的差异系数在 0.116 到 0.460 之间，说明 Y 市校际间在办学条件的八个方面差异均较小，均衡度均较高。（见表 4-9）

表 4-9　2017 年 Y 市义务教育学校办学条件校际均衡状况

学校类型	类别	生均教学及辅助用房面积（平方米）	生均体育运动场（馆）面积（平方米）	生均教学仪器设备值（元）	每百名学生教学用计算机台数	生均图书册数	师生比	生均高于规定学历教师数	生均中级及以上专任教师数	平均值
小学	均值	4.56	8.43	1828	16.26	28.45	0.054	0.052	0.027	
小学	差异系数	0.408	0.682	0.712	0.399	0.348	0.224	0.245	0.485	0.438
初中	均值	11.05	7.19	3321	14.90	64.04	0.068	0.057	0.035	
初中	差异系数	0.293	0.460	0.310	0.334	0.261	0.116	0.161	0.169	0.263

第四节　Y 市义务教育均衡发展存在的问题与对策思考

一、Y 市义务教育均衡发展存在的主要问题与困难

（一）教育经费未按时做到“三个增长”

尽管 Y 市近些年教育经费投入逐年增长，但 2014 年财政教育支出增长比例低于财政经常性收入增长比例，缺口资金 2194 万元，当年未做到教育经费投入“三个增长”。2017 年 Y 市在接受县域义务教育基本均衡发展督导评估时补拨了上述经费。

（二）存在大班额问题

在实地调查的 3 所小学中，城区的 EW 小学有 1389 名学生，27 个教学班，平均班额 51.44；位于城郊的 XZ 寄宿小学有学生 1203 人，教学班 24 个，平均班额 50.13；位于乡政府所在地的 BT 寄宿小学（乡中心小学）有学生 1044 人，22 个教学班，平均班额 47.45。上述 3 所小学的平均班额均超过了小学班额不高于 45 人的要求，均存在大班额问题。据调查，Y 市学校生源不断增加，出现大班额的原因主要包括两个方面，一是乡村户籍儿童向乡镇中心学校和城区学校流动，二是 Y 市附近其他县州的儿童，甚至外省的儿童向 Y 市流动。例如，EW 小学本市户籍学生 890 人，非本市户籍学生 499 人，非本市户籍学生占到了学生总数的 35.93%。XZ 寄宿小学 1203 名学生中，826 人来自 Y 市的 9 个乡镇，具有本市户籍，其余非本市户籍学生 377 人，占比 31.34%。在非本市户籍学生中，173 名学生来自 Y 市所在州的其他 5 县，19 人来自青海省其他州，185 人来自西藏、四川等其他省区。在访谈中 EW 小学的一位教

师谈道："大批数量的学生来我们学校上学，今年择校的情况也是有的，主要的原因还是各乡镇的学生都想到我们市属学校来上，这边的环境条件也好，师资力量也好，教学质量也好，现在我们学校里边70%的学生是从周边乡镇过来的，都属于外乡的，外乡的学生家长有些是到这边买房子，有些是租房子，有些是把孩子寄养在亲戚家里……由于学生多，我们的老师就像你看到的，除了上课的就是改作业的，很少有休息的。"

（三）教师队伍数量不足，存在较多编制外教师

由于地区海拔高、条件艰苦、教师工作负担重以及编制数量有限等原因，Y市教师数量不足。2017年，Y市31所小学中，22所小学师生比达到了义务教育办学基本标准，但同时还有9所小学未达到标准。6所初中中，3所师生比达标，3所未达标。总体来说，Y市有12所义务教育学校师生比未达标，占比达32.43%。同时，Y市城乡学校存在一定数量的编制外代课教师，如位于城区的EW小学有在编专任教师59人，同时聘用代课教师7名。与城区学校相比，乡村小规模学校代课教师数量更大。在访谈中BT寄宿小学（乡中心小学）的书记提道："我们下面有6所教学点，底下教学点的老师多没有编制，是代课老师、临时聘的。他们就拿一千块钱工资。因为在编的都是分到乡上，乡上不是学生多嘛，下面也就是二三十个学生，混龄班。我们乡代课教师共有27名，我们学校也有，教学点也有，大多数在村上教学点。这些老师一部分是政府分配的，一部分是学校临聘的，政府分配的那些都是我们叫'零就业家庭'，就是他们家没有就业的没经济来源的大学生，这样政府就会优先照顾你，安排个临时的工作，大部分都有教师资格证。临聘的这部分就是没有教师资格证，没有正规学历，高中毕业就是最高，反正学校临聘的特别少，迫不得已也会招一个高中学历的，其他都是州上分配的。工资这个也说不上，有时候资金宽裕了就是市里统一发放，有时候就是市里年底结算下来，如果是经费紧张的话，就从学校公用经费里面掏掉。"

（四）教师队伍结构性短缺

在总量不足的同时，Y 市教师队伍存在结构性短缺问题。这主要表现在三个方面。首先，音体美、信息技术、初中物理等专业教师短缺。在访谈中 XZ 寄宿小学一位具有 12 年教龄的老师表示，她所在学校“音乐、体育、美术老师都很缺，全校只有 2 名美术老师，信息技术老师更缺，全校就 1 名信息技术老师，根本不够，这个课都是由各班老师兼职带的。我们学校的信息技术老师还身兼数职，他不光要管理计算机，还要在政教处参与学生日常管理和学校的一些事情”。EW 小学一位具有 17 年教龄的老师在说到教师数量时指出：“我们学校的音乐、体育、美术老师都是外聘的，我们的学生一周一节体育课，我们有专门的音乐、体育、美术教室，像我们的唐卡社团的老师还有书法的一些老师都是外聘的，这些老师的编制不在这里，他们都是其他学校的，还有的老师是外面辅导机构的老师，由教育局牵头将这些老师统一招聘进来之后分配到我们学校，我们市属学校中都没有专业的体育老师或者美术老师，这些都是靠教育局这一次统一分配进来的，我们的计算机课也是一周一节。”此外，一位城区中学具有 20 年教龄的老师提到，他所在学校“虽然有老师在进来，但是我们的教师数量还是非常缺乏的，目前最缺的老师是物理老师，现在我们的物理老师平均每个人要带四到五个班，平均每个班每一周都会有三节物理课，初二、初三物理课数量还都不一样，我们物理老师的工作量就非常大，平均一个年级也就一个物理老师”。其次，小学藏文教师短缺，在实地调查时，多所小学的校长或老师都谈到学校缺藏文老师。最后，各学校普遍缺乏心理健康教育教师。

（五）教育仪器设备使用率低

部分学校对购置图书选择把关不严，许多图书与学生的实际阅读需要相距甚远，学校图书借阅制度不健全，图书借阅率低。一些学校功能教室、实验室、体育器材室管理不规范，使用制度不健全，教学仪器设备使用率低。

二、推进 Y 市义务教育均衡发展的对策思考

（一）进一步完善经费保障机制，不断增加教育投入

Y 市近年未能全面实现“三个增长”，通过督导检查，尽管已补齐，但尚缺乏义务教育经费长效监管机制。建议 Y 市在年初安排公共财政预算时，要充分考虑教育事业发展需求，强化预算编制管理，确保义务教育经费实现“三个增长”。

（二）促进城乡义务教育一体化发展，改变“城镇挤、乡村弱”的现状

第一，根据学龄人口变化趋势和教育需求，科学制定城乡教育发展规划。通过改扩建城镇学校，增加班级数量以及新建学校等方式，扩大城镇学位供给，控制和缩小城镇学校班额。第二，消除城乡二元结构壁垒，均衡配置教育资源，扩大优质教育资源覆盖面。通过改善农牧区学校办学条件，提高办学水平和教育质量，增强农牧民家庭对本地学校的认可度，促进农牧区儿童在本地就近入学，降低因农牧区家庭“择校”和“教育移民”而给城镇学校带来的学位不足压力。事实上，“大班额”的县镇教育是一种被稀释的优质教育，从表面看孩子可以到县镇学校读书，可以获得高质量的教育机会，但由于班级规模过大，无论从班级学习环境，还是从孩子可能获得的教师的个体化关注方面都受到严重影响，优质教育的效果被大班额稀释了。①

（三）把师资的建设和均衡配置作为促进义务教育均衡发展的重点

促进教育人力资源、物力资源和财力资源配置的均衡是实现义务教育均衡发展的重要基础。而在各项教育资源的配置中，人力资源即教师资源的均衡配置是推进义务教育均衡发展的关键。然而，相对于办学

① 秦玉友：《教育城镇化的异化样态反思及积极建设思路》，载《教育发展研究》，2017（6）。

设施等物力资源，由于影响教师队伍建设的因素更为复杂，因此师资的建设和均衡合理配置往往更加困难。针对当前教师数量不足与结构性短缺并存的现状，Y 市应把师资的建设和均衡配置作为促进义务教育均衡发展的重点。第一，落实《国务院办公厅关于印发乡村教师支持计划（2015—2020 年）的通知》提出的“村小学、教学点编制按照生师比和班师比相结合的方式核定”① 的要求，适度增加村小学、教学点等乡村小规模学校的教师编制。第二，在现有编制基础上，增加开展双语教育学校的教师编制，每开设两个双语教学班，增加 1 个教师编制。第三，建立动态的教师编制管理制度，根据学校学生数的变化和师资需求动态调整教师编制。第四，及时补充教师，严禁有编不补现象的发生。第五，完善教师招聘制度。根据学校教师的学科结构，有针对性地招聘短缺学科专任教师，规范教师招聘程序，建立科学的选人用人机制，改变“需要的人进不来，不需要的人硬塞来”的学校用人窘状，从而有效优化学校教师队伍的学科结构。第六，推进教师定期交流轮岗制度的实施，促进交流轮岗常态化。

（四）激活教育资源，提高教育仪器设备使用效率

第一，在义务教育学校基本办学标准和标准化学校建设评估指标中，增加有关教育仪器设备使用的内容。如可对演示实验与分组实验的开出率、功能教室的使用率、图书室的开放情况、生均图书的借阅率等做出要求和规定。第二，图书等教育设施的采购应考虑学校师生的实际需求，提高图书等教育设施的适用性。第三，通过开阔教师的视野、更新教师观念、变革教育教学活动方式、开展教师信息技术应用能力培训等方式，全面提高教师使用信息技术、实验仪器设备、图书等教育条件开展教育教学活动的意识和能力。第四，建立健全学校设施使用、维护制度。图

① 国务院办公厅:《关于印发乡村教师支持计划（2015—2020 年）的通知》（国办发〔2015〕43 号），2015 年 6 月 8 日，中华人民共和国中央人民政府网，http://www.gov.cn/zhengce/content/2015-06/08/content_9833.htm。

书室、多功能教室、实验室、信息技术教室、体育器材室等的使用、维护制度应张贴上墙，图书的借阅和设备的使用、维修情况应登记在册。第五，学校校长应重视校园设施的维护和带头提高资源使用效率，并对积极使用信息技术等设备开展教育教学活动的教师予以奖励。

（五）防治结合，进一步推进“控辍保学”工作

第一，扭转过度重视学业成绩和升学率的倾向，全面实施素质教育，防止学生因学习困难，厌学而放弃学业。把促进学生全面发展的作为学校工作的出发点和归宿，通过开齐开足国家和省级政府规定的课程，变革滞后的教育教育方式，改善办学条件，开展丰富多彩的校园活动，提高学生的学习兴趣和学校对学生的吸引力。树立人人皆可成才的信念，公平对待每一位学生，为每一位学生提供发展和展示自身优势特长的机会，让学生体会到成功的喜悦，提升学生自信心。关心和帮扶后进生，耐心细致地与他们沟通交流，针对后进生各自的特点和形成原因，采取有针对性措施进行转化。第二，加大扶贫力度，防止学生因家庭经济原因放弃学业。第三，通过各种途径广泛宣传《中华人民共和国义务教育法》和教育对个人及社会发展的重要价值，使《中华人民共和国义务教育法》家喻户晓，在全社会营造尊师重教的良好氛围。第四，加大教育督导检查力度，进一步推动义务教育阶段学校“控辍保学”工作责任追究制度、义务教育阶段学生辍学报告制度、义务教育阶段辍学生劝返复学制度和小学升初中整班移交制度等四项“控辍保学”制度的贯彻落实。

第五章　新疆维吾尔自治区 S 县义务教育均衡发展调查与思考

新疆南疆的和田地区、喀什地区、克孜勒苏柯尔克孜自治州、阿克苏地区四地州相对于新疆其他地区而言，教育发展水平相对较低，教育基础薄弱，办学面临更多的困难，改善办学条件和提高教育质量的任务更为艰巨。为了促进南疆长远发展，推动南疆社会稳定和长治久安，2015 年 11 月新疆维吾尔自治区党委南疆工作会议全面研究部署了南疆工作，将教育发展和扶贫开发确定为南疆改善民生的重点，提出“把教育摆在突出重要位置”。①

当前，随着义务教育“两免一补”政策、“全面改薄”项目、“农村义务教育阶段学校校舍维修改造长效机制专项资金”项目、教育援疆项目、《自治区乡村教师支持计划（2015—2020 年）实施办法》、《新疆维吾尔自治区进一步完善城乡义务教育经费保障机制实施方案》等政策项目的实施，南疆义务教育的均衡发展已取得了较大的进展。为了了解南疆地区义务教育均衡发展的进展和面临的现实问题，进而探寻进一步推进南疆义务教育均衡发展的对策，课题组于 2016 年 10 月对 S 县进行了实地调查，主要调查了该县教育局的相关人员和城乡的 6 所义务教育学校。

---

① 王宝君：《新疆维吾尔自治区党委南疆工作会议举行　南疆经济社会发展驶入快车道》，2015 年 11 月 13 日，人民论坛网，http://www.rmlt.com.cn/2015/1113/408437.shtml。

第一节　S县经济社会与教育发展基本状况

S县地处塔里木盆地边缘，与塔克拉玛干大沙漠连接。县域总面积3.2万平方公里，辖4乡7镇3个国有农牧场，160个行政村和12个社区（居委会）。2017年，总人口265033人，由维吾尔、汉、回等25个民族构成，其中维吾尔族人口226232人，占比85.36%；汉族36043人，占比13.60%；回族2162人，占比0.82%。总人口中乡村人口190303人，占比71.80%；城镇人口74730人，占比28.20%。

2015年，S县地方生产总值51.3亿元，人均生产总值18292元；一般公共财政预算收入76498万元，一般公共财政预算支出215482万元，地方财政自给率为35.50%；城镇居民人均可支配收入23683元，农牧民人均纯收入12289元。

2017年，S县地方生产总值547054万元，人均生产总值20637元；公共财政预算收入410918万元，其中一般公共预算收入100138万元、一般转移支付补助56614万元、专项转移支付补助19712万元、上级专项资金补助181876万元；公共财政预算支出410918万元，其中一般公共预算支出376511万元，地方财政自给率为26.60%；城镇居民人均可支配收入28211元，农牧民人均纯收入14569元。

2016年，S县有幼儿园72所，中小学校112所，其中普通高中2所，职业高中1所，初级中学11所（其中九年一贯制学校6所、民汉初中1所），小学98所（民语言小学80所、汉语言小学10所、民汉小学5所、教学点3个）。各学段在校学生52273人，其中：普通高中5773人，职业高中1678人，共有班级117个；初中学生11168人，263个班级；小学26154人，886个班级；幼儿园学生7500人。在所有学生中，少数民族学生45604人，占学生总数的87.24%，接受双语教育的学生31133人，占学生总数的59.56%。就义务教育而言，S县2005年通过“两基”验收，2009年通过复检，2016年开展了义务教育学校标准化建设达标验收。2016年S县义务教育阶段学生37322人，占全县学生总数的71.40%。在全县109所义务教育学校中，寄宿制学校16所，寄宿制学生10006人，占义务教育阶段学生数的26.81%。义务教育阶段接受双语教育的学生22033人，占义务教育阶段学生数的59.03%，占义务教育阶段少数民族学生的66.90%。S县义务教育学校共有教职工2788人，其中专任教师2663人，专任教师学历达标率100%。

第二节　S县推进义务教育均衡发展的主要措施

一、教育经费投入逐年增长，每年教育支出占一般公共预算支出的比例均高于20%

2013年以来，S县政府认真落实义务教育阶段经费保障机制，学校公用经费和教师工资均能按时足额到位，教育经费投入逐年增长，每年教育支出占一般公共预算支出的比例均高于20%。具体来说，2013年，S县一般公共预算支出182715万元，其中教育支出52089万元，教育支出占一般公共预算支出的比例为28.51%。2014年，S县一般公共预算支出205028万元，教育支出56869万元（其中中小学公用经费2867万元、中小学公用取暖费436万元、教育项目资金23798万元），教育支出占一般公共预算支出的比例为27.74%。与2013年相比，2014年教育支出增长4780万元，增长率9.18%。2015年，S县一般财政预算支出215482万元，教育支出57202万元（其中中小学公用经费2744万元、中小学公用取暖费446万元、教育项目资金18918万元），教育支出占一般公共预算支出的比例为26.55%。与2014年相比，2015年教育支出增加333万元，增长率0.59%。2016年，S县一般公共预算支出283056万元，教育支出61822万元，教育支出占一般公共预算支出的比例为21.84%。与2015年相比，2016年教育支出增长4620万元，增长率8.08%。

二、改善办学设施

2013年以来，S县积极争取上级和对口帮扶援助项目及资金，同时加大县财政教育投入，努力改善办学条件。2013—2015年，S县累计投入资金24201万元（其中上级专项资金15687万元、县财政配套资金4814万元、援疆资金3700万元），改造学校67所，建设校舍101909平方米。2016年，新疆维吾尔自治区政府下拨S县4509万元，专项用于项目建设，建设面积19147平方米。2014—2016年共投入7702.69万元（其中县财政投入7150.69万元、浙江嘉兴援助552万元），采购音体美、科学、综合实践等课程的教学仪器和班班通等现代化教学设备；加强校园的净化、绿化、美化和文化等“四化”建设，全县义务教育学校办学条件得到较大改善。

三、推进教师队伍建设

教师队伍建设方面的措施主要包括以下方面。第一，落实教师待遇，保障教师利益。S县除按时足额发放教师工资和绩效工资外，还为教师缴纳了医疗保险、失业保险、生育保险、工伤保险和大病医疗保险等保险费用。同时农村教师每月与乡镇干部一起享受基层补贴，人均每月200元。第二，组织教师参加继续教育培训。自2014年第五个五年管理周期（2014—2018）中小学教师继续教育以来，S县教师参加国家级培训245人次，自治区级培训218人次，地区级培训1965人次，县级培训3533人次，远程培训217人次，双语教师培训338人次。各级培训主要以集中培训为主、远程培训为辅。按照“谁合格谁报销”原则，各学校每年将公用经费的5%用于教师培训。同时，为了提高继续教育办证率，S县已将教师“继续教育证书”审验通过情况纳入教师的绩效考核。第三，开展教师教育信息化全员培训。为了引导教师对教育信息化的认识，鼓励教师主动地应用远程教育教学设备、多媒体教室、班班通、电子移动白板等信息设备开展教学，增强教师运用基础教育资源公共服务平台和标准化双语教学平台资源的能力，在积极争取假期开办计算机培训班的基础上，从2016年3月开始，分三个批次对全县2400名教师进行了教育信息化专题培训。第四，开展送教下乡活动。组织浙江优秀援疆教师和本县骨干教师送教下基层，集中开展送教、评课、座谈、观摩、经验交流等活动，促进了乡村教师的专业发展。第五，推进教学能手培养工作室建设。S县以教学能手培养工作室为抓手，不断优化双语、电教、教研队伍，目前已建成14个县级教学能手培养工作室和1个自治区级教学能手培养工作室。第六，加强师德师风建设。通过开展师德师风教育培训和加强教育教学常规管理等措施，增进教师的责任意识，推动教师养成良好的职业道德行为规范。

四、加强学校领导班子建设

学校领导班子建设的措施主要包括两个方面。第一，对学校书记、校长实行考评监管。对学校管理混乱、各项工作任务落实不力的校长予以调整，将工作责任心和工作能力强的后备干部提拔进入学校领导班子，推进学校领导履职尽责。2016年共调整中小学校领导62名。第二，开展学校领导和后备干部培训。对全县中小学校长、书记和教育系统后备干部共246人进行为期15天的培训，专门邀请县领导和地区教育局各科室负责人进行授课，以帮助校长、书记进一步提升管理素养，厘清工作思路。

五、建立“控辍保学”长效机制

一是认真落实到校率日报制和学生未到校日查、家访、报告和劝返工作机制。二是将“控辍保学”工作纳入“访民情、惠民生、聚民心”活动工作任务，全县中小学和乡镇、村联动，对辍学学生进行全面调查摸底，切实进行劝返工作。三是开展空挂户适龄儿童少年和在校无学籍学生核查、清理工作，进一步规范学籍管理和学生转出、转入行为。2016 年，S 县小学、初中适龄少年入学率分别达到 99.81%、99.87%，小学、初中学生巩固率分别达到 98.56%、99.84%，小学、初中辍学率分别为 0.01%、0.07%。

六、落实教学常规管理督导，积极开展教研活动，进行教育质量监测与评估

围绕教育质量的提升，S 县采取了下列措施。第一，落实教学常规管理督导，提升课堂教学质量。加强对教师教学的过程管理和督导。要求教师精心准备，认真讲授，及时反思，不断提高课堂教学水平。同时，制定印发了《教育局局长、校长、教研员听课带课制度》，结合该县实际，将教师进修学校与教研室合署办公，并返聘 6 名有经验的退休教师，组成教学研究和督导组，深入基层学校，对教师的备、讲、批、辅等工作进行经常性与随机性相结合的检查指导，并按照常规要求落实奖惩。2016 年教学管理督查面达到 100%。第二，积极开展教研活动。S 县从 2016 年 3 月开始实施全县 3—6 年级数学、语文电子集体备课活动。同时，提升学校教研课改工作的实效性，鼓励学校立足校情、教情和学情，围绕制约教学质量发展的突出问题，找准突破口，集中精力开展好教研课改活动。此外，开展了各类教学比赛活动，包括各科目微课比赛，理化生实验优质课大赛，中小学数学优质课、教学设计、案例比赛，中小

学语文优质课大赛，中小学录像课、教学设计评比等，通过这些比赛活动推进教育片区和学校教研活动的开展。第三，定期或不定期对部分学科进行教育质量跟踪监测和调研，加强对双语教学质量的监测与评估，通过测试查找教学过程中的问题和不足，利用数据分析各学校教学质量存在的差距，及时调整教学策略，推进培优补差工作。

七、开展学校标准化建设督导评估，以评促建

2016年，S县结合义务教育学校标准化达标验收的契机，县委提出了“立足实际，因地制宜，先易后难，量力而行，全员参与，全力推进”的工作原则。县领导深入全县各级学校进行实地调研，掌握各学校标准化建设现状，召集各乡（镇）场、领导现场办公，积极为学校调整用地。县教育督导室认真开展标准化督导评估，全面查找乡（镇）场、相关单位和学校标准化建设工作中存在的问题并及时梳理。根据完成难易程度将问题分为“完成困难类、较难完成类、协调解决完成类、教育系统自行解决类和基本达标类”等五类，分层同步逐一督促各单位实施整改。

八、鼓励学校之间进行帮扶，推进学校捆绑发展

编制出台《S县义务教育学校捆绑发展实施方案》，鼓励强校捆绑弱校，探索捆绑学校同考评、同管理、同发展模式，通过帮带作用实现均衡发展。

第三节　S 县义务教育均衡发展的现状

一、学校规模与班额

《新疆维吾尔自治区义务教育学校办学基本标准（试行）》（新教基〔2011〕23 号，以下简称《新疆基本标准》）提出，完全小学、独立初中、完全中学初中部班数 12—30 个，九年一贯制学校班数 18—36 个。同时提出，集中办学的学校规模，小学以 480—1350 人、初中以 540—1500 人为适宜规模。在 S 县调查的 2 所小学、2 所初中和 1 所九年一贯制学校中，YG 九年一贯制学校（以下简称 YG 学校）共有教学班 46 个（小学 14 个，初中 32 个），远远超出九年一贯制学校班数标准值；同时，YG 学校小学部有学生 579 人，初中部有学生 1568 人，初中部学生数高于集中办学的适宜规模；LG 小学有教学班 6 个，远低于标准值；MD 小学、TY 中学（独立初中，下同）和 HL 中学（独立初中，下同）的班数分别为 25、29 和 15 个，学生数分别为 846、1201 和 620 人，均符合标准值。（见表 5-1）

此外，《新疆基本标准》提出，每年级每班学生数为小学 40—45 人，初中 45—50 人。所调查的 6 所学校的平均班额均符合标准值。（见表 5–1）

表 5–1　2016 年 S 县 6 所学校的班级数、学生数与平均班额人数

学校	班级数（个）	学生数（人）	平均班额（人）
YG 学校（小学部）	14	579	41
MD 小学	25	846	34
LG 小学	6	204	34

续表

学校	班级数（个）	学生数（人）	平均班额（人）
YG 学校（初中部）	32	1568	49
TY 中学	29	1201	41
HL 中学	15	620	41

二、办学设施的标准化建设状况

（一）生均校舍建筑面积

《新疆基本标准》规定，城市有 45 个班的九年制学校的生均校舍建筑面积应达到 5.5 平方米。农村 4—6 个班、12 个班、18 个班、24 个班的小学的生均校舍建筑面积应分别达到 4.52 平方米、6.35 平方米、5.75 平方米和 5.66 平方米。农村 12 个班、18 个班、24 个班的初中的生均校舍建筑面积应分别达到 7.80 平方米、7.01 平方米、6.66 平方米。同时《新疆基本标准》注明，完全小学、初级中学的生均校舍建筑面积指标未包括学生宿舍食堂的建筑面积（小学 5 平方米 / 生，初中 5.5 平方米 / 生）。所调查的 1 所县城九年制学校和 4 所农村学校的生均校舍建筑面积均达到了标准值。（见表 5–2）

表 5–2　2016 年 S 县 1 所县城九年制学校和 4 所农村学校的生均校舍建筑面积

学校	生均校舍建筑面积标准值（平方米 / 生）	校舍建筑总面积（平方米 / 生）	生均校舍建筑面积实际值（平方米 / 生）
YG 九年制学校	5.5	26075	12.14
MD 小学	5.66	7098.72	8.39
LG 小学	4.52	2362.3	11.58
TY 中学	6.66	10107.1	8.41
HL 中学	7.80	5090	8.21

（二）学校教育装备

从学校教育教学的基本要求和学生学习、活动的实际需要出发，配备的一定种类和数量的教学仪器设备、教育信息化设备、图书资料等教育装备，不仅可以为学校教育教学活动的顺利实施提供重要的物质保障，而且有利于促进学生的全面发展和提高教育质量。

1. 学科专用教学仪器设备

《新疆基本标准》提出，学校教学仪器设备配置基本满足实际需要，达到或超过《新疆维吾尔自治区中小学教学仪器设备配备标准（试行）》（新教基〔2010〕35 号）；理科实验室装备符合中华人民共和国教育行业标准《中小学理科实验装备规范》（JY/0385—2006）的要求；实验室建设和管理严格执行教育部《中小学实验室规程》（教基二〔2009〕11 号）。在收集到相关数据的 4 所学校中，除 LG 小学体育设备配齐率为 95%、综合实践活动设备配齐率为 75% 外，其他 3 所学校文理科教学仪器、体育设备、音乐设备、美术设备和综合实践活动设备等学科专用教学仪器设备配齐率均为 100%。（见表 5–3）

表 5–3　2016 年 S 县 4 所学校的各科专用教学仪器设备值及配齐率

项目值（元）及配齐率	YG 学校（小学部）	LG 小学	YG 学校（初中部）	TY 中学
文理科教学仪器值 配齐率	102000 100%	11000 100%	3019000 100%	5130000 100%
体育设备值 配齐率	71000 100%	6000 95%	239000 100%	727000 100%
音乐设备值 配齐率	46000 100%	10400 100%	129000 100%	104800 100%
美术设备值 配齐率	13000 100%	4000 100%	16000 100%	35000 100%
综合实践活动设备值 配齐率	76000 100%	800 75%	207000 100%	69000 100%

2. 信息化设备

《新疆基本标准》提出，按照《关于加强中小学远程教育工作的意见》（新政办发〔2009〕115 号）、《新疆维吾尔自治区中长期教育改革和发展规划纲要（2010—2020 年）》和“十二五”规划的要求及发展目标，配备学校信息化设备。所调查的 4 所学校的多媒体设备、远程教育设备、校园网设备等教育信息化设备配齐率均为 100%。（见表 5–4）

表 5–4　2016 年 S 县 4 所学校的信息化设备值及配齐率

项目值（元）及配齐率	YG 学校（小学部）	LG 小学	YG 学校（初中部）	TY 中学
多媒体设备值 配齐率	120620 100%	30000 100%	359380 100%	240000 100%
远程教育设备值 配齐率	7800 100%	7800 100%	18000 100%	18000 100%
校园网设备值 配齐率	3770 100%	1500 100%	11230 100%	15000 100%

此外，《新疆基本标准》要求，城镇计算机生机比小学达到 15∶1，初中达到 12∶1；乡村小学计算机生机比不低于 25∶1，中学不低于 20∶1。所调查 6 所学校中，除 MD 小学的生机比为 26.44∶1，未达到标准值外，其余 5 所学校均达到了标准值。（见表 5–5）

表 5–5　2016 年 S 县 6 所学校的生机比

学校	生机比标准值	总计算机数（台）	生机比实际值
YG 学校（小学部）	城镇小学：15∶1	49	11.82∶1
YG 学校（初中部）	城镇初中：12∶1	147	10.67∶1
MD 小学	乡村小学：25∶1	32	26.44∶1
LG 小学		42	4.86∶1
TY 中学	乡村中学：20∶1	64	18.77∶1
HL 中学		125	4.96∶1

3. 生均图书册数

《新疆基本标准》要求，生均藏书小学不少于20册，初中不少于30册。实际上，S县全县小学生均藏书16册，初中生均藏书13册，九年一贯制学校生均藏书仅有9册。就本次调查的6所学校而言，MD小学和LG小学生均藏书分别为14.18册和16册，未达到标准值；YG学校（小学部）为22.98册，达到了标准值。YG学校（初中部）、TY中学、HL中学分别为30.79册、38.43册、33.87册，均达到了标准值。（见表5–6）

表5–6　2016年S县6所学校的生均图书册数

学校	生均图书册数标准值（册/生）	总图书册数	生均图书册数实际值（册/生）
YG学校（小学部）	小学：20	13306	22.98
MD小学		12000	14.18
LG小学		3264	16
YG学校（初中部）	初中：30	48274	30.79
TY中学		46153	38.43
HL中学		21000	33.87

三、办学设施的校际均衡状况

（一）小学办学设施的校际均衡度

通过对调查数据的统计，所调查的3所小学之间在生均教学及辅助用房面积、生均教学仪器设备值和生均图书册数指标上的差异系数分别为是0.14、0.03和0.26，在生均体育运动场（馆）面积和每百名学生拥有计算机台数指标上的差异系数分别为是1.16和0.79（见表5–7）。由此而言，3所小学之间在生均教学及辅助用房面积、生均教学仪器设备值、生均图书册数方面的差异较小，均衡度较高，在生均体育运动场（馆）面积和每百名学生拥有计算机台数方面的差异较大，均衡度偏低。

表 5–7　S 县 3 所小学办学设施的校际差异

学校	YG 学校（小学部）	MD 小学	LG 小学	均值	标准差	差异系数
生均教学及辅助用房面积（平方米 / 生）	8.09	6.21	6.61	6.97	0.99	0.14
生均体育运动场（馆）面积（平方米 / 生）	8.09	2.77	37.31	16.08	18.60	1.16
每百名学生拥有计算机台数（台）	8.46	3.78	20.59	10.94	8.68	0.79
生均教学仪器设备值（元 / 生）	547.50	597.30	553.92	560.24	16.82	0.03
生均图书册数（册 / 生）	22.98	14.18	16	17.72	4.65	0.26

（二）初中办学设施的校际均衡度

经统计，所调查 3 所初中在生均教学及辅助用房面积、生均体育运动场（馆）面积、生均教学仪器设备值和生均图书册数指标上的差异系数分别为是 0.21、0.33、0.41 和 0.11，在每百名学生拥有计算机台数指标上的差异系数为 0.66，说明 3 所初中在生均教学及辅助用房面积、生均体育运动场（馆）面积、生均教学仪器设备值和生均图书册数方面的差异较小，均衡度较高，在每百名学生拥有计算机台数方面的差异较大，均衡度偏低。（见表 5–8）

表 5–8　S 县 3 所初中办学设施的校际差异

学校	YG 学校（初中部）	TY 中学	HL 中学	均值	标准差	差异系数
生均教学及辅助用房面积（平方米 / 生）	9.41	7.87	6.08	7.79	1.67	0.21
生均体育运动场（馆）面积（平方米 / 生）	8.90	18.03	15.79	14.24	4.76	0.33
每百名学生拥有计算机台数（台）	9.38	5.32	20.16	11.62	7.67	0.66
生均教学仪器设备值（元 / 生）	3669.01	8945.99	7546.77	6720.59	2733.78	0.41
生均图书册数（册 / 生）	30.79	38.43	33.87	34.36	3.84	0.11

四、教师队伍的标准化建设状况

（一）教职工与学生比及每班配备的教职工数

《新疆基本标准》提出，按中小学编制标准配齐配足各学科教师以及实验员和实验室管理人员等教学辅助人员。关于中小学编制标准，《新疆维吾尔自治区中小学机构编制管理规定》（新编委〔2013〕1 号）提出，城镇初中学生与教职工比 13.5∶1，生师比 15.9∶1；小学学生与教职工比 17∶1，生师比 18.7∶1；农村初中每班学生 30—45 人配备教职工 4 人，班师比 1∶3.4；农村小学每班学生 25—40 人配备教职工 2 人，班师比 1∶2。就 S 县所调查的 6 所学校来说，位于县城的 YG 学校（小学部）和 YG 学校（初中部）的教职工与学生比分别为 1∶21.44 和 1∶15.84，均未达到标准值（见表 5–9）。农村 4 所学校中，MD 小学和 LG 小学每班配备教职工数分别为 1.8 和 1.5，未达到标准值。TY 中学、HL 中学每班配备教职工数分别为 4.31 和 5.07，达到了标准值。（见表 5–10）

表 5–9　2016 年 S 县 2 所县城学校的教职工与学生比

学校	教职工与学生比标准值	教职工与学生比实际值
YG 学校（小学部）	小学：1∶17	1∶21.44
YG 学校（初中部）	初中：1∶13.5	1∶15.84

表 5–10　2016 年 S 县 4 所农村学校每班配备教职工数

学校	每班配备教职工数标准值	每班配备教职工数实际值
MD 小学	小学：2	1.8
LG 小学		1.5
TY 中学	初中：4	4.31
HL 中学		5.07

同时《新疆维吾尔自治区中小学机构编制管理规定》（新编委〔2013〕1 号）提出，确实需要配备职员、教学辅助人员、工勤人员的，

其所占教职工比例：初中不超过 15%、小学不超过 9%，农村学校可适当提高。所调查的 6 所学校中，YG 学校（小学部）、MD 小学、LG 小学的专任教师以外人员占教职工的比例分别为 7.41%、2.22% 和 0%，均达到了规定要求，YG 学校（初中部）、TY 中学、HL 中学的专任教师以外人员占教职工的比例分别为 2.02%、8.80%、6.58%，亦均达到了规定要求。（见表 5-11）

表 5-11　2016 年 S 县 6 所学校专任教师以外人员占教职工的比例

学校	其他人员占教职工的比例（%）标准值	教职工数（人）	专任教师数（人）	专任教师占教职工的比例（%）	其他人员占教职工的比例（%）实际值
YG 学校（小学部）	小学：不超过 9%	27	25	92.59	7.41
MD 小学		45	44	97.78	2.22
LG 小学		9	9	100	0
YG 学校（初中部）	初中：不超过 15%	99	97	97.98	2.02
TY 中学		125	114	91.2	8.80
HL 中学		76	71	93.42	6.58

（二）教师的学科专业结构

当前，S 县共有中小学教职工 3091 人（未入编特岗教师有 220 人），其中专任教师 2934 人。专任教师中，汉语文教师 326 人，占专任教师的 11.11%；维吾尔语文教师 610 人，占专任教师的 20.79%；汉语文教师 328 人，占专任教师的 11.18%；数学教师 719 人，占专任教师的 24.51%；英语教师 59 人，占专任教师的 2.01%；物理教师 87 人，占专任教师的 2.97%；化学教师 70 人，占专任教师的 2.39%；生物教师 60 人，占专任教师的 2.04%；政治教师 77 人，占专任教师的 2.62%；历史教师 63 人，占专任教师的 2.15%；地理教师 49 人，占专任教师的 1.67%；体育教师 143 人，占专任教师的 4.87%；音乐教师 50 人，占专任教师的 1.70%；美术教师 58 人，占专任教师的 1.98%；信息技术教师 58 人，占专任教师的 1.98%；其他学科教师 177 人，占专任教师的 6.03%。基于以上数据并结合中小学的课程开设情况，可以看出 S 县中小学的专任教师中，英语、音乐、美术、信息技术等学科的专业教师数量偏少，教师队伍仍然存在结构性短缺的问题，教师的学科专业结构还有待优化。

对 S 县 6 所义务教育学校音乐、美术、体育、信息技术 4 科教师配备情况的调查发现，位于县城的 YG 学校（小学部）、YG 学校（初中部）和位于农村的 HL 中学上述 4 科教师均已配齐，但其余 3 所农村学校上述学科教师有所短缺。其中 LG 小学音乐、体育、美术、信息技术均无专业教师。MD 小学无专业的信息技术教师，音乐、美术、体育专业教师分别为 1 人、2 人、2 人，班科比（指开设某一课程的班级数与该课专任教师的比例）分别为 25：1、12.5：1 和 12.5：1，3 科专业教师短缺。TY 中学音乐、美术、体育、信息技术专业教师分别为 2 人、1 人、9 人、3 人，班科比分别为 14.5：1、29：1、3.22：1 和 9.67 ：1，其中音乐、美术、信息技术专业教师存在短缺。（见表 5–12）

表 5–12　S 县 4 所学校音乐、美术、体育、信息技术专业教师数

学校	音乐	美术	体育	信息技术
MD 小学　人数（人） 班科比	1 25：1	2 12.5：1	2 12.5：1	0 —
LG 小学　人数（人） 班科比	0 —	0 —	0 —	0 —
TY 中学　人数（人） 班科比	2 14.5：1	1 29：1	9 3.22：1	3 9.67 ：1
HL 中学　人数（人） 班科比	2 7.5：1	2 7.5：1	4 3.75：1	3 5 ：1

（三）卫生专业技术人员、心理健康教育教师和远程教育管理员的配备情况

《新疆基本标准》规定，寄宿制学校或600人以上的非寄宿制学校至少要配备1名卫生专业技术人员，600人以下的非寄宿制学校要配备1名保健师或卫生专业技术人员。保健师由现任具有资格的教师担任。在所调查的4所农村学校中，600人以上的非寄宿制学校MD小学配备有1名卫生专业技术人员，符合《新疆基本标准》要求。寄宿制学校TY中学有1名兼职保健师，寄宿制学校HL中学和600人以下的非寄宿制学校LG小学既无卫生专业技术人员，亦无保健师，均未达到标准要求。（见表5–13）

同时《新疆基本标准》要求，农村学校600人以上的学校要配备1名专职心理健康教育教师。在所调查的3所600人以上的农村学校中，MD小学配备有1名专职心理健康教育教师，达到了《新疆基本标准》要求，TY中学和HL中学分别有兼职心理健康教育教师1名和2名，均未达到配备专职心理健康教育教师的要求。（见表5–13）

此外，《新疆基本标准》规定，每所学校应配备不少于2名专职或者兼职的远程教育管理员。在所调查的4所农村学校中，除HL中学配备有2名专职远程教育管理员外，其余3所学校均只有1名兼职远程教育管理员，均未达到配备不少于2名远程教育管理员的要求。（见表5–13）

表5–13　S县4所学校卫生专业技术人员、心理健康教育教师和远程教育管理员的配备情况

学校	卫生专业技术人员或保健师	心理健康教育教师	远程教育管理员
MD小学　人数（人）	卫生专业技术人员1	专职1	兼职1
LG小学　人数（人）	0	0	兼职1
TY中学　人数（人）	兼职保健师1	兼职1	兼职1
HL中学　人数（人）	0	兼职2	专职2

五、教师队伍的校际均衡状况

（一）小学教师队伍的校际均衡度

通过对调查数据的统计，所调查的 3 所小学之间在师生比和生均高于规定学历教师数指标上的差异系数分别是 0.1034 和 0.0523，在生均中级及以上专业技术职务教师数上的差异系数是 0.8571（见表 5–14）。上述数据说明，3 所小学之间在师生比和生均高于规定学历教师数方面的差异较小，均衡度较高，在生均中级及以上专业技术职务教师数方面的差异较大，均衡度偏低。

表 5–14　S 县 3 所小学师资的校际差异

学校	YG 学校（小学部）	MD 小学	LG 小学	均值	标准差	差异系数
师生比	0.0432	0.0520	0.0441	0.0464	0.0048	0.1034
生均高于规定学历教师数	0.0397	0.0426	0.0441	0.0421	0.0022	0.0523
生均中级及以上专业技术职务教师数	0.0017	0.0024	0.0000	0.0014	0.0012	0.8571

（二）初中教师队伍的校际均衡度

经统计，所调查 3 所初中之间在师生比、生均高于规定学历教师数和生均中级及以上专业技术职务教师数指标上的差异系数分别是 0.2942、0.2232 和 0.4195（见表 5–15）。由此可见，3 所初中之间在上述方面的差异均较小，均衡度均较高。

表 5–15　S 县 3 所初中师资的校际差异

学校	YG 学校（初中部）	TY 中学	HL 中学	均值	标准差	差异系数
师生比	0.0619	0.0949	0.1145	0.0904	0.0266	0.2942
生均高于规定学历教师数	0.0357	0.0475	0.0565	0.0466	0.0104	0.2232
生均中级及以上专业技术职务教师数	0.0140	0.0125	0.0258	0.0174	0.0073	0.4195

六、义务教育的普及程度

入学率与巩固率是反映教育普及程度的两个重要指标。关于入学率，《新疆维吾尔自治区县域义务教育均衡发展督导评估办法》（以下简称《新疆评估办法》）提出，县政府所在地小学适龄儿童、初中适龄少年入学率达到 100%；农村入学率小学 99% 以上，初中 98% 以上；牧区入学率小学、初中达到 98% 以上。所调查的 6 所学校中，位于县政府所在地的 YG 学校（小学部）的入学率为 100%，达到了标准值，位于县政府所在地的 YG 学校（初中部）的入学率为 99.44%，未达到标准值。农村小学 MD 小学和 LG 小学的入学率均为 100%，均已达到标准值。农村初中 TY 中学和 HL 中学的入学率分别为 99.70% 和 100%，均已达到标准值。（见表 5–16）

表 5–16　S 县 6 所学校的入学率

学校	入学率标准值	入学率实际值
YG 学校（小学部）	县政府所在地小学：100%	100%
YG 学校（初中部）	县政府所在地初中：100%	99.44%
MD 小学	农村小学：99% 以上	100%
LG 小学		100%
TY 中学	农村初中：98% 以上	99.70%
HL 中学		100%

关于巩固率，《新疆评估办法》规定，小学巩固率达 94% 以上，初中巩固率达 96% 以上。在所调查的 6 所学校中，YG 学校（小学部）、MD 小学和 LG 小学的巩固率分别为 97.26%、95.59% 和 94.00%，均达到了标准值，YG 学校（初中部）、TY 中学和 HL 中学的巩固率分别为 98.00%、96.00% 和 96.12%，亦均达到了标准值。（见表 5–17）

表 5–17　S 县 6 所学校的巩固率

学校	巩固率标准值	巩固率实际值
YG 学校（小学部）	小学：94% 以上	97.26%
MD 小学		95.59%
LG 小学		94.00%
YG 学校（初中部）	初中：96% 以上	98.00%
TY 中学		96.00%
HL 中学		96.12%

七、义务教育质量状况

（一）综合素质评定合格率

综合素质评定合格率、学生体质健康测试合格率、学生学业考试成绩合格率是反映教育质量的 3 个重要指标。《新疆评估办法》提出，综合素质评定合格率 99% 以上。就 S 县收集到相关数据的 5 所学校而言，YG 学校（小学部）和 LG 小学的学生综合素质评定合格率均为 100%，均达到了评估要求，YG 学校（初中部）、TY 中学和 HL 中学的学生综合素质评定合格率分别为 97.93%、97.00% 和 98.00%，均未达到评估要求。（见表 5–18）

表 5-18　S 县 5 所学校综合素质评定合格率

学校	综合素质评定合格率标准值	综合素质评定合格率实际值
YG 学校（小学部）	99% 以上	100%
LG 小学		100%
YG 学校（初中部）		97.93%
TY 中学		97.00%
HL 中学		98.00%

（二）体质健康测试合格率

《新疆评估办法》规定，学生体质健康测试合格率达 95% 以上。收集到相关数据的 5 所学校，即 YG 学校（小学部）、LG 小学、YG 学校（初中部）、TY 中学和 HL 中学学生体质健康测试合格率分别为 100%、97.00%、99.50%、97.00%、99.00%，均达到了评估要求。（见表 5-19）

表 5-19　S 县 5 所学校体质健康测试合格率

学校	体质健康测试合格率标准值	体质健康测试合格率实际值
YG 学校（小学部）	95% 以上	100%
LG 小学		97.00%
YG 学校（初中部）		99.50%
TY 中学		97.00%
HL 中学		99.00%

（三）学业考试成绩及格率

1. 小学学业考试成绩及格率与校际差异

关于学业考试成绩及格率，《新疆评估办法》提出，小学学业考试成绩及格率达到 95% 以上。在所调查的 3 所小学中，YG 学校（小学部）2015—2016 学年第二学期期末考试维吾尔语文、数学和汉语文 3 门课程的及格率分别为 100%、98.13% 和 98.98%，3 门课程总及格率为 99.04%，其 3 门课程及格率和总及格率全部达到了标准值。MD 小学 2015—2016 学年第二学期期末考试上述 3 门课程的总及格率为 60%，其学业考试成绩及格率未达到标准值。LG 小学 2015—2016 学年第二学期期末考试上述 3 门课程的平均分分别为 61.87、40.7、32.8，3 门课程的及格率分别为 63.99%、20%、11.04%，3 门课程的总及格率为 31.73%，其 3 门课程及格率和总及格率均未达到标准值。（见表 5–20）

表 5–20　S 县 3 所小学 2015—2016 学年第二学期期末考试成绩及格率

学校	小学学业考试成绩及格率标准值	维吾尔语文及格率实际值	数学及格率实际值	汉语文及格率实际值	总及格率实际值
YG 学校（小学部）	95% 以上	100%	98.13%	98.98%	99.04%
MD 小学		—	—	—	60.00%
LG 小学		63.99%	20.00%	11.04%	31.73%

同时，比较 3 所小学的学业考试成绩及格率，LG 小学与 MD 小学 3 门课程的总及格率相差 28.27 个百分点，与 YG 学校（小学部）相差 67.31 个百分点，MD 小学与 YG 学校（小学部）3 门课程的总及格率亦相差 39.04 个百分点。可见，3 所小学之间在学业考试成绩及格率方面存在着较大的差距。

2. 初中学业考试成绩及格率与校际差异

《新疆评估办法》规定，初中学业考试成绩及格率达到 85% 以上。在收集到相关数据的 S 县 2 所初中中，YG 学校（初中部）2015—2016 学年第二学期期末考试各门课程的成绩及格率如下：数学及格率 78.98%，维吾尔语文及格率 81.94%，汉语文及格率 60.48%，政治及格率 72.88%，历史及格率 73.84%，物理及格率 75.53%，化学及格率 77.88%，生物及格率 71.79%，地理及格率 70.35%，上述课程总及格率 80.77%，其各门课程及格率和总及格率均未达到标准值。另一所初中 HL 中学 7、8 两个年级 2015—2016 学年第二学期期末考试各门课程的成绩的平均分和及格率如下：数学平均分 26.5，及格率 5.9%，维吾尔语文平均分 54.8，及格率 47.1%，汉语文平均分 28.1，及格率 5.7%，政治平均分 49.6，及格率 33.4%，历史平均分 32.7，及格率 32.7%，物理平均分 21.4，及格率 0.5%，生物平均分 33.0，及格率 3.7%，地理平均分 41.7，及格率 41.7%，上述课程总平均分 36.7，总及格率 16.1%，其各门课程及格率和总及格率亦均未达到标准值（见表 5–21）。同时，2 所初中的总及格率相差 64.67 个百分点，可见，2 所初中之间在学业考试成绩及格率方面存在比较大的差距。

表 5–21　S 县 2 所初中 2015—2016 学年第二学期期末考试成绩及格率

初中考试成绩及格率	YG 学校（初中部）	HL 中学 7、8 年级
初中考试成绩及格率标准值	85%	
数学及格率实际值	78.98%	5.9%
维吾尔语文及格率实际值	81.94%	47.1%
汉语文及格率实际值	60.48%	5.7%
政治及格率实际值	72.88%	33.4%
历史及格率实际值	73.84%	32.7%
物理及格率实际值	75.53%	0.5%
化学及格率实际值	77.88%	—
生物及格率实际值	71.79%	3.7%
地理及格率实际值	70.35%	41.7%
总及格率实际值	80.77%	16.1%

第四节　S县义务教育均衡发展面临的问题与对策思考

一、S县义务教育均衡发展面临的主要问题

（一）办学设施存在部分短板，信息化设备的使用率不高

目前，S县义务教育学校办学条件得到很大改善，许多学校建起了新的教学楼和宿舍楼，教室宽敞明亮，大多数学校的教学仪器和信息化设备已配齐。同时亦存在部分短板，如部分学校图书数量不达标，体育设备、综合实践活动设备等未全部配齐，教学中数学、语文方面的教具、挂图配套较少，计算机数量虽已达标，但校际配置还不够均衡，宽带网络校校通、班班通建设步伐急需加快，一些新建了教学楼的学校在购置楼内配套用品，平整校园、改善校园环境方面存在资金困难，还有一些学校的校舍比较老旧，课桌椅损坏严重，一些学校没有食堂，即将实施的学生营养餐发放存在困难。此外，一个突出的问题是信息化设备的使用率不高。学校信息化管理服务人员数量不足，技术水平低、设备维护更新不及时，学校信息化设备的管理和使用理念跟不上时代发展要求，教师主动使用信息化设备和网络资源的意识不强。

（二）教师数量不足，双语教师短缺

教职工与学生比及每班配备的教职工数是判断教师数量的重要指标。《新疆维吾尔自治区中小学机构编制管理规定》（新编委〔2013〕1号）提出，城镇初中教职工与学生比1∶13.5，小学教职工与学生比1∶17；农村初中每班学生30—45人配备教职工4人；农村小学每班学生25—40人配备教职工2人。但实际上南疆部分学校的编制还未达到上述标

准。在S县参与调查的6所义务教育学校中，就有2所县城学校和2所农村小学未达到上述编制标准。

从全县中小学教职工的总量来看，目前S县共有在编中小学教职工2871人，尚缺少教职工411人。在教师总量不足的同时，S县尤其短缺双语教师。2015年，S县共有双语教师1770人，当年短缺双语教师664人。

（三）教师结构性短缺明显

从S县目前教师的配备现状和短缺情况来看，在中小学所有课程中，教师短缺量从大到小依次为音乐、美术、体育、信息技术、汉语文、德育、化学等课程的教师。对S县6所义务教育学校音乐、美术、体育、信息技术4科教师配备情况的调查发现，尽管有3所学校上述4科教师均已配齐，但其余3所学校上述学科教师有所短缺。

（四）教师流失严重，乡村教师流动频繁

特岗教师和新引进教师流失较大。S县每年招录的特岗教师和以人才引进方式招聘的新教师中，一半以上来自内地，对新疆的生活环境、语言环境等不适应、不习惯，尤其是在农村民族语言学校任教的汉族教师，由于没有民族语言基础，无论是与教师还是与学生，都存在交流难的问题，致使生活上比较孤独，工作上力不从心，总有部分汉族教师会想办法调到汉语学校任教或辞职。近年来，随着少数民族教师双语水平的提高，汉族教师和少数民族师生交往交流的增进以及农村教师生活条件的改善，年轻教师留不住的问题已有所改观，但仍有接近一半的特岗教师和新增教师选择离开现在的岗位。一些能够胜任教育教学工作的教师也存在流失的问题。

（五）双语教师质量不高

合格的双语教师应是复合型人才，其不仅需要具有较高的双语水平，而且要具有扎实的学科专业知识和一定的双语教学的知识和能力。

但目前许多教师还难以达到上述要求。首先，一些双语教师虽然具有较强的国家通用语言文字听、写能力，但普通话发音不够标准，语言表达能力较低，有些教师在课堂上不能完整表达教学内容或意思表达不准确，导致学生难以完整、准确地理解教学内容，学习中出现困难，学习积极性随之下降。其次，一些汉族教师缺乏少数民族语言的学习和训练，与少数民族学生交流互动不流畅，导致教学出现困难。再次，“由于双语教育迅速发展，迫于教师队伍建设的压力，在教师招聘中有相当数量的专业不对口或非师范类专业人员进入教师队伍。这些教师尽管学历高，多为本科，但专业基础知识水平较差，教学技能不足，常常不能直接胜任教学工作”①。最后，学校中一些年龄较大的教师，他们在掌握新的教育观念与教学策略，在运用双语进行教学上都存在较大困难。

（六）教师的信息技术应用能力还有较大提升空间

中小学教师信息技术应用能力是“中小学教师运用信息技术改进其工作效能、促进学生学习成效与能力发展，以及支持其自身持续发展的专业能力”②。在教育信息化背景下，教师信息技术应用能力的提升，是教师有效使用信息技术设备和利用网上优质教育资源，实现信息技术与教学融合以及促进自身专业发展的基本保证。为了了解义务教育学校教师的信息技术应用能力，我们采用自编的“义务教育学校教师信息技术应用能力问卷”对S县19所义务教育学校的129名教师进行了问卷调查。问卷采用李克特五点量表法，五个选项分别为“不符合”“不太符合”“基本符合”“符合”“非常符合”。调查结果显示，S县教师的信息技术应用能力平均值为3.37，介于“基本符合”与“符合”之间，说明所调查教师的信息技术应用能力总体上处于中等偏上水平。同时，该平

① 林玲:《新疆双语教师队伍建设的困境和思考》，载《中国民族教育》，2016（1）。

② 祝智庭、闫寒冰:《〈中小学教师信息技术应用能力标准（试行）〉解读》，载《电化教育研究》，2015（9）。

均值尚未达到“符合”水平，与“非常符合”之间更是有着较大距离，表明教师的信息技术应用能力还有比较大的提升空间。

（七）部分学校教育质量亟待提升

目前S县部分义务教育学校的教学质量不高，学生综合素质、学业考试成绩尚未达到自治区基本办学标准的要求，学校的办学水平和教育质量亟待提升。考察发现，影响学校教育质量的因素主要包括以下一些方面。一是师资力量薄弱，教师工作任务繁重，师资队伍不稳定严重制约了教育质量的提升。二是部分学生的国家通用语言文字能力基础薄弱，加之现有教材内容难度大，导致一些学生在课堂教学中往往难以充分理解学习内容，学习较为吃力。三是部分学生的学习兴趣和积极性不高，一些学生常常不能完成作业。

二、制约S县义务教育均衡发展的因素

（一）县级财政收入减少，教育经费保障压力加大

石油产业是S县的重要税收来源，近年受国际油价持续低位运行的影响，S县石油税收大幅减收。2015年S县石油税收收入完成51494万元，占公共财政预算收入的67.31%，同比减收24596万元，下降32.32%。石油税收等的减少，使S县财政收支压力加大，按计划实施义务教育学校标准化建设、推进义务教育均衡发展的资金缺口大，县财政教育投入保障压力增大。2015年S县教育总投入虽然比2014年增长333万元，但中小学公用经费同比减少123万元，教育项目资金同比减少4880万元。

（二）教师编制管理不够完善

相对于2003年颁布的《新疆维吾尔自治区中小学机构编制管理暂行规定》（新政办发〔2003〕103号），2013年颁布的《新疆维吾尔自治

区中小学机构编制管理规定》(新编委〔2013〕1号)对中小学编制有了适当调整和增加。但S县对中小学教师编制的核定未及时按新的编制标准予以调整，导致目前实际核定的教师编制数与应该核定的教师编制数存在差距，从而影响了所需教师的及时补充。目前，S县实际核定的中小学编制为2639名。但按照《新疆维吾尔自治区中小学机构编制管理规定》(新编委〔2013〕1号)规定的编制标准，S县中小学应核定编制3252名，应该核定的编制与实际核定编制相差613名。与此同时，S县目前未形成动态的中小学编制管理机制，一些学校的学生人数和班级数虽然已经发生了较大变化，但编制却未得到及时调整，导致一些学生人数增加、班级数增长的学校一方面教师数量不足，另一方面却无相应的编制补充教师。

(三)教师的工作任务繁重，工作压力大

当前S县的教师，尤其是乡村学校教师的工作任务繁重，工作压力大，这主要表现在以下三个方面。一是一些学校教师数量总体不足导致这些学校教师的教学工作量普遍较大，如MD小学教师人均周教学量接近20节，同时大部分教师要担任班主任工作。另对S县129名教师的问卷调查显示，有24名教师的周课时量超过20节，占所有调查教师人数的18.6%。二是教师的培训任务重，工学矛盾突出。为了促进教师专业发展，S县每年选派外出培训教师人数多、周期长，尤其是双语教师的培训，时长达两年以上，离岗集中学习虽有助于保证学习效果和质量，但却使在岗教师工作量加大，严重影响学校正常的教育教学工作。即使是在岗教师，也常常需要利用课余和假期时间参加政治学习、双语学习、信息化培训、法制学习等培训学习活动。三是教师的工作任务繁杂。部分教师除了要开展教育教学工作和参加培训学习外，还要承担填写各种表格、整理资料、迎接相关部门检查等工作，甚至有些学校的教师还要参加乡镇的扶贫走访工作。这些事务加重了教师的工作负担和压力，使教师正常的教研活动减少，难以专心于教育教学，不利于教师专

业成就感和认同感的形成。

（四）教师待遇与教师期待存在一定差距

对S县19所义务教育学校129名教师的问卷调查显示，认为自己的收入在本地属于上等的人数比例为1.6%，中上等为3.1%，两者相加仅为4.7%，认为自身的收入属于中等的人数最多，占比47.3%，认为自身收入属于中下等的占28.7%，下等的占7%，后两者相加达35.7%。这表明有超过三分之一的教师认为自己的收入在中等以下。南疆教师的待遇与教师的期待存在一定距离，付出和回报不成比例是导致教师“招不进、留不住”的一个重要原因。

（五）双语教师培训质量和效果不理想

目前，S县对不具备双语教学能力的在职教师采取多种措施实施脱产培训，但据一些校长和教师反映，目前双语教师培训的质量和效果还不够理想。如HL中学的校长在访谈中指出，一些已接受双语教师培训的教师回校后仍然不能胜任双语教学工作。究其原因，主要有以下方面。一是一些培训时间较短，教师难以在短期内在国家通用语言学习方面取得根本性的进步；二是在疆内培训，教师虽然在课堂上学习国家通用语言文字，但在生活中缺乏使用国家通用语言文字的机会和环境，影响了培训效果；三是自上而下缺乏有效的双语教师培训督导和考评机制，导致培训质量难以保证；四是培训内容以书面语言学习为主，有关语言表达能力、文化修养的培养存在不足，在双语教学规律与双语教学策略的培训方面存在不足。

三、推进S县义务教育均衡发展的对策思考

（一）重新核定教师编制，建立动态的教师编制管理机制

根据《新疆维吾尔自治区中小学机构编制管理规定》提出的城镇学校中小学教职工与学生比和农村学校每班配备教职工数对各个中小学校和全县中小学编制总量进行重新核定。同时建立县域内总量控制、结构平衡、动态管理的中小学教职工编制管理机制。县级教育部门在核定的编制总额内，按照班额、生源等情况统筹分配各校教职工编制，及时互补余缺，对学生数或班级数增加的学校增加相应编制，学生数或班级数下降的减少编制，确保全县各学校编制均衡合理。

（二）提升教师的总报酬水平，完善教师激励政策

"是总报酬水平决定了教学与其他职业相比所具有的吸引力……总的报酬太低，将会出现教师缺乏或者教学只能吸引不合格的个体的情况。"[①] 因此，提高教师的总报酬，使教师的总报酬水平足够吸引合格人才加入并安心于教育教学工作是解决南疆教师问题的关键。教师的总报酬不仅包括教师的收入，而且包括福利、工作条件、社会地位等多方面的内容。因此，有关教师激励政策的完善亦需要从多个方面入手。首先，通过中央财政转移支付和自治区政府教育经费统筹等方式增加南疆教师队伍建设投入，提高乡村教师和双语教师的生活待遇。其原因主要包括以下两个方面：一是南疆教师的工作任务繁重，尤其是双语教师的工作量远远大于普通教师，其特殊的付出只有得到特殊的报酬，才能有效地调动双语教师的工作积极性并吸引更有人才加入教师队伍；二是相对于其他地区的教师来说，在南疆地区工作的教师，尤其是在乡村工作的教师，其工作、生活条件更为艰苦，同时一些来自其他地区的教师还要面对文化适应、照顾不到家庭等困难，这些方面的问题也往往需要通

① ［加拿大］J.P. 法雷利：《教育政策与规划》，刘复兴译审，167页，重庆，西南大学出版社，2011。

过增加收入加以补偿。其次，贯彻落实《南疆双语教育质量提升行动计划（2016—2020年）》，“教师职务（职称）评聘重点向教学一线、农村边远学校、双语教育岗位教师倾斜。乡村教师评聘职称（职务）时不作外语成绩（外语教师除外）、发表论文刚性要求”[①]。教师的称职既是影响教师收入的一个重要因素，亦是显示教师地位的一种标志。在现有基础上，促进教师顺利晋升职称，既有助于教师收入的提高，亦是对其地位和工作价值的一种肯定。最后，为已在岗但未入编的教师创造条件落实编制，完善教师住房安置、基本养老保险费缴纳等社会保障制度，解除教师后顾之忧，为教师提供一个安居乐教的生活环境。

（三）拓宽教师补充渠道，探索形成教师退出机制

第一，充分运用“特岗计划”补充教师。实施新疆“特岗计划”，进一步扩大特岗教师规模，同时关心特岗教师的工作和生活，保证特岗教师与在编教师享有同等的待遇和培训学习的机会。第二，完善招聘政策。一方面通过放宽招聘对象户籍条件、年龄条件以及内地高校新疆籍少数民族应届毕业生报考条件等措施，扩大招聘对象范围，另一方面研制双语教师岗位标准，并依据岗位标准和当地学校实际需求选拔招录用得上的合格教师。第三，鼓励新疆和援疆省市的师范院校根据新疆教育实际需求，采用定向、定制方式扩大双语教师培养规模，同时探索小学“一专多能”教师的培养模式，为南疆地区农村小规模学校培养“一专多能”的教师。第四，进一步推动顶岗支教工作，缓解教师短缺问题。第五，在全力补充合格教师的同时，“对部分由于年龄、语言基础等原因不能适应双语教育教学要求的教师，在对其教学成绩、突出贡献进行充分尊重和肯定的基础上，通过合理调配岗位、提前安排退休、提高福利待遇等方式，优化双语师资队伍”[②]。

---

① 新疆维吾尔自治区教育厅“双语”教学工作领导小组办公室：《关于印发〈南疆双语教育质量提升行动计划（2016—2020年）〉的通知》（新教双〔2016〕8号），2016年9月1日，新疆维吾尔自治区教育厅网，http://www.xjedu.gov.cn/xjjyt/wjgz/2016/100638.htm。

② 陈立鹏、李海峰：《民汉双语教育：从顶层设计至基层管理》，载《民族教育研究》，2016（4）。

（四）完善双语教师培训体系

第一，对双语教师培训者进行培训，优化双语教师培训师资，同时选配优秀的培训师资送培到校，结合各个学校教师队伍和教育教学实际对教师进行校本培训。第二，研究制定双语教师培训评价标准，并在此基础上建立双语教师培训考核评价机制，以科学的考评促进培训过程的改进，确保培训取得实效。第三，组织优质培训团队研发适合新疆双语教师培训的各类文本和电子资源，通过高质量培训资源的共享和广泛使用，保障教师培训质量。第四，通过培训需求调研和培训后期跟踪调研，充分了解培训教师的内在需求，及时总结培训的得失，并据此调整培训方案的制订和培训活动的实施，不断提升培训的适切性和有效性。

（五）尊重教师的专业自主性，促进教师的职业认同

教师队伍建设的根本在于提升教师的职业认同，即教师个体对“教师”这一职业及内化的职业角色的意义和对自我重要程度的积极的认识和评价。① 当前，南疆义务教育学校教师职业认同的提升不仅需要提高教师的待遇，而且需要减少教师除教育教学以外的事务和压力，让教师能够专心于教育教学工作，进而通过专业投入和有力的专业支持，获得职业成长，体验到自身职业所带来的成就感和自豪感。“越是在艰苦的环境中，越应该尊重教师的专业自主性，以此培养教师的专业自豪感和自信心。因此，建议减少对教师非专业性工作的要求，尊重他们的专业性，并提供制度上和组织上的支持，为他们提升专业能力提供足够的空间。”②

（六）改善学校办学设施，提升学校信息设备使用效益

根据调查，S 县各个义务教育学校办学设施的短缺情况不尽相同，为此，需要根据学校办学设施的短缺情况，一校一策，配齐学校急需的设施。与此同时，为了避免教育设备，尤其是信息设备的闲置和浪费，

① 王鉴、苏杭：《略论乡村教师队伍建设中的“标本兼治”政策》，载《教师教育研究》，2017（1）。
② 林玲：《新疆双语教师队伍建设的困境和思考》，载《中国民族教育》，2016（1）。

急需采取措施促进学校信息设备的使用效益。一是通过配齐信息化管理和服务人员，提升其水平，保证学校相关设备能够得到及时维护、正常运转和方便使用。二是各个学校营造使用信息技术的良好氛围，通过学校领导在学校管理和教学中带头使用信息技术和对自觉使用信息技术教师进行表彰等方式，提升广大教师运用信息技术的主动性和设备使用效益，并通过信息技术的实践运用，不断锻炼提高教师的信息技术应用水平。

第六章　新疆维吾尔自治区X县义务教育均衡发展调查与思考

为了调查了解新疆维吾尔族聚居区县域内义务教育均衡发展的进展，课题组于2017年4月对新疆X县进行了实地调查，其间访问了县教育局和城乡的6所义务教育学校。

第一节　X县经济社会与教育发展基本状况

X县位于新疆南部，天山南麓，塔里木盆地北缘，总面积5820.46平方公里，辖5乡、3镇、1个国有农场，2016年末全县总户数47843户，总人口193329人，其中乡村人口134782万人，乡村人口占总人口的比例为69.72%；城镇人口58547人，城镇化率30.28%。2017年，全县总人口193030人，其中乡村人口133586人，占比69.20%；城镇人口59444，城镇化率30.80%。X县是一个以维吾尔族为主体的多民族聚居县，2017年，维吾尔族人口182043人，占全县总人口的94.31%。

2015年，X县地方生产总值38.25亿元；城镇居民人均可支配收入23473元，农牧民人均纯收入11803元。2016年，全县地方生产总值42亿元。按常住人口计算，人均生产总值21725元；城镇居民人均可支配收入25853元，农村居民人均纯收入12900元。减少贫困人口1997户7075人。

近年来，X县经济保持中高速发展，但是财政收入总量依然较小，财政自给率较低，地方财政支出大于收入，不足部分由上级财政转移支付来补足。2016 年 X 县财政收入为 233958 万元，其中上级补助一般公共预算收入 177414 万元（包括年初一般转移支付收入 45973 万元、新增一般转移支付收入 61556 万元、新增专项转移支付收入 69487 万元、新增政府性基金专项收入 398 万元），地方一般公共预算收入 42416 万元，政府性基金预算收入 4056 万元，调入资金 10072 万元。当年 X 县一般公共预算支出为 198042 万元，将一般公共预算收入与一般预算支出进行比较可知，X 县地方财政自给率仅为 21.42%。

2016 年，X 县有各级各类学校 98 所，其中幼儿园 32 所、小学 54 所、初中 10 所、高中 1 所、职业技术学校 1 所（有 30 个班）；高中学生 4590 人，教学班 62 个；义务教育阶段学生 29393 人，教学班 792 个，其中初中 7477 人，教学班 171 个；小学 21916 人，教学班 621 个；幼儿园 6827 人，教学班 206 个；全县 10 所初中中，8 所为寄宿制学校，初中住校生 4678 人，占比 62.57%；全县幼儿园和中小学接受双语教育学生 25243 人（幼儿园 5826 人、小学生 16897 人、初中生 2149 人、高中生 371 人），接受双语教育学生占少数民族在校学生数（38646 人）的比例为 65.32%，其中小学 81.06%、初中 33.35%、高中 12.62%。

全县教职工 2441 人。义务教育阶段在编教职工 1904 人，专任教师 1717 人，其中小学专任教师 1109 人，初中专任教师 608 人。

2016 年，X 县义务教育学校标准化建设通过预检。

第二节　X 县推进义务教育均衡发展的主要措施

一、科学规划，明确工作任务和职责，建立督导和责任追究制度

第一，科学规划，明确工作目标和职责。X 县经调研、论证，县委、

县政府下发了《X 县义务教育标准化建设规划》《X 县义务教育均衡发展规划》《X 县创建教育强县规划》《X 县义务教育标准化建设实施方案》《X 县义务教育均衡发展实施方案》《X 县创建教育强县实施方案》等六个文件，明确了各年度工作目标和措施，并将工作目标任务层层落实到具体的责任人，层层签订了责任书，明确了政府和相关部门在学校标准化建设中的职责任务并将此项工作与领导干部的年终考核挂钩。

第二，成立了以县长为组长、四套班子分管领导为副组长、各成员单位主要负责同志为成员的县义务教育标准化建设工作领导小组，确立了由分管教育县领导主持召开的创建教育强县工作每月一例会制度和县委、县政府主要领导主持召开的创建教育强县工作每季度一联席会议制度。

第三，积极自查，有效落实整改措施。X 县按照《新疆维吾尔自治区义务教育学校标准化建设督导评估办法》和《新疆维吾尔自治区县域义务教育均衡发展督导评估办法》认真开展了义务教育学校标准化建设和均衡发展自查工作。在自查的基础上，针对存在的问题，研究制定了年度推进计划及一系列推进措施，为实现义务教育学校标准化建设和均衡发展奠定了基础。

第四，建立了督导检查和责任追究制度，出台了《X 县义务教育学校标准化建设督导检查制度》和《X 县义务教育学校标准化建设责任追究制度》，并据此对学校排查、摸底、测算等工作进行督导。

二、持续增加教育经费投入

2015 年，X 县一般公共预算支出 180830 万元，其中教育支出 42938 万元，教育支出占地方一般公共预算支出的比例为 23.74%。2016 年，X 县一般公共预算支出 198042 万元，其中教育支出 49717 万元，教育支出占一般公共预算支出的比例为 25.10%。与 2015 年相比，2016 年 X 县教育支出增长 6779 万元，增长率 15.79%。2017 年，X 县地方一般公共财政支出250837万元，其中教育支出52501万元，教育支出占一般公共预算支出的比例为20.93%。与2016年相比，2017年X县教育支出增长2784万元，增长率5.60%。

三、改善学校办学设施

近年来，X县的校舍等基础设施和教学仪器设备得到了较大改善。在学校校舍等建设项目方面，2013年以来，X县实施的教育建设项目达186个。其中：校舍维修项目84个，新建校舍33583平方米，投入资金7976万元；农村义务教育薄弱学校改造项目63个，新建校舍42995平方米，投入资金9324万元；寄宿制初中标准化建设项目5个，新建校舍13973平方米，投入资金3057万元；乡村教师周转宿舍项目28个，新建校舍15120平方米，投入资金2604万元；农村初中双语寄宿制项目2个，新建校舍8200平方米，投入资金1790万元；新建300米标准塑胶运动场4个，投入资金2292万元。共计新建校舍113871平方米，运动场38800平方米，投入资金27043万元。

在教学仪器设备方面，2015年11月，X县通过BT模式完成了义务教育学校标准化建设仪器设备的公开招标，总资金16248万元。根据供货合同，从2015年12月底开始供货，截至2016年7月底，义务教育学校的学生课桌椅、食堂餐桌、双语教育资源平台服务器、直录播教室设备等设备以及实验仪器、音体美课程教学仪器、劳动技术教育仪器等教学仪器配送到位。

四、推进教师队伍建设

近年来，X县主要采取了下列措施促进义务教育教师队伍的发展。

第一，多渠道引进教师。2014—2016年，X县共招录特岗教师152人。与此同时，X县每年以人才引进的方式招聘数量不等的大学生加入教师队伍。如2013年X县引进了29名紧缺学科的优秀大学毕业生充实到农村教师队伍中。2016年秋季学期，X县与某民办教育集团合作，通过购买教育资源的方式，从内地引进中小学师资约300名，分配给相关学校各20名，在一定程度上缓解了双语师资不足的问题。

第二，科学规划、推进教师培训。为了提升教师培训的规范性、科学性和实效性，X县依据本县教师实际，从培训宗旨、目标和内容等方面对教师培训进行了详细的规划，并采用学时登记与教师年度考核挂钩的方式进行组织管理。2014年，第五个五年周期教师继续教育完成15%，2015年完成25%，2016年完成80%。

第三，建立骨干教师团队，建立激励机制，发挥引领作用。截至2016年，X县已建立地区级教学能手培养工作室1个、县级教学能手培养工作室6个，培养骨干教师120名、学科带头人75名，初步形成了骨干教师团队，同时为了发挥骨干教师团队的引领作用，逐步建立了骨干教师激励机制。

第四，农村教师每月与乡镇干部一起享受基层补贴，人均每月200元。

五、通过组织教研活动和教学比赛促进教育质量的提升

第一，将教研工作纳入县教育事业总体发展规划。分年度召开区域教学工作会议，制订下发县教研工作计划，每月形成教研工作安排，定期召开专题会议研究解决教育工作中存在的实际问题，并通过逐步落实教研员编制、人员调整、保障教研投入等措施促进教研活动的规范和教研质量的提升。

第二，组织和鼓励教师参与说课大赛、课件大赛、优质课大赛、优秀教学设计等教学和教研比赛，锻炼提升教师队伍素质。

第三，组织教师参加地区级以上各类教学和教研比赛达1800余人次，获各类奖项1000余项。

六、通过校长、教师交流轮岗和组建学校发展联盟缩小学校办学差距

第一，实施县域内校长、教师定期交流轮岗。如 2013 年对 8 名中学校长、书记进行了交流调整，同时选派 9 名城区学校优秀教师到农村学校支教，10 名农村教师到城区跟班学习。再例如 2016 年，共有 51 名义务教育教师参与了教师定期交流，参与交流的教师人数占义务教育教师数的 2.97%，其中小学 30 人，交流比例 2.7%，初中 21 人，交流比例 3.5%。

第二，制定了《X 县义务教育阶段学校发展联盟三年发展规划》和《X 县义务教育阶段学校发展联盟实施方案》，整合县域内优质教育资源，以优质学校为牵头学校，在全县试点组建了 4 个义务教育学校联盟，推进全县教学质量、师资水平高位拉动和强弱校携手均衡发展，逐步缩小各校办学水平的差距。

七、建立了“控辍保学”机制

第一，严格学籍管理。访谈中一位有 8 年教龄的教师谈道：“我们现在转走一个学生必须有接受学校才能同意转走，现在每个学生都有一个学籍，都是网络连通的，都要严抓转出转进。”

第二，班主任给学生做思想工作，告诉学生上学的意义，并通过家长会、家访等方式与家长联系沟通，宣传义务教育法，让家长支持孩子接受义务教育。

第三，出现学生不来上学情况，学校的班主任、年级组长和学校领导要及时追踪查明原因，并联系社区、村委会和教育局对学生进行劝返。2016 年，X 县小学适龄儿童入学率达到 99.81%，初中阶段入学率达到 97.30%，九年义务教育巩固率为 89.78%。

八、为农村学生提供每天 4 元的营养膳食补助

自 2012 年初开始，X 县提前开展学生营养改善计划，县财政自筹资金 1211.33 万元按照每生每天 3 元的标准，为 10186 名村级小学学生免费提供一顿午餐。在全县 44 所村级小学率先实施“免费午餐工程”。2016 年秋季开始，X 县正式纳入国家营养改善计划试点县。按照每生每天 4 元，全年 800 元（学生全年在校时间按 200 天计算）的标准，为农村义务教育阶段学生提供营养膳食补助，所需资金全部由中央财政承担。现 X 县 57 所农村学校（小学 50 所、初中 7 所）全部纳入营养改善计划试点学校，享受营养餐学生 22675 名（小学 17142 名、初中 5533 名）。

九、给予寄宿生和贫困生资助

当前，X 县给予每位住校生每学期 750 元，每学年 1500 元的补助，并且不收取寄宿费。同时，贫困生能够得到政府、社会和学校教师的数额不等的资助。

通过对 DE 小学校长和部分教师的访谈，我们了解到，该校学生资助的对象主要为留守儿童、父母外出打工由爷爷奶奶照顾的儿童、残疾儿童、家境比较困难的品学兼优的儿童等。一般政府对于贫困生的资助体现在每个学生身上，如免费体检、免费保险等。生产建设兵团和援疆指挥部也会定期给一部分学生资助。此外，有来自社会爱心人士和企业的资助，一年一般会有两次，一学期一次，每次有 15—20 名儿童接受资助，全校学生 15% 的覆盖率。一般金额 200—1000 元不等，还有一些物品资助，比如书包、衣服等。

第三节　X 县义务教育均衡发展的现状

一、学校规模与班额

《新疆基本标准》提出，完全小学、独立初中、完全中学初中部班数 12—30 个，九年一贯制学校班数 18—36 个。同时提出，集中办学的学校规模，小学以 480—1350 人、初中以 540—1500 人为适宜规模。X 县 54 所小学中，2 所学校（均为县城学校，学生数分别为 1948 人和 1521 人）的学生数超过了 1350 人，13 所学校的学生数在 480—1350 人，39 所学校的学生数低于 480 人，其中 10 所学校人数低于 200 人。10 所初中中，2 所（学生数分别为 437 人和 509 人）低于 540 人，其余学校人数在 666—999 人，规模均较为适宜。

此外，《新疆基本标准》提出，每年级每班学生数为小学 40—45 人，初中 45—50 人。X 县 54 所小学中，3 所县城小学（平均班额分别为 54.32、47、51、45.73）和 1 所镇中心小学（平均班额 52.8）的平均班额超过了 45 人，这 4 所学校存在大班额问题。其余小学平均班额均低于 45 人。10 所初中的平均班额均低于 50。

在实地走访调查的 6 所学校中，DE 小学和 KN 中心小学的平均班额分别为 47.51 和 52.80，超过了标准值，其余 4 所学校的平均班额均小于 45 人。（见表 6–1）

表 6–1　2016—2017 学年 X 县 6 所学校的班级数、学生数与平均班额人数

学校	班级数（个）	学生数（人）	平均班额（人）
DE 小学	41	1948	47.51
KN 中心小学	20	1056	52.8

续表

学校	班级数（个）	学生数（人）	平均班额（人）
AY 村小	12	548	45.67
KT 村小	7	193	27.57
DE 中学	16	666	41.63
YQ 中学	21	999	47.57

二、办学设施标准化建设现状

（一）生均校舍建筑面积

《新疆基本标准》规定，城市有 45 个班的九年制学校的生均校舍建筑面积应达到 5.5 平方米，30 个班以上的完全小学应达到 5.2 平方米，18 个班的初中应达到 7.1 平方米。农村 4—6 班、12 班、18 班、24 班的小学的生均校舍建筑面积应分别达到 4.52 平方米、6.35 平方米、5.75 平方米和 5.66 平方米。农村 12 班、18 班、24 班的初中的生均校舍建筑面积应分别达到 7.80 平方米、7.01 平方米、6.66 平方米。同时《新疆基本标准》注明，完全小学、初级中学的生均校舍建筑面积指标未包括学生宿舍食堂的建筑面积（小学 5 平方米 / 生、初中 5.5 平方米 / 生）。从全县来看，X 县 64 所义务教育学校中有 52 所学校的校舍建筑面积达到了上述标准，达标率为 81.25%。从实地调查的 6 所学校来看，位于县城的 DE 中学和位于乡镇的 KT 小学、YQ 中学的生均校舍建筑面积分别为 15.69 平方米、6.80 平方米和 12.82 平方米，均达到了标准值，位于县城的 DE 小学和位于乡村的 KN 中心小学、AY 村小的生均校舍建筑面积分别为 3.70 平方米、4.69 平方米和 2.55 平方米，未达到标准值。（见表 6–2）

表 6–2　2016—2017 学年 X 县 6 所学校的生均校舍建筑面积

学校	生均校舍建筑面积标准值（平方米 / 生）	校舍建筑总面积（平方米 / 生）	生均校舍建筑面积实际值（平方米 / 生）
DE 小学	5.2	7212	3.70
DE 中学	7.1	10451.23	15.69
KN 中心小学	5.75	4956	4.69
AY 村小	6.35	1400.08	2.55
KT 村小	4.52	1312.95	6.80
YQ 中学	6.66	12810	12.82

（二）生机比

《新疆基本标准》提出，城镇计算机生机比小学达到 15 : 1，初中达到 12 : 1；乡村小学计算机生机比不低于 25 : 1，中学不低于 20 : 1。所调查 6 所学校中，除 DE 中学和 KT 村小的生机比达到标准值外，其余 4 所学校均未达到了标准值。（见表 6–3）

表 6–3　2016—2017 学年 X 县 6 所学校的生机比

学校	生机比标准值	总计算机数实际值（台）	生机比实际值
DE 小学	城镇小学：15 : 1	100	19.48 : 1
DE 中学	城镇初中：12 : 1	80	8.26 : 1
KN 中心小学	乡村小学：25 : 1	10	105.6 : 1
AY 村小		20	27.4 : 1
KT 村小		20	9.65 : 1
YQ 中学	乡村中学：20 : 1	20	49.95 : 1

（三）班班通配置状况

从全县来看，2016 年 X 县义务教学学校共有教学班 792 个，已装备班班通设备 476 套，班班通覆盖率为 48.97%。从实地调查的 6 所学校来看，DE 小学、DE 中学、KN 中心小学、AY 村小、KT 村小、YQ

中学装备的班班通套数分别为41、16、11、5、3、18，班班通覆盖率分别为100%、100%、55.00%、41.67%、42.86%、85.71%。

（四）生均图书册数

《新疆基本标准》要求，生均藏书小学不少于20册，初中不少于30册。实际上，截至2016年6月，X县小学生均藏书13册，初中生均藏书20册。就本次调查的6所学校而言，除了位于县城的DE小学和DE中学生均图书册数达到标准值外，其余4所学校的生均图书册数均未达到标准值。（见表6–4）

表6–4　2016—2017学年X县6所学校的生均图书册数

学校	生均图书册数标准值（册/生）	总图书册数	生均图书册数实际值（册/生）
DE小学	小学：20	41273	21.19
KN中心小学		8237	7.8
AY村小		4746	8.66
KT村小		2322	12.03
DE中学	初中：30	25206	37.85
YQ中学		20230	20.25

三、办学设施的校际均衡状况

（一）小学办学设施的校际均衡度

通过对调查数据的统计，所调查的4所小学之间在生均教学及辅助用房面积、生均图书册数指标上的差异系数分别为是0.25和0.49，在生均体育运动场（馆）面积和每百名学生拥有计算机台数指标上的差异系数分别为是0.57和0.79（见表6–5）。由此而言，4所小学之间在生均教学及辅助用房面积和生均图书册数方面的差异较小，均衡度较高，在生均体育运动场（馆）面积和每百名学生拥有计算机台数方面的差异较大，均衡度较低。

表 6–5　2016—2017 学年 X 县 4 所小学办学设施的校际差异

学校	生均教学及辅助用房面积（平方米 / 生）	生均体育运动场（馆）面积（平方米 / 生）	每百名学生拥有计算机台数（台）	生均图书册数（册 / 生）
DE 小学	2.53	3.64	5.13	21.19
KN 中心小学	3.79	7.31	0.95	7.8
AY 村小	2.55	15.90	3.65	8.66
KT 村小	4.19	9.05	10.36	12.03
均值	3.27	8.98	5.02	12.42
标准差	0.83	5.14	3.96	6.13
差异系数	0.25	0.57	0.79	0.49

（二）初中办学设施的校际均衡度

经统计，所调查 2 所初中在生均教学及辅助用房面积、生均体育运动场（馆）面积和生均图书册数指标上的差异系数分别为是 0.42、0.41 和 0.43，在每百名学生拥有计算机台数和生均教学仪器设备值指标上的差异系数分别为 1.01 和 0.52（见表 6–6）。说明 2 所初中在在生均教学及辅助用房面积、生均体育运动场（馆）面积和生均图书册数方面的差异较小，均衡度较高，在每百名学生拥有计算机台数和生均教学仪器设备值方面的差异较大，均衡度较低。

表 6–6　2016—2017 学年 X 县 2 所初中办学设施的校际差异

学校	生均教学及辅助用房面积（平方米 / 生）	生均体育运动场（馆）面积（平方米 / 生）	每百名学生拥有计算机台数（台）	生均教学仪器设备值（元 / 生）	生均图书册数（册 / 生）
DE 中学	4.84	14.07	12.01	4903.90	37.85
YQ 中学	2.62	7.69	2	2250.25	20.25
均值	3.73	10.88	7.01	3577.08	29.05
标准差	1.57	4.51	7.08	1876.41	12.45
差异系数	0.42	0.41	1.01	0.52	0.43

四、教师队伍的标准化建设状况

（一）教师数量达标情况

《新疆基本标准》提出，按中小学编制标准配齐配足各学科教师以及实验员和实验室管理人员等教学辅助人员。关于中小学编制标准，《新疆维吾尔自治区中小学机构编制管理规定》（新编委〔2013〕1 号）提出，城镇初中学生与教职工比 13.5∶1，生师比 15.9∶1；城镇小学学生与教职工比 17∶1，生师比 18.7∶1；农村初中每班学生 30—45 人配备教职工 4 人，班师比 1∶3.4；农村小学每班学生 25—40 人配备教职工 2 人，班师比 1∶2。截至 2016 年底，X 县 54 所小学中，22 所学校的生师比或班师比已达到上述标准值，32 所未达标值，达标率 40.74%。其中 4 所县城小学中，2 所学校的生师比已达标，2 所学校尚未达标。50 所农村小学中，20 所学校的班师比已达标，30 所尚未达标。X 县 10 所中学中，7 所的生师比或班师比已达标，达标率 70%。其中 3 所县城中学中，2 所学校的生师比达标，1 所学校尚未达标。7 所农村中学中，5 所学校的班师比已达标，2 所学校尚未达标。总体来看，相对于中学而言，X 县小学教师数量不足的问题更为突出。

（二）教师的专业对口率

2016—2017 学年，X 县 1717 名义务教育学校专任教师中，专业对口人数 1612 人，对口率为 93.88%。其中小学专任教师 1109 人，专业对口人数 1049 人，对口率为 94.59%；初中专任教师 608 人，专业对口人数 563 人，对口率为 92.60%。

（三）教师的学历结构

X 县义务教育学校教师的学历全部达标，学历合格率 100%，小学教师以大专学历为主，有部分教师只具有中专学历。具体来说，在

2016—2017学年，X县1109名小学专任教师中，具有中专、大专和本科学历的教师分别为47人、812人和250人，占比分别为4.24%、73.22%和22.54%，其中高于规定学历的教师占比为95.76%。初中608名教师中，具有大专、本科和研究生学历的教师分别为280人、327人和1人，占比分别为46.05%、53.78%和0.16%，其中高于规定学历的教师占比为53.95%。

（四）卫生保健师、现代教育技术人员和心理健康教育教师的配备情况

《新疆基本标准》规定，寄宿制学校或600人以上的非寄宿制学校至少要配备1名卫生专业技术人员，600人以下的非寄宿制学校要配备1名保健师或卫生专业技术人员。保健师由现任具有资格的教师担任。实际上，2017年初X县共有义务教育学校卫生保健师64人，校均1人。

同时《新疆基本标准》要求，每所学校应配备不少于2名专职或者兼职的远程教育管理员。但实际上，2017年初X县共有现代教育技术人员64人，校均只有1人，未达到每所学校应配备不少于2名远程教育管理员的要求。

此外，《新疆基本标准》规定，城市中小学要根据实际需要配备1—2名专职心理健康教育教师；农村学校600人以上的学校要配备1名专职心理健康教育教师。2017年初X县共有心理健康教育教师16人，但均为兼职，不符合城市中小学和农村学校600人以上学校应配备专职心理健康教育教师的要求。

五、教师队伍的校际均衡状况

（一）小学教师队伍的校际均衡度

通过对调查数据的统计，X县全县54所小学之间在师生比和生均高于规定学历教师数指标上的差异系数分别是0.3151和0.3333，在生

均中级及以上专业技术职务教师数上的差异系数是0.6292（见表6–7）。上述数据说明，X县小学之间在师生比和生均高于规定学历教师数方面的差异较小，均衡度较高，在生均中级及以上专业技术职务教师数方面的差异较大，均衡度较低。

表6–7　X县小学师资的校际差异

学校	学生数	教师数	高于规定学历教师数	中级及以上专业技术职务教师数	师生比	生均高于规定学历教师数	生均中级及以上专业技术职务教师数
X县小学1	1521	62	62	12	0.04	0.04	0.01
X县小学2	1948	121	121	23	0.06	0.06	0.01
X县小学3	657	27	25	6	0.04	0.04	0.01
X县小学4	686	41	41	4	0.06	0.06	0.01
X县小学5	1041	39	37	9	0.04	0.04	0.01
X县小学6	194	11	10	0	0.06	0.05	0.00
X县小学7	298	13	10	4	0.04	0.03	0.01
X县小学8	284	15	15	3	0.05	0.05	0.01
X县小学9	548	16	15	4	0.03	0.03	0.01
X县小学10	371	17	16	6	0.05	0.04	0.02
X县小学11	193	14	13	2	0.07	0.07	0.01
X县小学12	529	21	20	4	0.04	0.04	0.01
X县小学13	221	13	13	2	0.06	0.06	0.01
X县小学14	649	38	38	7	0.06	0.06	0.01
X县小学15	522	21	21	1	0.04	0.04	0.00
X县小学16	342	21	20	5	0.06	0.06	0.01
X县小学17	473	18	18	3	0.04	0.04	0.01
X县小学18	235	12	12	4	0.05	0.05	0.02
X县小学19	783	25	23	6	0.03	0.03	0.01
X县小学20	292	14	14	0	0.05	0.05	0.00
X县小学21	291	15	15	3	0.05	0.05	0.01
X县小学22	359	14	14	2	0.04	0.04	0.01
X县小学23	267	13	12	2	0.05	0.04	0.01
X县小学24	286	14	13	2	0.05	0.05	0.01

续表

学校	学生数	教师数	高于规定学历教师数	中级及以上专业技术职务教师数	师生比	生均高于规定学历教师数	生均中级及以上专业技术职务教师数
X 县小学 25	599	27	24	6	0.05	0.04	0.01
X 县小学 26	230	11	11	1	0.05	0.05	0.00
X 县小学 27	188	11	8	3	0.06	0.04	0.02
X 县小学 28	223	21	21	2	0.09	0.09	0.01
X 县小学 29	697	36	35	9	0.05	0.05	0.01
X 县小学 30	173	11	11	1	0.06	0.06	0.01
X 县小学 31	210	10	10	1	0.05	0.05	0.00
X 县小学 32	251	15	15	2	0.06	0.06	0.01
X 县小学 33	371	16	15	4	0.04	0.04	0.01
X 县小学 34	274	11	10	1	0.04	0.04	0.00
X 县小学 35	168	11	9	0	0.07	0.05	0.00
X 县小学 36	153	13	12	1	0.08	0.08	0.01
X 县小学 37	109	10	9	1	0.09	0.08	0.01
X 县小学 38	638	34	30	10	0.05	0.05	0.02
X 县小学 39	170	12	12	1	0.07	0.07	0.01
X 县小学 40	199	14	14	2	0.07	0.07	0.01
X 县小学 41	266	10	10	4	0.04	0.04	0.02
X 县小学 42	249	11	11	2	0.04	0.04	0.01
X 县小学 43	344	20	20	2	0.06	0.06	0.01
X 县小学 44	125	16	16	3	0.13	0.13	0.02
X 县小学 45	312	21	21	1	0.07	0.07	0.00
X 县小学 46	152	12	11	2	0.08	0.07	0.01
X 县小学 47	712	39	34	0	0.05	0.05	0.00
X 县小学 48	307	14	14	3	0.05	0.05	0.01
X 县小学 49	292	14	11	3	0.05	0.04	0.01
X 县小学 50	222	11	11	0	0.05	0.05	0.00
X 县小学 51	264	14	13	0	0.05	0.05	0.00
X 县小学 52	490	19	17	1	0.04	0.03	0.00
X 县小学 53	328	15	14	0	0.05	0.04	0.00
X 县小学 54	180	12	12	1	0.07	0.07	0.01

续表

学校	学生数	教师数	高于规定学历教师数	中级及以上专业技术职务教师数	师生比	生均高于规定学历教师数	生均中级及以上专业技术职务教师数
均值					0.0549	0.0522	0.0081
标准差					0.0173	0.0174	0.0051
差异系数					0.3151	0.3333	0.6292

（二）初中教师队伍的校际均衡度

经统计，X 县 10 所初中之间在师生比、生均高于规定学历教师数和生均中级及以上专业技术职务教师数指标上的差异系数分别是 0.1437、0.2870 和 0.3783（见表 6–8）。由此可见，X 县初中之间在上述方面的差异均较小，均衡度均较高。

表 6–8　X 县初中师资的校际差异

学校	学生数	教师数	高于规定学历教师数	中级及以上专业技术职务教师数	师生比	生均高于规定学历教师数	生均中级及以上专业技术职务教师数
X 县中学 1	757	46	29	25	0.0608	0.0383	0.0330
X 县中学 2	666	51	38	21	0.0766	0.0571	0.0315
X 县中学 3	509	52	25	27	0.1022	0.0491	0.0530
X 县中学 4	999	78	40	26	0.0781	0.0400	0.0260
X 县中学 5	687	60	19	19	0.0873	0.0277	0.0277
X 县中学 6	780	64	23	30	0.0821	0.0295	0.0385
X 县中学 7	437	36	25	4	0.0824	0.0572	0.0092
X 县中学 8	941	73	38	25	0.0776	0.0404	0.0266
X 县中学 9	845	83	57	31	0.0982	0.0675	0.0367
X 县中学 10	856	65	34	19	0.0759	0.0397	0.0222
均值					0.0821	0.0446	0.0304
标准差					0.0118	0.0128	0.0115
差异系数					0.1437	0.2870	0.3783

第四节 X 县义务教育均衡发展存在的问题与对策思考

一、X 县义务教育均衡发展存在的问题与困难

（一）城镇学校存在大班额、校舍不足等问题

如前所述，位于 X 县县城的 DE 小学和位于 YQ 镇的 KN 中心小学的平均班额分别为 47.51 和 52.8，这两所学校的生均校舍建筑面积亦未达到自治区的义务教育办学基本标准，存在大班额和校舍面积、校园占地面积不足等问题。DE 小学的校长在访谈中谈道："校园面积太不足了，我们学校三个楼现在用得满满的，现在连个功能室都不全。"一位有 7 年教龄的老师亦谈道："我们这个学校的占地面积是一个定值，目前这么多的学生，但是校园面积是比较狭小的，我们的空间少，不像乡下，乡下的运动场地是比较宽广的，这会制约学生的个性发展；其次是学生多的情况下，功能室的实施运用就会拥挤，你比如说这个计算机室，这么多学生只有一间两间，肯定不能满足啊，科学实验室在教学上肯定不能满足啊，图书室的阅览肯定不能满足。这就是因为人数多，而我们的场地又是有限的。"另据了解，KN 中心小学在 2015 年建成了新的校园，但由于校园旁新建了住宅小区，生源增长很快，导致班额过大，校舍依旧不能满足需要。该校教导主任介绍，该镇"就是中心小学人数比较多，你进教室一看全都是满满的。近三年学生人数都这么多，因为 BH 小区一盖起来人立马就多了，原来都是 700—800 人，现在小区盖起来就是 1000 多人，好多人转到我们这边来，我们转学现在教育局安排很严，都是统一的，教育局划片说 BH 小区的学生要到我们这里来上学，有些家长把证明都拿来了，但我们只能告诉他们班额已经满了。我们正

在新建教学楼，但就算建好了还是有点挤。”

X 县城镇学校存在大班额、校舍不足等问题的原因主要有：第一，X 县对城镇常住人口和学龄人口的变化趋势缺乏充分的预判，在新建学校时未能根据学龄人口快速增长的趋势留足学位，导致部分城镇学校新校园刚建成就学位紧张，不能满足学生就近入学需要；第二，与城镇学校相比，乡村学校在师资、教学仪器设备和教学质量方面较弱，一部分家庭总想将自己的孩子送进教学质量较好的城镇学校上学，择校之风一时难以遏止。

（二）部分学校办学设施存在短板，且校际之间配置不够均衡

近些年，X 县尽管投入了大量资金为学校购置办学设施，但由于所缺办学设施数量大，到目前为止，许多学校的计算机、图书等教育资源的配备数仍未达到标准化建设的要求。同时，学校虽然通了互联网，但网络光纤的传输量太小，不能满足教学信息化的需要。DE 小学的校长在访谈中说道：“我们学校的网络光纤，连 20M 或 10M 都没有，像那次我们整了一个直播网络课堂，最少要 50M 才能正常运行，但是不行啊，反正就是各种因素吧，条件不允许，但是我们逐步还是要努力往那个方向弄，要不然我们很多设备都用不上。”

此外，X 县办学设施的配置尚不够均衡。无论小学还是中学，校际之间在每百名学生拥有计算机台数方面的差异都较大，均衡度较低。同时，小学之间在生均体育运动场（馆）面积方面差异较大，均衡度较低，初中在生均教学仪器设备值方面的差异较大，均衡度较低。

（三）教师数量不足，双语教师尤其紧缺

尽管 X 县通过“特岗计划”等方式引进了一些教师，但目前教师数量仍然不足，其中小学教师短缺数量更大，全县 54 所小学中，仅有 22 所学校的生师比或班师比达到自治区办学基本标准，达标率仅为 40.74%。有些学校教师不足，就让学校的教辅、工勤人员也上课。同

时，随着双语教育的推进，双语教师不足的问题愈加突出。

X县教师数量不足的原因主要有以下一些方面：一是当地尤其是当地农村地区的生活和工作条件相对艰苦；二是教师的工作任务重，压力大，工作付出和待遇不平衡，农村教师每月200的基层补贴发放不及时，每月360元的班主任津贴的发放也是时断时续；三是一些内地去的教师不能适应当地的语言和生活环境；四是新进教师只有参加并通过新疆维吾尔自治区面向社会公开招聘教师的考试才能拥有教师编制，而没有编制则很难吸引和留住教师。

（四）学校普遍存在教师结构性短缺问题，乡村学校教师结构性短缺问题更为严重

经调查，X县县城学校DE小学音乐、美术、体育教师人数分别为3、7、4。班科比分别为13.67∶1、5.86∶1、10.25∶1，其中音乐、体育教师短缺。另据DE小学的校长和教师介绍，该校的科学和思想品德课教师也不足。该校一位29岁的年轻教师表示，学校对“音体美抓的不是很紧，学生只掌握了一些文化知识，对个人特长方面教师少开设的课程比较少，应该是让学生再掌握一些课外知识，在课堂学不到的知识，比如音乐、舞蹈之类的”。同时，DE中学一位5年教龄的老师提到，“比较缺的就是音乐、数学、体育、生物、政治等课程的老师，基本缺至少一名，学校音乐老师就没有”。此外，据不完全统计，在X县YQ镇9所小学中，2所小学没有专职的音乐教师和美术教师，4所小学没有专职的美术教师，1所小学没有专职的音乐教师，1所小学没有专职的体育教学。由以上数据可见，在X县义务教育学校普遍存在缺少音乐、美术、体育等课程教师的问题，农村学校教师的结构性短缺问题更为严重。

（五）小学中高级职称教师数量非常少且校级之间配置不均衡

X县中级及以上专业技术职称教师数量较少。X县1717名义务教

育学校专任教师中，中级及以上专业技术职称教师 411 人，占教师总数的比例仅为 23.94%。就小学和初中两个学段来说，小学 1109 名专任教师中，中高级职称教师共 184 人，占比仅为 16.59%，初中 608 名专任教师中，中高级职称教师共 227 人，占比 37.34%。小学中高级职称教师比例与初中相差 20.75 个百分点。与初中相比，小学中高级职称教师数量非常少，教师职称普遍不高。同时，小学之间在生均中高级职称教师数方面差异较大，均衡度较低，校际中高级职称教师配置不均衡。

（六）义务教育巩固率未达到自治区义务教育办学基本标准

尽管 X 县采取了“控辍保学”措施，但截至 2017 年，该县九年义务教育巩固率为 89.78%，尚未达到《新疆维吾尔自治区县域义务教育均衡发展督导评估办法》提出的小学巩固率达 94% 以上、初中巩固率达 96% 以上的标准。

二、推进 X 县义务教育均衡发展的对策思考

（一）通过合理规划县域教育发展、及时新建或改扩建学校和发展乡村教育等措施解决“城镇挤、乡村弱”问题

一是在对常住人口和学龄人口的变化趋势进行调研和预判的基础上，按照常住人口规模和学龄人口的变化趋势制定或调整县域城乡教育发展规划，合理规划城乡义务教育学校布局，预留足够的义务教育学校用地。对于学校建设不足和未达到配建学校标准的小规模居住区，当地政府应及时统筹新建或改扩建配套学校，确保足够的学位供给，满足学生就近入学需要。二是重视乡村教育发展，提高并落实乡村教师待遇，推动乡村教师专业发展，积极改善乡村学校办学条件和办学水平，缩小城乡教育发展差距。三是进一步严格贯彻就近入学的原则和划片招生的政策。

（二）在保证教师政策稳定性的同时，积极引进教师

在调查中，我们了解到，为了吸引并切实扩充教师队伍，X县将在2017年实施新的教师引进政策。新政策在两个方面做出调整：一是拥有大学本科文凭和教师资格证的人员只要通过面试，不需要参加自治区的招聘教师考试即可进入教育系统，直接走上有编制的教育岗位；二是提高引进教师的工资并为教师提供安居房。上述政策显示出当地政府对教师队伍建设的重视。但为了保证当地教师政策的稳定性和协调性，同时需要注意两个问题。一是当地政府部门需要确定教师招聘的标准和专业要求，确保新引进教师具有从事教育教学工作的基本素质并在学科专业方面符合当地教育发展的需要。二是新引进教师的工资、住房等待遇若高于特岗教师和在岗教师，可能会影响特岗教师和在岗教师的工作积极性。因此，在教师待遇方面应统筹兼顾，在提高新进教师待遇的同时，亦应保证特岗教师和在岗教师享有同等的待遇。

（三）根据当地教师队伍实际确定教师职称晋升标准，优化教师职称结构

从当地教师队伍的实际出发，适当增加中级和高级教师职称名额，同时放宽中级和高级职称的评聘要求，增加义务教育，尤其是小学中高级职称教师的比例，优化义务教育教师职称结构。

第七章　宁夏回族自治区 L 区义务教育均衡发展调查与思考

为了了解西北民族地区经济社会发展水平较高地区和回族聚居区县域内义务教育均衡发展的进展，课题组于 2018 年 6 月底至 7 月初对宁夏 W 市 L 区进行了实地调查，其间收集了 L 区义务教育均衡发展相关资料数据，实地调查了城区的 1 所小学和 1 所初中、乡镇的 1 所九年制学校和乡村的 1 所小规模学校。

第一节　L 区经济社会与教育发展基本状况

L 区隶属于宁夏回族自治区 W 市，地处宁夏平原中部，依黄河东岸。全区总面积 1384 平方公里，辖 8 镇 4 乡，100 个行政村，3 个农场（办），21 个社区。2017 年末全区常住人口 414781 人。其中，城镇人口 265404 人，占全区常住人口的 63.99%，乡村人口 149377 人，占全区常住人口的 36.01%；2017 年末，全区公安户籍总人口 410885 人。其中回族人口 256734 人，占总人口的 62.48%，汉族人口 152250 人，占总人口的 37.05%，其他民族人口 1901 人，占总人口的 0.46%。人口出生率 13.07‰，死亡率 3.92‰，自然增长率 9.15‰。L 区的产业主要包括轻工纺织、现代农业、少数民族食品用品、机械装备制造和健康产业。

2017 年，全区实现地区生产总值 189.5 亿元，人均 44611.22 元。三次产业占地区生产总值的比重为 9.3∶62.0∶28.7。当年一般公共预算收入完成 28389 万元，一般公共预算支出完成 140141 万元。全年城镇居民人均可支配收入 27386.7 元，其中，工资性收入 15847.4 元，经营净收入 2312.1 元，转移净收入 7844.0 元，财产净收入 1383.2 元。全年农村居民人均可支配收入 13669.7 元。其中，工资性收入 7689.9 元，经营净收入 5191.5 元，转移净收入 788.3 元。

L 区教育事业由 W 市教育局直接管理。2017 年末 L 区共有幼儿园 46 所，在园幼儿 13474 人；小学 60 所，在校生 40708 人；初中 16 所，在校生 20071 人；特殊教育学校 1 所，在校生 118 人；普通高中 3 所，在校生 9580 人。辖区专任教师 5348 人，其中，初中专任教师 1284 人，高中专任教师 751 人。

L 区 2008 年通过了国家“两基”验收，2014 年通过国家义务教育基本均衡县验收认定。

第二节　L 区推进义务教育均衡发展的主要措施

一、强化政府职责，抓部署，建立保障机制

2012 年 8 月，W 市政府召开了全市义务教育均衡发展推进会，对推进义务教育均衡发展工作进行了动员、部署。W 市政府与市教育、财政等部门及各县（市、区）政府签订了目标责任书。按照“教育优先投入”的原则，把义务教育纳入地方财政保障范围，农村税费改革转移支付资金 65% 用于教育，城市教育费附加 100% 用于教育，土地出让金净收益 100% 用于教育。市委、人大、政府、政协的主要领导和分管领导先后专项调研义务教育均衡发展工作，现场办公，协调解决学校建设、

教育用地等重大问题。同时，W市多次组织人员到自治区外义务教育均衡发展工作先进地区及自治区内兄弟学校进行观摩、学习、取经，并邀请专家就推进义务教育均衡发展工作举行专题讲座和培训。

二、加大教育投入，推进义务教育学校标准化建设

2011—2014年，L区共投入1.36亿元，为学校新建校舍、运动场和购置教育教学仪器设备，办学条件得到较大改善。

首先，W市投资8万元购买了办学条件统计软件，精确统计各学校办学条件状况，为教学实验仪器、设备的配备提供了可靠的数据支持。

其次，严格按照《宁夏义务教育阶段学校办学基本标准》的配备要求，按必配原则，缺什么补什么，为各学校配置各学科教学设备仪器和图书、计算机。2012—2013年，L区共投入资金4362万元，为学校配置功能室设备及学科仪器设备。2012—2014年，L区共投入资金2701万元，为学校购置学生教学用计算机和教师备课用计算机共7162台。实现教师人手一机。同时，对规模较小、学生较少的农村小学，保证拥有一个30台电脑的微机室。

此外，L区投资2800万元为义务教育段的881个班级配备了液晶触控一体机或电子白板等数字化教学设备。2011—2014年，通过自治区教育厅配备、市教育局采购、学校自购、社会各界捐赠等形式，L区义务教育学校新增图书共69.8万册，总价值690万元。

截至2015年，L区小学生均设备值由2013的1624.16元提升至2313.33元，初中生均设备值由2013年的1940.3元提升至2755.04元。

三、多渠道补充教师，建立教师统筹配置和编制动态调整机制

第一，通过招聘特岗教师、招录免费师范生、事业单位选聘等形式补充教师，重点补充英语、体育、美术等薄弱学科教师，不断加强教

师队伍建设。2012 年招聘特岗教师 130 人、免费师范生 30 人、经编委会研究外市县选调 35 人；2013 年招聘特岗教师 147 人、免费师范生 29 人、事业单位招聘 69 人、外市县选调 15 人；2014 招聘特岗教师 89 人、免费师范生 46 人、事业单位招聘 135 人，外市县选调 63 人。三年增加教师 788 人，净增 300 多人，缓解了教师严重不足的问题。

第二，建立城乡义务教育学校教职工编制统筹配置机制和跨区域调整机制。教职工由“学校人”变为“系统人”，逐步实现教职工编制城乡、区域统筹和动态管理，盘活编制存量，提高使用效益。

四、职称评审向农村教师倾斜

2016 年印发的《 W 市乡村教师支持计划（2015—2020）实施细则》提出，长期在农村中小学、幼儿园工作且现仍在教学岗位上的教师，连续工作 15 年晋升中级职称，连续工作 25 年晋升副高级及以上职称，且符合评审条件，历年年度考核合格以上者，经所在单位研究同意，教育主管部门审核，公示无异议的，可不受专业技术岗位结构比例限制，直接参加专业技术资格评审。

五、实施校长能力与教师专业水平提升行动

第一，为了提升校长能力和学校管理的水平，先后对 210 多名学校管理干部进行提高性培训，组织 151 名校长参加国家教育行政学院的远程培训，分 3 批组织校长到山东潍坊参加培训，培养了一批具有先进教育思想和较高管理水平的学校领导。

第二，以名师培养、骨干教师培养、中小学教师全员培训、薄弱学科教师培训等为主要内容，加大教师培训力度。其中：“国培计划”培训教师 3250 人；通过“请进来，走出去”的方式先后组织千余名教师到区内外参加培训；创新培训模式，与宁夏大学教育学院合作对 116 名

新招特岗教师进行全封闭集中培训；利用暑期，分四批组织200多名教师外出培训；针对农村中小学音乐、体育、美术兼职教师较多的情况，组织106名非专业教师，进行了为期一个月的专业技能培训；加强学科带头人和骨干教师培训，实施新一轮的骨干教师培训培养计划；继续深入实施名师工程，建立名师工作室，通过名优教师“名师送教”“送教下乡”等活动充分发挥名师的示范、引领、辐射带动作用。2014年共组织教师培训项目20个，参与培训教师5769人次，培训经费205.8万元。

六、推动优质教育资源共享和学校共同发展

第一，建立校长教师交流机制和教师代培制度。2012年以来，实行城市之间、城乡之间、农村学校之间校级领导交流制。同时，建立教师交流机制，实行城乡捆绑、强弱结对等方式进行1对1的支教和代培学习制，尤其是对新招聘的特岗教师实行全部分配到农村学校任职，先由城区优质中小学代培两年，然后到分配学校就职。2012年交流教师332人，占专任教师2718人的12.21%；2013年交流教师412人，占专任教师3103人的13.28%；2014年交流教师369人，占专任教师3091人的11.94%。

第二，实施校际结对帮扶捆绑发展。2012年制定了《关于中小学结对帮扶捆绑发展实施方案》，将24所学校分中学、小学、幼儿园3组结成12对帮扶捆绑发展对象，实现管理互通、计划同盘、人才同用、活动同行、研训互动、文化共建、资源同享、合作交流，农村薄弱学校办学条件得到了改善，管理水平得以提升，促进了共同发展。

第三，开展区域联片教研共同体建设。整合优质教学资源，根据学段的不同、学校性质的不同，进行优化组合，出台了《关于构建区域联片教研共同体的实施意见》和《名师工作室建设实施方案》，努力构建“校际联合结对、区域联片组团、市外联谊结盟”的共进发展模式。

第四，成立学校发展共同体，推进集团化办学。2014年W市出

台了《推进优质教育资源共享试点实施方案》，采取“两个校区、一个法人、一套班子、独立核算、独立核编、统一管理、资源共享、共同发展”的管理办法，实行“人事、财务、管理、业务、评估”五统一制度，采取“优质高中+初中”“优质学校+新校”“优质学校+分校”“优质学校+弱校”的形式，组建学校发展共同体。自2014年以来，W市L区已成立了8组教育发展共同体。2017年，颁布《W市推进优质教育资源集团化行动计划》，该行动计划打破地域、学校性质等限制，形式更加丰富。撤销近郊农村学区，其中心学校和所属村小以及城区新建小学调整至城区优质小学教育集团所属；撤销独立建制的3所农村初中，调整至城区优质初中教育集团所属。2018年，W市教育局召开了扩大优质教育资源集团化办学推进会。会议交流了集团化办学经验，安排了2018年集团化办学工作，发布了2018年W市L区集团化办学实施方案。

七、多措并举解决大班额问题

2017年，W市L区城区有小学12所，在校生25220人，有教学班412个，班均61.2人，其中大班额175个，占42.48%，超大班额130个，占31.55%；有初中5所，在校生14448人，有教学班235个，班均61.5人，其中大班额119个，占50.64%，超大班额59个，占25.11%。面对上述大班额问题，W市L区采取了以下措施。

第一，2016年，制定了《W市L区消除大班额专项规划》，明确了消除大班额的总体目标，到2018年秋季开学，基本消除66人以上的超大班额，且之后不再新增超大班额；到2020年底前，基本消除56人以上的大班额，且之后不再新增大班额。制定了消除大班额规划的时间表和路线图以及工作措施。同时，一校一案，按照实际情况，因地制宜，制定了本校的《消除大班额专项规划》。

第二，加快城区学校建设，增加学位供给，为消除大班额提供条件保障。通过征地、将学校周边拆迁置换空地划拨教育、平房改建楼房等多种方式，改建、扩建或迁建、新建学校，扩大学校校舍面积和体育运动场地面积，增加城区学校的学位供给。近年来，已迁建、改扩建10所小学，新建了4所小学。2017年再迁建1所中学，改扩建1所小学，2018年规划新建1所小学分校和1所中学，2019年规划新建2所小学和1所中学，届时，可新增小学学位10000个，初中学位3000个，基本能够满足城镇中小学生的就学需求，为消除大班额提供保障。

第三，严格控制起始年级班额。2017年秋季，各中小学起始年级招生控制在54人以内；2018年秋季，义务教育段将小学、初中起始年级招生班额分别控制在52人和54人以内，坚决杜绝超计划招生，坚决杜绝起始年级产生新的大班额。

第四，加强学籍管理，规范转学秩序。各中小学，必须将班额控制在56人以内，没有空余学位的学校不得接收转入学生，坚决杜绝因转学而产生新的大班额。

第五，引导分流。加大宣传引导力度，推进优质资源集团化行动，通过建立“名校+分校+弱校”，安排名师、骨干教师到新校、弱校工作等举措，增加新校、弱校的吸引力，让新校、弱校很快得到家长、社会的认可，最大限度地减少择校，逐步消除大班额。

八、采取措施解决择校、择师问题

除通过推进集团化办学等方式促进优质教育资源共享外，W市L区还采取了以下措施解决择校、择师问题。

第一，划片招生，就近入学。2017年，W市教育局印发《W市区中小学生学籍管理办法》，提出义务教育阶段适龄儿童，按照“免试、就近、划片、分配”的原则，就近入学。“城区及城郊小学招生计划由教育局制定、下发，学校按教育局划定招生片区进行招生，严禁跨片招生；城区及城郊初中由教育局按片区进行招生，发放招生入学通知书，学生持入学通知书到学校报到、注册，学校私自招收的学生不予注册学籍；各村小、中心小学招生计划由中心学校制定、下发；乡镇初中招生计划由学校根据片区内就读的适龄学生情况制定、执行。”2018 年 8 月，《W 市教育局关于进一步做好普通中小学招生入学工作的通知》要求，城区、城郊学校由教育局根据学校分布、学校规模、区域内适龄儿童少年数，按照就近免试入学的原则，科学地为每所学校划定招生服务片区范围，并向各学校下达招生计划，各学校严格按照招生计划进行招生。各小学在招生过程中，尤其是择校矛盾突出的焦点学校，必须坚持公平公正的阳光招生政策。城区各初级中学由教育局统一进行招生，各学校不得私自招生，私自招收的学生教育局一律不予注册学籍。学校私自招生或未经教育局审批私自转学，造成学生人在籍不在，影响升学录取，后果由当事人及学校负责，并予以通报批评，当年学籍管理年终考核成绩一票否决。

第二，实施优质普通高中招生指标 60% 分配到区域内初中学校制度，并适当向薄弱初中、农村初中学校倾斜。第三，均衡分班，解决择师问题。义务教育阶段学校不得设置“重点班”“尖子班”。小学由各学校依据招收学生数、性别、居住片区等因素对学生进行均衡编班。中学依据招收学生数、性别、毕业学校、学业成绩等因素对学生进行均衡编班。对于择师择班矛盾比较突出的中学由学校依据招收学生数、性别、毕业学校、学业成绩等因素，通过计算机系统排位进行编班，由教育局基础教育科、监察室进行监督，学校要坚决执行编班结果，并按分班结果在全国中小学生学籍系统中进行录取，不得私自调班调整学籍。

九、实施教育质量“十抓十提升”，促进教育内涵式发展

W 市教育局为了实现教育质量和效益的提升，促进基础教育内涵式发展，按照“抓质量，带队伍，求创新，促发展”的总体要求，在 L 区中小学实施了“十抓十提升”教育质量行动体系，即抓德育，提升育人

工作实效；抓常规，提升课堂教学效益；抓管理，提升校长责任意识；抓培训，提升教师专业素养；抓教研，提升教学指导能力；抓载体，提升教育综合实力；抓特色，提升学校办学品位；抓评价，提升办学水平；抓创新，提升教育发展动力；抓协作，提升质量管理效能。2018 年，W 市教育局组织召开了“基础教育质量和效益提升观摩会暨推进会”，对学校“十抓十提升”工作进行了观摩交流。

十、重视家庭教育，促进家校合作

W 市于 2013 年 11 月成立了以局长为首的家校合作教育领导班子，同时成立了 W 市家校合作教育研究指导中心，由主管副局长和妇联副主席担任副主任，对全市的家校合作工作进行管理、指导、评估、培训和服务。同时制定了具体的操作性强的家校合作教育实施方案。在广泛调研的基础上，确立了“试点先行，批次跟进，分层推进，全面覆盖”的思路，进行家校合作落地工作的实践。经过几年的探索实践，已形成有效运行机制。第一，加强了家校合作队伍的建设和培训，已建成全面掌握家长教育知识的家庭教育指导师队伍、素质过硬的家庭教育高级讲师队伍、有爱心的家庭教育志愿者队伍三支家校合作队伍，活跃在家校合作的阵地上，随时为家长和老师提供服务。第二，W 市家校合作教育研究指导中心注重强化学校主阵地功能，指导学校开展丰富多彩的家校共育活动。各学校把家校合作作为实施素质教育的重要方式，立足实际不断创新工作方法，探索出具有校本特色的家校合作路子，开展了家长读书沙龙、家长交流会、亲子互诉会、家长周末讲堂等独具特色的活动，有效地提升了家庭教育水平，促进了家校协作。

第三节　L区义务教育均衡发展的现状

一、学校规模与班额

2017年，教育部印发的《县域义务教育优质均衡发展督导评估办法》提出，“所有小学、初中规模不超过2000人，九年一贯制学校、十二年一贯制学校义务教育阶段规模不超过2500人”，“小学、初中所有班级学生数分别不超过45人、50人”。在L区实地调查的5所学校中，位于乡村的GZ九年制学校（小学部）、GZ九年制学校（初中部）和HQ小学学生人数分别为512人、402人和75人，学校规模均符合上述标准，但位于城市的YM小学和WY初中学生人数分别为3208人和2637人，均超过了小学、初中规模不超过2000人的标准。就班额而言，位于乡村的GZ九年制学校（小学部）和HQ小学的班额均不超过45人，GZ九年制学校（初中部）的班额亦不超过50人，但位于城市的YM小学的平均班额为58.33人，全校55个班级中超过45人的班级数高达53个，占比96.37%，其中超过66人的班级数高达11个，占比20%。同样位于城市的WY初中的平均班额为52.74人，全校50个班级中超过50人的班级数多达35个，占比70%。（见表7–1）

表7–1　L区2017—2018学年5所义务教育学校的规模与班额

学校	学生数（个）	班级数（个）	平均班额（个）	小学45人以上、初中50人以上班额数（个）	66人以上班额数（个）
YM小学	3208	55	58.33	53	11
GZ九年制学校（小学部）	512	12	42.67	0	0

学校	学生数（个）	班级数（个）	平均班额（个）	小学 45 人以上、初中 50 人以上班额数（个）	66 人以上班额数（个）
HQ 小学	75	6	12.5	0	0
WY 初级中学	2637	50	52.74	35	0
GZ 九年制学校（初中部）	402	11	36.55	0	0

二、办学设施配置水平

（一）生均教学及辅助用房面积

教育部印发的《县域义务教育优质均衡发展督导评估办法》提出，生均教学及辅助用房面积：小学、初中分别达到 4.5 平方米以上、5.8 平方米以上。L 区实地调查的 5 所学校中，位于城区的 YM 小学和 WY 初中生均教学及辅助用房面积分别为 3.42 平方米和 4.98 平方米，尚未达到上述小学 4.5 平方米以上，初中 5.8 平方米以上的标准。其余 3 所乡村学校的生均教学及辅助用房面积均已达到上述标准。（见表 7–2）

表 7–2　L 区 2017—2018 学年 5 所义务教育学校的生均教学及辅助用房面积

学校	生均教学及辅助用房面积标准值（平方米 / 生）	教学及辅助用房总面积（平方米 / 生）	生均教学及辅助用房面积实际值（平方米 / 生）
YM 小学	4.5	10969.67	3.42
GZ 九年制学校（小学部）		2841.83	5.55
HQ 小学		20010	266.8
WY 初级中学	5.8	13122	4.98
GZ 九年制学校（初中部）		2453.17	6.10

（二）生均体育运动场（馆）面积

教育部《县域义务教育优质均衡发展督导评估办法》提出，生均体育运动场（馆）面积：小学、初中分别达到 7.5 平方米以上、10.2 平方米以上。L 区 5 所义务教育学校中，GZ 九年制学校（小学部）和 GZ 九年制学校（初中部）的生均体育运动场馆面积分别为 12.93 平方米和 14.22 平方米，均已达到上述标准，但 YM 小学、HQ 小学和 WY 初级中学的生均体育运动场（馆）面积分别为 6.75 平方米、6 平方米和 7.5 平方米，尚未达到上述标准。（见表 7–3）

表 7–3　L 区 2017—2018 学年 5 所义务教育学校的生均体育运动场馆面积

学校	生均体育运动场（馆）面积标准值（平方米 / 生）	体育运动场（馆）面积总面积（平方米 / 生）	生均体育运动场馆面积实际值（平方米 / 生）
YM 小学	7.5	21653.7	6.75
GZ 九年制学校（小学部）		6621.27	12.93
HQ 小学		450	6
WY 初级中学	10.2	19783	7.50
GZ 九年制学校（初中部）		5715.73	14.22

（三）生均教学仪器设备值

教育部《县域义务教育优质均衡发展督导评估办法》提出，生均教学仪器设备值：小学、初中分别达到 2000 元以上、2500 元以上。L 区 5 所义务教育学校中，YM 小学的生均教学仪器设备值为 1604.04 元，尚未达到上述标准，其余 4 所学校的生均教学仪器设备值均已达到上述标准。（见表 7–4）

表 7–4　L 区 2017—2018 学年 5 所义务教育学校的生均教学仪器设备值

学校	生均教学仪器设备标准值（元）	生均教学仪器设备总值（元）	生均教学仪器设备实际值（元）
YM 小学	2000	5145767	1604.04
GZ 九年制学校（小学部）		2028511.32	3961.94
HQ 小学		239044	3187.25

学校	生均教学仪器设备标准值（元）	生均教学仪器设备总值（元）	生均教学仪器设备实际值（元）
WY 初级中学	2500	7174492.06	2720.70
GZ 九年制学校（初中部）		1751088.68	4355.94

（四）每百名学生拥有网络多媒体教室数

每百名学生拥有网络多媒体教室数：小学、初中分别达到 2.3 间以上、2.4 间以上。L 区 5 所学校中，位于城区的 YM 小学和 WY 初中每百名学生拥有网络多媒体教室数分别为 1.96 间和 1.9 间，尚未达到上述标准，其余 3 所乡村学校均已达到上述标准。（见表 7–5）

表 7–5　L 区 2017—2018 学年 5 所义务教育学校每百名学生拥有网络多媒体教室数

学校	每百名学生拥有网络多媒体教室数标准值（间）	学生拥有网络多媒体教室总数（间）	每百名学生拥有网络多媒体教室数实际值（间）
YM 小学	2.3	63	1.96
GZ 九年制学校（小学部）		15	2.93
HQ 小学		6	8.00
WY 初级中学	2.4	50	1.9
GZ 九年制学校（初中部）		12	2.99

三、师资配置水平

（一）教职工与学生比

在 L 区实地调查的 5 所义务教育学校中，3 所乡村学校的教职工与学生比已达到了初中 1∶13.5，小学 1∶19 的标准，但位于城区的 YM 小学和 WY 初中教职工与学生比分别为 1∶21.11 和 1∶15.33，均未达到小学

1∶19 和初中 1∶13.5 的标准。此外，需要指出的是，由于教师编制紧张和教师学科结构不合理等原因，YM 小学和 WY 初中分别临时聘用了 8 名教师，上述教职工与学生比在计算时已包含了这些临聘教师，若减去这些临聘教师，YM 小学和 WY 初中教职工与学生比将更小。（见表 7–6）

表 7–6　L 区 2017—2018 学年 5 所义务教育学校教职工与学生比

学校	教职工与学生比标准值	教职工总数（人）	教职工与学生比实际值
YM 小学	1∶19	152（含 8 名临聘教师）	1∶21.11
GZ 九年制学校（小学部）		47	1∶10.89
HQ 小学		13	1∶5.77
WY 初级中学	1∶13.5	172（含 8 名临聘教师）	1∶15.33
GZ 九年制学校（初中部）		41	1∶9.80

（二）每百名学生拥有高于规定学历教师数

教育部《县域义务教育优质均衡发展督导评估办法》提出，每百名学生拥有高于规定学历教师数：小学、初中分别达到 4.2 人以上、5.3 人以上。在 L 区实地调查的 5 所学校均已达到上述标准。（见表 7–7）

表 7–7　L 区 2017—2018 学年 5 所义务教育学校每百名学生拥有高于规定学历教师数

学校	每百名学生拥有高于规定学历教师数标准值（人）	拥有高于规定学历教师数（人）	每百名学生拥有高于规定学历教师数实际值（人）
YM 小学	4.2	152	4.74
GZ 九年制学校（小学部）		45	8.79
HQ 小学		12	16
WY 初级中学	5.3	170	6.45
GZ 九年制学校（初中部）		39	9.7

（三）每百名学生拥有县级以上骨干教师数

教育部《县域义务教育优质均衡发展督导评估办法》提出，每百名学生拥有县级以上骨干教师数：小学、初中均达到 1 人以上。在 L 区实地调查的 5 所学校均已达到上述标准。（见表 7–8）

表 7–8 L 区 2017—2018 学年 5 所义务教育学校每百名学生拥有高于规定学历教师数

学校	每百名学生拥有县级以上骨干教师数标准值（人）	拥有县级以上骨干教师总数（人）	每百名学生拥有县级以上骨干教师数实际值（人）
YM 小学	1	40	1.25
GZ 九年制学校（小学部）		14	2.73
HQ 小学		4	5.33
WY 初级中学		58	2.20
GZ 九年制学校（初中部）		12	2.99

（四）每百名学生拥有体育、艺术（美术、音乐）专任教师数

教育部《县域义务教育优质均衡发展督导评估办法》提出，每百名学生拥有体育、艺术（美术、音乐）专任教师数：小学、初中均达到 0.9 人以上。在 L 区的 5 所学校中，YM 小学和 GZ 九年制学校（小学部）每百名学生拥有体育、艺术（美术、音乐）专任教师数分别为 0.94 人和 0.98 人，已达到上述标准，但 HQ 小学、WY 初级中学、GZ 九年制学校（初中部）每百名学生拥有体育、艺术（美术、音乐）专任教师数分别为 0 人、0.76 人、0.75 人，未达到上述标准。其中 HQ 小学的体育、艺术（美术、音乐）课程均由其他老师兼任。（见表 7–9）

表 7-9 L 区 2017—2018 学年 5 所义务教育学校每百名学生拥有体育、艺术（美术、音乐）专任教师数

学校	每百名学生拥有体育、艺术（美术、音乐）专任教师数标准值（人）	拥有体育、艺术（美术、音乐）专任教师总数（人）	每百名学生拥有体育、艺术（美术、音乐）专任教师数实际值（人）
YM 小学	0.9	30	0.94
GZ 九年制学校（小学部）		5	0.98
HQ 小学		0	0
WY 初级中学		20	0.76
GZ 九年制学校（初中部）		3	0.75

（五）教师的职称结构

2006 年人事部印发的《事业单位岗位设置管理试行办法实施意见》提出："专业技术高级、中级、初级岗位之间的结构比例全国总体控制目标为 1∶3∶6。"① 参照上述事业单位各级职称之间的结构比例，结合统计数据，L 区 4 所义务教育学校教师的职称结构呈现出以下特点。第一，YM 小学高级职称教师的比例为 5.92%，HQ 小学无高级职称教师，这 2 所学校的高级职称教师比例偏低；第二，4 所学校中级职称教师的比例在 40% 到 84.62% 之间，中级职称教师比例均偏高；第三，4 所学校初级职称教师的比例在 15.38% 到 45.45% 之间，初级职称教师比例均偏低；第四，位于城区的 YM 小学和 WY 初中的未定级教师分别为 35 人和 18 人，占比分别为 23.03% 和 10.59%，未定级教师比例偏高。（见表 7-10）

① 人事部：《关于印发〈事业单位岗位设置管理试行办法实施意见〉的通知》（国人部发〔2006〕87 号），2006 年 11 月 17 日，中华人民共和国中央人民政府网，http://www.gov.cn/zwgk/2006-11/17/content_445979.htm。

表 7-10　L 区 2017—2018 学年 4 所义务教育学校教师的职称结构

学校	高级		中级		初级		未定级	
	人数（人）	百分比（%）	人数（人）	百分比（%）	人数（人）	百分比（%）	人数（人）	百分比（%）
YM 小学	9	5.92	76	50.00	32	21.05	35	23.03
GZ 九年制学校	10	11.36	38	43.18	40	45.45	0	0
HQ 小学	0	0	11	84.62	2	15.38	0	0
WY 初级中学	52	30.59	68	40.00	32	18.82	18	10.59

第四节　L 区义务教育均衡发展存在的问题与对策思考

一、L 区义务教育均衡发展存在的主要问题

（一）“城市挤”的问题突出

与全国许多地方一样，L 区“城市挤”问题比较突出。这主要表现在以下三个方面。第一，城市学校生源不断增加，学位供不应求，学校规模和班额过大。正如 YM 小学教导主任在访谈中谈到，他刚到该校时学校一个年级有两三个班级，现在已经增加到一个年级九个班级。第二，由于城市学校学生多，班额大，导致学生人均教育资源占有量减少，学校办学资源紧缺，许多指标达不到相关标准。例如 YM 小学和 WY 初中的生均教学及辅助用房面积、生均体育运动场（馆）面积、每百名学生拥有网络多媒体教室数等均未达到《县域义务教育优质均衡发展督导评估办法》提出的办学设施配置标准，这两所学校的教职工与学生比亦未达到《中央编办、教育部、财政部关于统一城乡中小学教职工编制标准的通知》提出的教师资源配置标准。第三，学校规模和班额过

大制约教育质量提升。当学校规模较小时，扩大学校规模有助于提高教育效益，但并不是学校规模越大越好，当学校规模超过一定的限度后，由于“校长对教师的有效管理度与教学指导度会下降，且学校管理成本、运行机制等方面也存在诸多问题”[①]，其教育质量不但不会提升，反而会下降。有研究表明，“随着学校规模的增大，学生在数学和阅读方面的学业成绩下降，这种大规模学校的消极影响对高年级更甚……大规模对学生参与教育、教学活动的态度和行为有消极的影响，适度规模学校学生在出勤率、学校的参与行为明显优于大规模学校学生”[②]。

（二）乡村学校教育质量不高，生源逐年减少

与城市学校学位供不应求，巨班大校并存的问题是“乡村弱”。这集中体现为乡村学校教育质量不高，生源逐年减少。尽管近些年乡村学校办学条件有了改善，但由于长期形成的弱势处境一时难以改变，乡村学校学生学习成绩和教育质量仍与城区学校存在一定差距，导致乡村学校生源不断减少。2018 年 6 月课题组实地调查期间，GZ 九年制学校校长谈到，近些年，尤其是近两年，GZ 乡“小学学生收缩的非常厉害，以前每年全乡所有小学新招学生在 200 人左右，去年只有 110 多人”。小规模学校 HQ 小学教导主任亦谈到，在她六年前刚到该校工作时，该校有 200 多名学生，现在只有 75 人。同时，乡村学校流失的生源，多为家庭经济状况和家庭教育环境较好的优质生源，这些优质生源的流失进一步增加了乡村学校提高教育质量的难度。

（三）乡村学校在公用经费等教育资源的分配方面仍处弱势

第一，学生数是当前中小学资源配置的基础，这一基础的确定是建立在学校具有一定的规模这一假设基础上的，带有明显的规模效益取

① 马恒燕、姚银枝：《城镇化与城乡学校班数变化研究——兼议办学规模对教育公平与质量的影响》，载《宁夏大学学报》（人文社会科学版），2018（3）。

② 白亮、万明钢：《城乡义务教育一体化发展中县域学校布局优化的原则与路径》，载《教育研究》，2018（5）。

向。由于乡村学校规模和班额较小，按照学生数配置教育公用经费等教育资源，往往使乡村学校处于弱势地位，在一定程度上对其发展形成制约。第二，对乡村小规模学校的倾斜政策未得到落实。《国务院办公厅关于规范农村义务教育学校布局调整的意见》要求，“提高村小学和教学点的生均公用经费标准，对学生规模不足 100 人的村小学和教学点按 100 人核定公用经费”[①]。但是，据调查，L 区对学生规模不足 100 人的村小学和教学点并未按 100 人核定公用经费，而是仍然按照村小学和教学点的实际学生数划拨公用经费。由于上述政策未得到落实，导致村小学和教学点的公用经费紧张，不利于其办学水平的提高。小规模学校 HQ 小学教导主任在访谈中谈到，HQ 小学一年只有几万元的公用经费，学校给一名保安和一名厨师支付工资就要花去一半。

（四）乡村学校学生的家长对教育的重视关注程度较低

与城市学校相比，乡村学校学生的家长对教育的重视关注程度较低。GZ 九年制学校校长在访谈中提到，“我们学校开家长会家长能到百分之七八十就很好了，城里学校开家长会，哪个家长不去？基本上都能去，除非个别家长有事还要向班主任请假，我们这儿家长不来就不来，也不打电话”。此外，乡村学校许多学生的父母或者在外地打工，或者早出晚归谋生计，对孩子缺乏必要的陪伴、指导和监管，不少村小的学生由于缺乏家长的督促不能按时完成作业，一些学生有自卑情绪。

（五）小规模学校教师结构性短缺严重，年龄老化

据调查，L 区小规模学校教师队伍不容乐观。第一，教师结构性短缺严重。如小规模学校 HQ 小学除了语文、数学课程，其他课程均为教师兼职上课，英语、道德与法治、综合实践活动、音乐、美术、体育、科学等课程均没有专职教师。尽管该校配备了钢琴和科学实验室，但是

---

① 国务院办公厅:《关于规范农村义务教育学校布局调整的意见》(国办发〔2012〕48 号)，2012 年 9 月 7 日，中华人民共和国人民政府网，http://www.gov.cn/zwgk/2012-09/07/content_2218779.htm。

由于没有专职的音乐和科学教师，其他教师不具备弹奏钢琴和组织指导学生开展实验的能力，这些设施处于闲置状态。第二，教师老龄化。据HQ小学教导主任介绍，该校缺乏年轻教师，最年轻的老师40岁，教师平均年龄45岁，教师虽然有经验，但知识结构和思维老化，缺乏新的想法和教育教学方法方面的改变和创新。

二、推进L区义务教育均衡发展的对策

（一）增加城市教育用地，加快建设新学校，增加城市学位供给

有研究将教育质量、公共教育成本和私人教育成本纳入成本函数估算初等学校最优规模，测算了XS县最优的小学学校规模，发现小学的最优规模为500—1000人。[①]根据上述研究以及教育部《县域义务教育优质均衡发展督导评估办法》提出的“所有小学、初中规模不超过2000人”的要求，同时结合L区城市学校规模过大的现实，解决其城市学校学位供不应求的问题，不宜再采用扩大现有学校规模的办法，而应将重点放在增加学校数量、建设新学校方面，即根据城市学龄人口变动趋势，科学制订学校的布点方案，增加学校数量，在城市规划中提前预留和增加教育用地，同时加快新学校建设，及早增加城市学位供给，缓解巨班大校问题。

（二）控制缩小学校规模，深化集团化办学

第一，摈弃一味通过扩大学校规模提高办学效率的思想和办学思路，按照教育部《县域义务教育优质均衡发展督导评估办法》提出的“所有小学、初中规模不超过2000人，九年一贯制学校、十二年一贯制学校义务教育阶段规模不超过2500人”的要求，调整学校布局规划，控制缩小学校规模，尤其要缩小超大规模学校的规模。第二，在控制缩

① 李祥云、魏萍：《县域内初等学校最优规模的估算——以XS县为案例的研究》，载《教育研究》，2014（11）。

小学校规模的同时，深化集团化办学实践，在总结成功经验的基础上建立长效的教师流动、捆绑式考核、一体化教研等机制，促进教育资源的共享和薄弱学校办学水平的提升。

（三）以提高教育质量为核心发展农村教育，实现优质教育全域化

L 区城市生源的持续增加，农村生源的不断减少一方面与城镇化的推进有关，另一方面与城乡教育发展不均衡，农村学校在办学条件，尤其是教育质量方面与城市学校存在一定差距有关。为此，要解决城市学位紧张问题，实现区域内义务教育的优质均衡发展，就必须进一步加大对农村学校的支持力度，采取措施促进农村教育的发展。第一，根据农村学校提升教育质量的需要，加大对农村学校的投入。对学生规模不足 100 人的村小学和教学点按 100 人核定公用经费。第二，当前农村学校与城镇学校的差距主要不在校舍等基础设施这些“硬件”上，而是较为集中地反映在管理水平、教育教学改革、教师素质这些“软件”上，因此，农村地区的“新增教育投入应主要用于教师专业发展、素质提升与教育信息化推进、教育教学改革及校本课程研发等软件方面，而不是如过去那样主要集中在校舍的新建与基础设施的改扩建上”[①]。第三，按照班师比核定乡村小规模学校教师编制，并降低乡村小规模学校班师比，同时，积极为小规模学校培养并配置“一专多能”的教师。

① 马恒燕、姚银枝：《城镇化与城乡学校班数变化研究——兼议办学规模对教育公平与质量的影响》，载《宁夏大学学报》（人文社会科学版），2018（3）。

第八章　西北民族地区县域内义务教育均衡发展的总体状况与对策思考

第一节　西北民族地区县域内义务教育均衡发展的成效

《国家中长期教育改革和发展规划纲要（2010—2020年）》颁布以来，国家将普惠性政策与扶持性政策相结合，统一规划与分类指导相结合，采取了一系列举措深入推进民族地区义务教育均衡发展。

有关义务教育均衡发展的普惠性政策主要包括以下方面。《国家中长期教育改革和发展规划纲要（2010—2020年）》和《国务院关于深入推进义务教育均衡发展的意见》从指导思想、基本目标、推进措施等方面对深入推进义务教育均衡发展工作进行了全面的部署；2011和2012年，教育部先后与31个省（自治区、直辖市）及新疆生产建设兵团签署义务教育均衡发展备忘录，确立分区域、分地方推进义务教育均衡发展的目标和任务；2012年，教育部印发《县域义务教育均衡发展督导评估暂行办法》，并于次年开始对各省（自治区、直辖市）申报的义务教育发展基本均衡县（区、市）进行督导评估认定，形成了“以评促建”的义务教育均衡发展机制；2013年，为了全面改善贫困地区薄弱学校基本办学条件，推进义务教育学校标准化建设，教育部、国家发展改革委、财政部联合颁布《关于全面改善贫困地区义务教育薄弱学校基本办学条件的意见》，随之启动实施“全面改善贫困地区义务教育薄弱学校基本条件”（以下简称“全面改薄”）工程[①]；2014 年，教育部、财政部、人力资源和社会保障部联合颁布《关于推进县（区）域内义务教育学校校长教师交流轮岗的意见》，提出：“力争用 3 至 5 年时间实现县（区）域内校长教师交流轮岗的制度化、常态化，率先实现县（区）域内校长教师资源均衡配置，支持鼓励有条件的地区在更大范围内推进，为义务教育均衡发展提供坚强的师资保障。”[②] 2015 年，国务院颁布《关于进一步完善城乡义务教育经费保障机制的通知》，整合农村义务教育经费保障机制和城市义务教育奖补政策，建立统一的中央和地方分项目、按比例分担的城乡义务教育经费保障机制[③]；同年，为了加强老少边穷岛等边远贫困地区乡村教师队伍建设，缩小城乡师资水平差距，国务院办公厅印发《乡村教师支持计划（2015—2020 年）》[④]；2016 年，针对县域内城乡义务教育发展面临的现实问题，国务院颁布实施《关于统筹推进县域内城乡义务教育一体化改革发展的若干意见》[⑤]。2017 年，为巩固基本均衡发展成果，引导各地将义务教育均衡发展向着更高水平推进，全面提高义务教育质量，教育部印发《县域义务教育优质均衡发展督导评估

① 教育部、国家发展改革委、财政部：《关于全面改善贫困地区义务教育薄弱学校基本办学条件的意见》（教基一〔2013〕10 号），2013 年 12 月 31 日，中华人民共和国教育部网，http://old.moe.gov.cn//publicfiles/business/htmlfiles/moe/s3321/201312/161635.html。

② 教育部、财政部、人力资源和社会保障部：《关于推进县（区）域内义务教育学校校长教师交流轮岗的意见》（教师〔2014〕4 号），2015 年 9 月 10 日，中华人民共和国教育部网，http://old.moe.gov.cn/publicfiles/business/htmlfiles/moe/s7143/201409/174493.html。

③ 国务院：《关于进一步完善城乡义务教育经费保障机制的通知》（国发〔2015〕67 号），2015 年 11 月 28 日，中华人民共和国中央人民政府网，http://www.gov.cn/zhengce/content/2015-11/28/content_10357.htm。

④ 国务院办公厅：《关于印发乡村教师支持计划（2015—2020 年）的通知》（国办发〔2015〕43 号），2015 年 6 月 8 日，中华人民共和国中央人民政府网，http://www.gov.cn/zhengce/content/2015-06/08/content_9833.htm。

⑤ 国务院：《关于统筹推进县域内城乡义务教育一体化改革发展的若干意见》（国发〔2016〕40 号），2016 年 7 月 11 日，中华人民共和国中央人民政府网，http://www.gov.cn/zhengce/content/2016-07/11/content_5090298.htm。

办法》，建立县域义务教育优质均衡发展督导评估制度。[①]

扶持性政策针对民族地区教育发展的实际，精准导向，分类施策，主要内容包括教育经费投入向民族地区倾斜，农村义务教育学校教师特岗计划和边远贫困地区、边疆民族地区、革命老区人才支持计划教师专项计划（以下简称“三区教师专项计划”）向民族地区倾斜，国家级、省级、市级培训向民族地区农村教师倾斜，支持民族地区师范院校免费培养双语教师，加大双语师资培养力度，推进双语教师培训，支持民族地区课程教材建设，科学稳妥推行双语教育，开展教育对口支援工作，实施援藏援疆万名教师支教计划等。值得提出的是，2015 年国务院颁布了《关于加快发展民族教育的决定》[②]，对加快发展包括义务教育在内的民族教育工作进行了整体部署。

为贯彻落实国家各项推进义务教育均衡发展的政策措施，西北地区的宁夏回族自治区、新疆维吾尔自治区、青海省和甘肃省四省区政府先后制定了本省区推进义务教育均衡发展的指导意见、实施方案和本省区的义务教育学校办学基本标准、县域义务教育均衡发展督导评估实施办法以及本省区关于“全面改薄”、进一步完善城乡义务教育经费保障机制、乡村教师支持计划和统筹推进县域内城乡义务教育一体化改革发展等事项的政策文件，明确了本省区推进义务教育均衡发展的目标任务、进度安排、推进措施和保障机制等。同时，西北民族地区各市州和县级政府亦采取了一系列措施推进本地区义务教育的均衡发展。

经中央和地方各级政府以及相关方面的努力，西北民族地区义务教育均衡发展取得了显著的成效。到 2018 年，西北民族地区 136 个县（包括市、区等县级行政区，下同）通过义务教育基本均衡发展督导评估认定，其中宁夏回族自治区 22 个县全部通过认定，新疆维吾尔自治

---

① 教育部：《关于印发〈县域义务教育优质均衡发展督导评估办法〉的通知（教督〔2017〕6 号）》，2017 年 4 月 26 日，中华人民共和国教育部网，http://www.moe.gov.cn/srcsite/A11/moe_1789/201705/t20170512_304462.html。

② 国务院：《关于加快发展民族教育的决定（国发〔2015〕46 号）》，2015 年 8 月 17 日，中华人民共和国中央人民政府网，http://www.gov.cn/zhengce/content/2015-08/17/content_10097.htm。

区 68 个县通过认定，青海 34 个民族县（民族自治州下辖县和民族自治县，下同）通过认定，甘肃 14 个民族县通过认定。到 2020 年，青海 37 个民族县全部通过义务教育基本均衡发展督导评估认定。到 2021 年，新疆 97 个县和甘肃 21 个民族县全部通过义务教育基本均衡发展督导评估认定。具体来说，西北民族地区县域内义务教育均衡发展的成效主要体现在教育经费投入持续增长、办学设施不断改善、教师队伍建设成效显著、城乡和县域内校际间办学条件趋于均衡，学生的学校生活质量达到中上水平，义务教育能够基本满足学生的成长需要等方面。

一、教育经费投入持续增长，省级层面城市与农村教育经费投入实现基本均衡

近些年来，西北民族地区义务教育经费投入持续增长。就本课题组实地调查的 6 个县（市、区）来说，近些年这 6 个县（市、区）的教育经费投入均呈现出增长趋势。其中新疆 S 县从 2013—2016 年，一般公共预算教育经费支出逐年增长，且每年教育支出占一般公共预算支出的比例均高于 20%；青海省 Y 市 2013—2016 年教育累计投入 8.6 亿元，财政对教育的拨款占财政支出的比率平均达到 17% 以上。甘肃省 C 县从 2013—2015 年，连续 3 年教育经费投入实现“三个增长”，其中生均预算内教育事业费增长 63.96%，小学生均预算内公用经费增长 245.05%，初中生均预算内公用经费增长 106.29%。

同时，通过对 2011—2021 年《中国教育经费统计年鉴》省区数据的分析，2010—2020 年，宁夏、新疆、青海、甘肃四省区的义务教育经费投入实现了大幅度增长。四省区的小学生均公共财政预算教育经费支出分别从 2010 年的 4004.32、6084.43、5617.92、3557.37（单位：元，下同）增长到 2020 年的 12225.36、13034.87、15926.49、12202.26，分别增长 205.30%、114.23%、183.49%、243.01%。四省区初中的生均公共财政预算教育经费支出分别从 2010 年的 6364.35、

8457.75、8528.01、4575.79 增长到 2020 年的 15841.94、21318.13、19684.22、15181.53，分别增长 148.92%、152.05%、130.82%、231.78%。

从城乡的角度来看，宁夏、新疆、青海、甘肃四省区农村小学和初中的生均经费投入在许多年份已超过该省区平均水平，各省区城市与农村的义务教育经费投入实现基本均衡。

就小学而言，从 2010—2020 年，宁夏每年农村小学生均公共财政预算教育经费支出占该区平均水平的比例分别为 100.58%、106.83%、115.24%、119.99%、129.46%、99.82%、101.85%、100.32%、99.63%、100.89%、100.80%；新疆上述比例分别为 102.04%、104.24%、103.55%、105.90%、103.29%、102.54%、98.35%、97.17%、97.45%、98.00%、100.27%；青海上述比例分别为 99.46%、100.53%、101.87%、104.28%、106.85%、104.50%、108.77%、106.38%、106.91%、105.12%、102.14%；甘肃上述比例分别为 100.70%、102.37%、106.87%、109.38%、105.35%、106.29%、106.08%、105.75%、106.07%、107.56%、108.63%（见表 8–1）。从上述数据可以看出，甘肃农村小学的生均公共财政预算教育经费支出已连续 11 年高于省平均水平，青海 11 年中有 10 年农村小学的生均公共财政预算教育经费支出高于省平均水平，宁夏 11 年中有 9 年农村小学的生均公共财政预算教育经费支出高于区平均水平，新疆 11 年中有 7 年农村小学的生均公共财政预算教育经费支出高于区平均水平。

表 8–1　西北四省区 2010—2020 年普通小学和农村小学的生均公共财政预算教育经费支出和农村小学占平均水平的比例

年份	项目	宁夏	新疆	青海	甘肃
2010 年	普通小学（元）	4004.32	6084.43	5617.92	3557.37
	农村小学（元）	4027.60	6208.75	5587.78	3582.17
	比例	100.58%	102.04%	99.46%	100.70%
2011 年	普通小学（元）	4419.72	7871.03	9026.01	4274.10
	农村小学（元）	4721.68	8025.46	9073.64	4375.46
	比例	106.83%	104.24%	100.53%	102.37%

续表

年份	项目	宁夏	新疆	青海	甘肃
2012年	普通小学（元）	5395.72	9348.57	10472.64	5621.62
	农村小学（元）	6218.18	9680.39	10668.72	6007.90
	比例	115.24%	103.55%	101.87%	106.87%
2013年	普通小学（元）	6196.41	10695.54	9815.41	6395.94
	农村小学（元）	7434.91	11327.05	10235.36	6991.63
	比例	119.99%	105.90%	104.28%	109.38%
2014年	普通小学（元）	6619.05	11628.15	12655.03	7462.13
	农村小学（元）	8568.71	12010.67	13521.69	7861.30
	比例	129.46%	103.29%	106.85%	105.35%
2015年	普通小学（元）	8182.05	13043.65	12442.98	9374.65
	农村小学（元）	8167.02	13375.49	13002.71	9964.06
	比例	99.82%	102.54%	104.50%	106.29%
2016年	普通小学（元）	8872.06	12561.50	13823.28	10514.89
	农村小学（元）	9036.31	12354.11	15036.26	11154.10
	比例	101.85%	98.35%	108.77%	106.08%
2017年	普通小学（元）	9704.63	12117.58	14249.45	10959.09
	农村小学（元）	9735.69	11774.86	15157.93	11589.17
	比例	100.32%	97.17%	106.38%	105.75%
2018年	普通小学（元）	10049.07	12617.78	15223.93	11193.77
	农村小学（元）	10012.17	12294.68	16276.14	11873.56
	比例	99.63%	97.45%	106.91%	106.07%
2019年	普通小学（元）	10110.52	13003.39	15302.53	11698.81
	农村小学（元）	10200.55	12743.57	16085.42	12582.85
	比例	100.89%	98.00%	105.12%	107.56%
2020年	普通小学（元）	12225.36	13034.87	15926.49	12202.26
	农村小学（元）	12322.64	13069.95	16267.74	13255.01
	比例	100.80%	100.27%	102.14%	108.63%

就初中而言，从2010—2020年，宁夏每年农村初中生均公共财政预算教育经费支出占该区平均水平的比例分别为112.69%、140.80%、132.73%、141.14%、104.99%、102.21%、97.08%、89.81%、92.74%、

95.22%、95.48%；新疆上述比例分别为104.47%、101.90%、108.92%、105.66%、100.34%、98.58%、92.05%、91.53%、92.02%、92.05%、93.99%；青海上述比例分别为96.38%、105.32%、94.84%、103.63%、108.34%、104.35%、103.78%、103.26%、100.79%、95.04%、98.50%；甘肃上述比例分别为100.31%、102.30%、108.23%、108.45%、102.51%、102.60%、101.97%、102.16%、103.06%、102.70%、103.27%。（见表8-2）从上述数据可以看出，甘肃农村初中的生均公共财政预算教育经费支出已连续11年高于省平均水平，青海11年中有7年农村初中的生均公共财政预算教育经费支出高于省平均水平，宁夏11年中有6年农村初中的生均公共财政预算教育经费支出高于区平均水平，新疆11年中有5年农村初中的生均公共财政预算教育经费支出高于区平均水平。

表8-2　西北四省区2010—2020年普通初中与农村初中的生均公共财政预算教育经费支出和农村初中占平均水平的比例

年份	项目	宁夏	新疆	青海	甘肃
2010年	普通初中（元）	6364.35	8457.01	8528.01	4575.79
	农村初中（元）	7171.76	8835.21	8218.96	4590.10
	比例	112.69%	104.47%	96.38%	100.31%
2011年	普通初中（元）	7330.19	10878.71	11388.71	5343.92
	农村初中（元）	10320.73	11085.00	11995.10	5466.93
	比例	140.80%	101.90%	105.32%	102.30%
2012年	普通初中（元）	8361.20	12939.44	14144.77	6869.06
	农村初中（元）	11098.02	14094.09	13415.23	7435.34
	比例	132.73%	108.92%	94.84%	108.23%
2013年	普通初中（元）	9119.88	15477.12	11672.32	7846.20
	农村初中（元）	12871.76	16353.13	12096.60	8509.56
	比例	141.14%	105.66%	103.63%	108.45%
2014年	普通初中（元）	10300.41	15237.07	14661.78	8680.94
	农村初中（元）	10814.82	15289.40	15885.00	8898.61
	比例	104.99%	100.34%	108.34%	102.51%

续表

年份	项目	宁夏	新疆	青海	甘肃
2015 年	普通初中（元）	11370.01	17546.81	16131.87	10600.72
	农村初中（元）	11621.42	17298.45	16833.29	10876.33
	比例	102.21%	98.58%	104.35%	102.60%
2016 年	普通初中（元）	12140.27	18213.03	16733.37	11898.60
	农村初中（元）	11786.20	16764.29	17365.64	12132.65
	比例	97.08%	92.05%	103.78%	101.97%
2017 年	普通初中（元）	13877.27	19017.91	18032.12	12720.83
	农村初中（元）	12462.96	17406.54	18620.26	12995.50
	比例	89.81%	91.53%	103.26%	102.16%
2018 年	普通初中（元）	13562.60	19468.47	19199.67	13234.76
	农村初中（元）	12578.10	17914.10	19351.65	13639.18
	比例	92.74%	92.02%	100.79%	103.06%
2019 年	普通初中（元）	13466.66	21074.62	19487.88	14383.01
	农村初中（元）	12823.56	19398.67	18520.66	14771.69
	比例	95.22%	92.05%	95.04%	102.70%
2020 年	普通初中（元）	15841.94	21318.13	19684.22	15181.53
	农村初中（元）	15125.39	20037.00	19389.28	15677.61
	比例	95.48%	93.99%	98.50%	103.27%

二、办学设施不断改善，城乡和县域内校际间办学设施差距不断缩小

（一）办学设施配置水平持续提升，城乡差距缩小

经对 2011—2021 年《中国教育统计年鉴》数据的分析，2010—2021 年，宁夏、新疆、青海、甘肃四省区义务教育学校的办学设施配置水平均持续提升，城乡差距不断缩小。

1. 生均校舍建筑面积大幅增长，城乡实现均衡

宁夏、新疆、青海、甘肃四省区总体的小学生均校舍面积从 2010 年的 5.26（单位：平方米，下同）增长到 2021 年的 7.34，增长 39.54%。

其中小学生均教学及辅助用房面积从3.18增长到4.28，增长34.59%。同期，四省区总体的初中生均校舍面积从6.16增长到16.01，增长159.95%。其中初中生均教学及辅助用房面积从3.02增长到7.17，增长137.39%。

从各省区的情况来看，宁夏、新疆、青海、甘肃的小学生均校舍面积分别从2010年的4.79、5.05、5.27、5.57增长到2021年8.57、7.25、9.94、8.03，分别增长78.91%、43.56%、88.61%、44.17%。其中，小学生均教学及辅助用房面积从2.93、2.91、3.00、3.51增长到4.99、4.05、4.64、4.30，分别增长70.31%、39.16%、54.67%、22.51%。同期，四省区初中的生均校舍建筑面积分别从7.43、6.77、6.84、5.32增长到14.02、16.37、18.67、15.54，分别增长88.66%、141.60%、172.02%、192.10%。其中，初中生均教学及辅助用房面积分别从3.55、3.26、3.47、2.66增长到6.59、7.79、8.53、6.23，分别增长85.74%、138.86%、146.04%、137.39%。

从城乡的角度来看，上述四省区城区、镇区、乡村小学的生均校舍建筑面积分别从2011年的4.06、4.35、5.86增长到2021年的5.31、7.16、10.55，分别增长30.76%、64.59%、79.96%；初中生均校舍建筑面积分别从6.44、7.90、8.34增长到12.74、16.80、19.30，分别增长97.89%、112.68%、131.37%。其中小学生均教学及辅助用房面积分别从2.26、2.45、3.51增长到3.36、3.81、5.44，分别增长48.92%、55.47%、54.94%。初中生均教学及辅助用房面积分别从3.23、3.58、3.96增长到6.81、7.13、7.85，分别增长111.08%、99.31%、98.21%。从上述数据可以看出，乡村小学和初中的生均校舍建筑面积在增长率和当前水平方面均高于城区和镇区。其中，乡村小学的生均教学及辅助用房面积的增长率虽然低于镇区，但其当前水平远高于镇区和城区。乡村初中的生均教学及辅助用房面积的增长率虽然低于镇区和城区，但其当前水平高于镇区和城区。

2. 生均教学仪器设备资产值成倍增长，城乡趋于均衡

上述四省区总体的小学生均教学仪器设备资产值从2010年的308.31（单位：元，下同）增长到2021年的1922.23，增长523.48%。同期，初中生均教学仪器设备资产值从477.91增长到3370.52，增长605.26%。

从各省区的情况来看，上述各省区小学的生均教学仪器设备资产值分别从2010年的350.87、403.18、232.66、235.65增长到2021年的3340.95、1757.03、1445.09、1860.60，分别增长852.20%、335.79%、521.11%、689.55%；初中的生均教学仪器设备资产值分别从661.75、695.87、397.57、291.91增长到4519.90、3404.20、3209.36、2995.72，分别增长583.02%、389.20%、707.23%、926.26%。

从城乡的角度来看，上述四省区城区、镇区、乡村小学的生均教学仪器设备资产值分别从2011年的542.12、331.02、377.32增长到2021年的1860.40、1714.33、2141.28，分别增长243.17%、417.89%、467.50%；初中的生均教学仪器设备资产值分别从930.18、714.19、795.67增长到3434.76、3249.43、3561.61，分别增长269.26%、354.98%、347.63%。乡村小学的生均教学仪器设备资产值在增长率和当前水平方面均高于城区和镇区。乡村初中生均教学仪器设备资产值的增长率虽然低于镇区，但其当前水平高于城区和镇区。

3. 每百名学生拥有计算机数较快增长，城乡实现均衡

上述四省区总体的小学每百名学生拥有计算机数从2010年的3.86（单元：台，下同）增长到2021年的9.24，增长139.63%。同期，初中每百名学生拥有计算机数从6.07增长到14.12，增长132.51%。

从各省区的情况来看，上述各省区小学每百名学生拥有计算机数分别从2010年的5.75、4.04、4.33、3.08增长到2021年的15.21、6.84、10.77、10.55，分别增长164.41%、69.23%、148.65%、139.63%；初中每百名学生拥有计算机数分别从8.39、6.26、7.15、5.26增长到18.52、11.49、18.30、14.97，分别增长120.88%、83.54%、155.90%、184.83%。

从城乡的角度来看，上述四省区城区、镇区、乡村小学每百名学生拥有计算机数分别从2011年的5.64、4.08、2.44增长到2021年的8.32、8.76、10.48，分别增长47.56%、114.76%、329.41%；初中每百名学生拥有计算机数分别从7.02、6.84、8.04增长到13.79、14.11、14.45，分别增长99.12%、106.21%、79.59%。

4. 生均图书册数大幅增长，城乡实现均衡

上述四省区总体的小学生均图书册数从2010年的12.68增长到2021年的20.24，增长59.56%。同期，初中生均图书册数从13.74增长到38.18，增长178.01%。

从各省区的情况来看，上述各省区小学的生均图书册数分别从2010年的14.36、12.47、12.36、12.46增长到2021年的21.92、18.13、25.26、20.24，分别增长52.64%、45.30%、104.45%、72.60%；初中的生均图书册数分别从15.80、16.66、15.79、10.83增长到33.98、37.25、51.35、37.42，分别增长115.01%、123.58%、225.13%、245.54%。

从城乡的角度来看，上述四省区城区、镇区、乡村小学的生均图书册数分别从2011年的14.57、12.92、13.32增长到2021年的18.35、19.70、22.23，分别增长25.91%、52.24%、66.89%；初中的生均图书册数分别从15.91、18.69、24.90增长到35.12、38.68、41.90，分别增长120.61%、106.95%、73.85%。

5. 生均体育运动场地面积有所增长，乡村高于城区和镇区

上述四省区总体的初中生均体育运动场地面积从2010的7.45（单位：平方米，下同）增长到2021年的12.45，增长67.14%。

从城乡的角度来看，上述四省区城区、镇区、乡村小学的生均体育运动场地面积分别从2011年的3.83、5.46、12.50增长到2021年的4.46、6.92、13.12，分别增长16.38%、26.84%、4.90%；初中的生均体育运动场地面积分别从5.76、8.17、11.54增长到9.63、13.27、14.93，分别增长67.25%、62.54%、29.37%。

（二）义务教育学校办学设施标准化建设达标率较高，标准化建设成效明显

经对历年国家教育督导检查组义务教育均衡发展督导检查反馈意见（以下简称“国家督导反馈意见”）相关数据的分析，西北民族地区义务教育学校的办学设施达标率较高，标准化建设成效明显。具体体现在以下方面。

在生均校舍建筑面积方面，西北民族地区 8570 所义务教育学校中，有 7819 所学校的生均校舍建筑面积或生均教学及辅助用房面积达到本省区办学基本标准，达标率 91.24%。从各省区的情况来看，宁夏 1646 所义务教育学校中，生均校舍建筑面积达标的学校有 1531 所，达标率 93.01%，其中生均教学及辅助用房面积达标的学校有 1616 所，达标率 98.18%；新疆 4711 所义务教育学校中，生均校舍建筑面积达标的学校有 4264 所，达标率 90.51%，其中生均教学及辅助用房面积达标的学校有 4328 所，达标率 91.87%；青海民族地区 925 所义务教育学校的生均教学及辅助用房面积全部达标，达标率 100%；甘肃民族地区 1288 所义务教育学校中，生均校舍建筑面积达标的学校有 1099 所，达标率 85.32%。

在教学仪器设备方面，尽管各省区的标准化建设评估指标不尽相同，但各省区义务教育学校的教学仪器设备相关指标均全部达标，达标率 100%。具体来说，宁夏义务教育学校的功能室设备和学科教学仪器器材配置两项指标全部达标；新疆和青海义务教育学校的生均教学仪器设备资产值全部达标；甘肃义务教育学校的科学或理化生实验室设备和音体美器材设备两项指标全部达标。

在生均图书册数方面，西北民族地区 8570 所义务教育学校中，有 8565 所学校的生均图书册数达到本省区办学基本标准，达标率 99.94%。从各省区的情况来看，宁夏 1646 所义务教育学校中，生均图书册数达标的学校有 1643 所，达标率 99.82%；新疆义务教育学校的生均图书册数全部达准，达标率 100%；青海民族地区 925 所义务教育学校中，生

均图书册数达标的学校有 923 所，达标率 99.78%；甘肃 21 个民族县义务教育学校的生均图书册数全部达标，达标率 100%。

在计算机生机比方面，西北民族地区 8570 所义务教育学校中，8568 所学校的计算机生机比达到本省区办学基本标准，达标率 99.98%。从各省区的情况来看，宁夏、新疆和甘肃 21 个民族县义务教育学校的生机比全部达标。青海民族地区 925 所义务教育学校中，923 所学校的生机比达标，达标率 99.78%。

在体育场地方面，西北民族地区已接受督导检查地区的 8570 所义务教育学校中，体育场地相关指标达标的学校有 8011 所，达标率 93.47%。从各省区的情况来看，宁夏 1646 所义务教育学校中，生均体育场馆面积达标的学校有 1556 所，达标率 94.53%；新疆 4711 所义务教育学校中，4506 所学校的生均体育场（馆）面积达标，达标率 95.65%；青海民族地区 925 所义务教育学校中，896 所学校的生均体育场（馆）面积达标，达标率 96.86%；甘肃 21 个民族县的 1228 所义务教育学校中，跑道和篮球场或排球场两项指标均达标的学校有 1053 所，达标率 81.75%。

（三）绝大多数县县域内校际办学设施差异较小，办学设施较为均衡

教育部《县域义务教育均衡发展督导评估暂行办法》提出："义务教育发展基本均衡县小学和初中校际差异系数分别小于或等于 0.65 和 0.55。"经对国家教育督导检查组 2018 年发布的"宁夏回族自治区 22 个县义务教育学校校际差异系数表"、2020 年发布的"青海省 45 个县义务教育学校校际差异系数表"、2021 年发布的"新疆维吾尔自治区 97 个县义务教育学校校际差异系数表"和"甘肃省 87 个县义务教育学校校际差异系数表"等表格数据的分析，西北民族地区绝大多数县县域内校际办学设施差异较小，办学设施较为均衡。具体体现在以下方面。

在生均教学及辅助用房面积方面，西北民族地区 177 个县中，171

个县小学校际间生均教学及辅助用房面积差异系数小于 0.65，占比 96.61%，172 个县初中校际间生均教学及辅助用房面积差异系数小于 0.55，占比 97.18%。

在生均教学仪器设备资产值方面，177 个县中 169 个县小学的校际间生均教学仪器设备资产值差异系数小于或等于 0.65，占比 95.48%，168 个县初中的校际间生均教学仪器设备资产值差异系数小于 0.55，占比 94.91%。

在生均图书册数方面，177 个县小学的校际间生均图书册数差异系数全部小于 0.65，占比 100%，172 个县初中的校际间生均图书册数差异系数小于 0.55，占比 97.18%。

在每百名学生拥有计算机台数方面，172 个县小学的校际间每百名学生拥有计算机台数差异系数小于或等于 0.65，占比 97.18%，175 个县初中的校际间每百名学生拥有计算机台数差异系数小于 0.55，占比 98.87%。

三、教师队伍建设取得显著成效，师资配置渐趋均衡

（一）教师队伍数量和质量得到提升，城乡差距缩小

经对 2010—2021 年《中国教育统计年鉴》数据的分析，2010—2021 年，宁夏、新疆、青海、甘肃四省区义务教育学校专任教师队伍数量和质量均得到提升，城乡差距缩小。具体体现在以下方面。

在师生比方面，上述四省区小学师生比从 2010 年的 1 : 16.40 增长到 2021 年的 1 : 15.70，增长 4.44%；同期，初中师生比从 1 : 14.58 增长到 1 : 11.96，增长 21.96%。

从城乡的角度来看，上述四省区城区、镇区、乡村小学的师生比分别从 2011 年的 1 : 18.68、1 : 16.24、1 : 14.47 增长到 2021 年的 1 : 18.60、1 : 15.90、1 : 13.86，分别增长 0.49%、2.22%、4.38%；同期，初中的师生比分别从 1 : 14.76、1 : 14.22、1 : 12.57 增长到 1 : 13.11、1 : 11.70、

1∶10.97，分别增长 12.61%、21.58%、14.60%。

在高于规定学历教师比例方面，上述四省区小学高于规定学历教师比例从 2010 年 77.39% 增长到 2021 年的 97.48%，增长 20.09 个百分点；同期，初中高于规定学历教师比例从 60.29% 增长到 2021 年的 99.98%，增长 39.69 个百分点。

从城乡的角度来看，上述四省区城区、镇区、乡村小学高于规定学历教师比例分别从 2011 年 91.76%、87.56%、73.39% 增长到 2021 年的 99.61%、98.39%、95.64%，分别增长 7.85、10.83、22.25 个百分点；同期，初中城区、镇区、乡村高于规定学历教师比例分别从 79.81%、66.27%、55.91% 增长到 99.94%、99.94%、99.90%，分别增长 20.13、33.67、43.99 个百分点。

在高级职称教师比例方面，上述四省区小学高级职称教师比例从 2010 年 0.74% 增加到 2021 年的 12.74%，增长 12 个百分点；同期，初中高级职称教师比例从 2010 年的 11.12% 增长到 2021 年的 19.82%，增长 8.70 个百分点。

从城乡的角度来看，上述四省区城区、镇区、乡村小学高级职称教师比例分别为 2011 年的 1.26%、1.54%、0.78% 增长到 2021 年的 11.70%、15.25%、11.18%，分别增长 10.44、13.71、10.40 个百分点。同期，初中城区、镇区、乡村高级职称教师比例分别从 2011 年的 21.51%、11.66%、7.25% 增长到 2021 年的 22.22%、20.51%、15.26%，分别增长 0.72、8.85、8.01 个百分点。

（二）绝大多数县县域内校际教师队伍差异较小，师资配置渐趋均衡

在师生比方面，西北民族地区 177 个县中，174 个县小学的校际间师生比差异系数小于 0.65，占比 98.31%，175 个县初中的校际间师生比差异系数小于 0.55，占比 98.87%。

在生均高于规定学历教师数方面，176 个县小学的生均高于规定学

历教师数差异系数小于 0.65，占比 99.44%，176 个县初中的生均高于规定学历教师数差异系数小于 0.55，占比 99.44%。

在生均中级及以上专业技术职称教师数方面，154 个县小学的生均中级及以上专业技术职称教师数差异系数小于 0.65，占比 87.01%，164 个县初中的生均中级及以上专业技术职称教师数差异系数小于 0.55，占比 92.66%。

四、学生的学校生活质量达到中上水平，且城乡之间较为均衡

学校生活质量亦称学校生活满意度，是学生对学校生活总体以及具体各个方面质量的主观感受和满意度评价，其实质是学生的学校活动状况与学生的需要、期望相符合的程度。学校生活质量具体体现为学生对学校物质条件、校园安全、师生关系、同伴关系、课程与教学、平等与参与、自身成就、学校管理等的切身感受和满意度评价。它既是一个衡量学校综合办学水平的主观指标，又是一个“过程取向”的教育质量评价指标。

为了了解西北民族地区义务教育学生的学校生活质量状况，课题组采用自编的“义务教育学生学校生活质量问卷”调查了西北民族地区 6 个县（市、区）的 3320 名义务教育学生。调查发现，西北民族地区义务教育学生学校生活质量的总平均得分为 3.81，处于问卷设定的五点等级评分中的“基本符合”（3 分）与“符合”（4 分）之间，接近于“符合”。上述数据表明，随着西北民族地区义务教育学校办学条件的改善和办学水平的提高，西北民族地区的义务教育已能够基本满足学生的成长需要，学生的学校生活满意度总体处于中等偏上水平，学生对学校生活的感受和评价整体上正向、积极。同时，通过对调查数据的独立样本 t 检验发现，西北民族地区县级政府所在地学校和县级政府所在地以外学校学生的学校生活质量平均得分分别为 3.80 和 3.82，且两者之间不存在显著差异（$t=-1.21$，$p=0.23$），说明西北民族地区城

乡义务教育学生对学校生活质量的感受和评价均较好，且两者之间不存在实质性差异。

第二节　西北民族地区县域内义务教育均衡发展存在问题与制约因素

截至2021年，西北民族地区177个县全部通过义务教育基本均衡评估认定。但西北民族地区的许多县处于原“三区三州”深度贫困地区和边远地区，这些县巩固义务教育均衡发展成果，提升义务教育均衡发展水平的压力较大，要全面提高教育质量，实现优质均衡发展还面临一些问题和困难。

根据本课题组对西北民族地区6县（市、区）的实地调查和对2010—2021年的《中国教育统计年鉴》和“国家督导反馈意见”相关数据的分析，西北民族地区县域内义务教育均衡发展主要存在以下一些问题和困难。

一、义务教育经费保障机制有待健全

第一，义务教育经费“三个增长”政策未及时落实到位。经对“国家督导反馈意见”中各县“政府推进义务教育均衡发展工作”得分数据的分析，在“义务教育经费在财政预算中单列，近三年教育经费做到‘三个增长’”指标上，宁夏申请督导检查的22个县中，只有3个县得到满分，新疆97个申请检查县中，只有16个县得到满分，青海申请检查的37个民族县中，只有1个县得到满分，甘肃申请检查的21个民族县中，只有2个县得到满分。

第二，乡村小规模学校公用经费政策落实不到位。《国务院办公厅

关于规范农村义务教育学校布局调整的意见》要求，“提高村小学和教学点的生均公用经费标准，对学生规模不足100人的村小学和教学点按100人核定公用经费”[①]。但这一政策在一些许多地区和学校未得到落实。例如，实地调查的甘肃省C县和宁夏回族自治区L区对学生规模不足100人的村小学和教学点未按100人核定公用经费，而是按照村小学和教学点的实际学生数划拨公用经费。

二、办学设施存在一些短板，部分县的办学设施配置不够均衡

1. 部分学校的办学设施未达到本省区基本办学标准

从“国家督导反馈意见”数据来看，西北民族地区8570所义务教育学校中，有751所学校的生均校舍建筑面积未达到本省区办学基本标准，占比8.76%。同时，有559所学校的体育场地未达到本省区办学基本标准，占比6.52%。

2. 乡镇寄宿制学校和乡村小规模学校办学设施较为薄弱

与县城学校相比，乡镇寄宿制学校和乡村小规模学校办学设施仍较为薄弱，主要表现为有的寄宿制学校宿舍和食堂面积过小，学校食堂配备不齐全，有的学校宿舍楼由教学楼改造而成，整个宿舍楼没有厕所，学生夜间如厕很不方便，有的学校没有锅炉或已损坏，冬季取暖存在困难，许多学校未配备开水供应设备，一些乡村小规模学校缺乏必要的功能教室，部分学校教学仪器设备存在不足或不合规格，体育设施和图书不能满足学生需要等。

3. 部分县的办学设施配置不够均衡

在西北民族地区177个县中，30个县小学的校际间生均体育运动场馆面积差异系数大于0.65，占比16.95%，12个县初中的校际间生均体育运动场（馆）面积差异系数大于0.55，占比6.78%。同时，有8

① 国务院办公厅：《关于规范农村义务教育学校布局调整的意见》（国办发〔2012〕48号），2012年9月7日，中华人民共和国人民政府网，http://www.gov.cn/zwgk/2012-09/07/content_2218779.htm。

个县小学的校际间生均教学仪器设备资产值差异系数大于 0.65，占比 4.52%，有 9 个县初中的校际间生均教学仪器设备资产值差异系数大于 0.55，占比 5.08%。

4. 小学的办学设施与义务教育优质均衡发展的标准之间存在差距

当前，实现义务教育优质均衡发展已成为我国义务教育均衡发展的重要目标，但西北民族地区小学的办学设施与义务教育优质均衡发展的标准之间存在较大的差距，亟待进一步加以提高。具体来说，教育部印发的《县域义务教育优质均衡发展督导评估办法》提出，生均教学及辅助用房面积：小学达到 4.5 平方米以上，而 2021 年宁夏、新疆、青海、甘肃四省区小学总的生均教学及辅助用房面积为 4.28 平方米，与优质均衡发展标准相差 0.22 平方米。《县域义务教育优质均衡发展督导评估办法》提出，生均教学仪器设备值：小学达到 2000 元以上，而上述四省区 2021 年小学总的生均教学仪器设备值为 1922.23，与优质均衡发展标准相差 77.77 元。

三、师资建设和均衡配置存在较多问题与困难

与办学设施相比，西北民族地区在义务教育师资建设和均衡配置方面面临更多的问题和困难。

1. 部分地区和学校教师数量仍然不足

尽管近些年西北民族地区义务教育教师数量有所增长，但教师数量不足的问题仍然在较大范围存在。例如新疆南疆 S 县共有在编中小学教职工 2839 人，缺少教职工 411 人，教职工整体缺口较大。同处于新疆南疆地区的 X 县 64 所义务教育学校中，35 所学校教师生师比或班师比未达到办学基本标准，占比 54.69%。再如青海 Y 市 37 所义务教育学校中，12 所学校师生比未达到办学基本标准，占比 32.43%。此外，随着一些地区教育城镇化的推进和乡村生源大量向城区流动，除乡村外，一些城镇学校亦存在教师数量紧张以及临时聘用教师的问题。例如课题组

在宁夏 W 市 L 区实地调查的两所城区义务教育学校教职工与学生比均未达到标准，同时，两所学校均存在临时聘用教师。

2. 教师结构性短缺问题比较普遍

建立学科专业合理的教师队伍是学校实施素质教育，按照国家课程方案开齐开足课程，促进学生健康全面发展的重要保证。然而，调查发现，西北民族地区许多学校都程度不同地存在教师结构性短缺的问题，其中，乡村学校这一问题更为突出。例如甘肃省 H 市的许多学校存在音乐、体育、美术、英语、科学等课程教师不足的问题，其中，5 所乡村小规模学校的教师全部为语文和数学教师，教师结构严重倾斜，教师结构性短缺非常明显。再如新疆 X 县 YQ 镇 9 所小学中，2 所小学没有专职的音乐教师和美术教师，4 所小学没有专职的美术教师，1 所小学没有专职的音乐教师，1 所小学没有专职的体育教师。

3. 教师的信息技术应用能力水平不高，且城乡发展不均衡

在教育信息化背景下，提升教师的信息技术应用能力既是教师运用信息技术改善教育教学效果和促进自身持续发展的重要保障，亦是消弭地区间、城乡间数字鸿沟，促进义务教育均衡发展的需要。为了了解义务教育学校教师的信息技术应用能力现状，课题组采用自编的“义务教育学校教师信息技术应用能力问卷”对西北民族地区 6 个县（市、区）36 所义务教育学校 605 名教师进行了调查。问卷采用五点记分法，五个选项分别为“不符合”“不太符合”“基本符合”“符合”“非常符合”。调查结果显示，西北民族地区义务教育教师信息技术应用能力的总体平均分为 3.43，虽然高于问卷设定的五点等级评分中的“基本符合（3 分）”水平，但与“符合（4 分）”水平还有很大的差距，与“非常符合（5 分）”更是相去甚远，表明西北民族地区义务教育教师的信息技术应用能力水平不高，还难以满足民族地区教育信息化的需要，亟待予以提升。同时，采用配对样本 t 检验对教师信息技术应用能力的得分与教师信息技术应用能力下属各维度的得分进行比较，结果表明，IT 重要性认可度和 IT 硬件应用能力的得分显著高于教师信息技术应用能力的得分，

利用网络促进自我发展的能力、信息化教学设计能力、获取加工制作数字教育资源的能力、IT 软件应用能力的得分显著低于教师信息技术应用能力的得分。上述数据表明，西北民族地区义务教育教师的 IT 硬件应用能力水平较高，但其他较高层次信息技术应用能力水平较低。（见表 8–3）

表 8–3　信息技术应用能力与下属各维度的差异比较

教师信息技术应用能力的各维度 M（SD）	教师信息技术应用能力总体 M（SD）	t	p
IT 重要性认可度 3.96（0.83）	3.43（0.71）	16.67	0.00***
IT 硬件应用能力 3.64（0.91）		8.11	0.00***
IT 软件应用能力 3.36（0.86）		–3.56	0.00***
获取加工制作数字教育资源的能力 3.34（0.92）		–4.71	0.00***
信息化教学设计能力 3.24（0.94）		–8.65	0.00***
利用网络促进自我发展的能力 3.20（1.04）		–7.45	0.00***

注：***p<0.001，**p<0.01，*p<0.05（下同）。

此外，调查发现城乡教师信息技术应用能力发展不均衡。对调查数据进行独立样本 t 检验表明，城区（县级政府所在地）学校教师在信息技术应用能力总体水平以及 IT 重要性认可度、获取加工制作数字教育资源的能力、信息化教学设计能力上的得分均显著高于农村（县级政府所在地以外乡镇学校和村小）教师。（见表 8–4）

表 8–4　教师信息技术应用能力水平的城乡差异

项目	城市（M/SD）	农村（M/SD）	t	p
教师信息技术应用能力	3.49/0.73	3.38/0.68	2.02	0.04*
IT 重要性认可度	4.06/0.76	3.87/0.88	2.92	0.00**

续表

	城市（M/SD）	农村（M/SD）	t	p
IT 硬件应用能力	3.63/0.90	3.64/0.93	−0.19	0.85
IT 软件应用能力	3.38/0.88	3.34/0.84	0.58	0.56
获取加工制作数字教育资源的能力	3.43/0.91	3.27/0.93	2.18	0.03*
信息化教学设计能力	3.35/0.98	3.15/0.90	2.63	0.01**
利用网络促进自我发展的能力	3.28/1.11	3.14/0.97	1.59	0.11

4. 教师的多元文化素养处于中等水平，城镇教师的多元文化素养高于乡村教师

民族地区文化的多样性以及少数民族学生所具有的本民族文化特征，决定了民族地区的教育教学只有从学生的文化背景出发，采取适宜的教育教学方式，才能取得良好的教育教学效果。有研究表明："教学语言不适以及受教育过程中本民族文化的缺失是阻碍学生发展，影响少数民族学生学业成绩的核心原因。"① 因此，为了提升民族地区的教育质量，促进教育机会均等，民族地区的教师除了要具有一般的教师素养外，还要具有多元文化素养，即教师对民族文化的了解，公平对待和尊重各民族学生和文化的态度以及依据学生不同的文化背景实施教育教学活动的能力。对教师的问卷调查发现：西北民族地区义务教育教师多元文化素养的总平均得分为 3.62。其中城区（县级政府所在地）教师多元文化素养的得分为 3.68，农村（县级政府所在地以外乡镇学校和村小）教师多元文化素养的得分为 3.57，且城乡之间存在显著差异（t=2.23，p=0.026），城区教师的多元文化素养水平高于农村教师。

5. 农村教师的收入低于城市，乡村教师津贴数量不高，作用有限

对西北民族地区 6 个县（市、区）36 所义务教育学校 605 名教师的问卷调查发现，所调查教师的平均年收入为 42820.11 元，同时，认为自己的收入在本地属于上等的教师人数比例为 0.3%，中上等为 4.1%，两

① 郑新蓉、朱旭东、裴淼、李肖艳：《论我国少数民族地区"语言与文化适切"的教师学习模式》，载《教师教育研究》，2018（1）。

者相加仅为 4.4%，认为自身的收入属于中等的人数最多，占比 48.4%，认为自身收入属于中下等的占 33.2%，下等的占 13.9%，后两者相加达 47.1%。这表明有一半的教师认为自己的收入在中等以下。

此外，对调查数据进行独立样本 t 检验表明，城区（县级政府所在地）学校教师的年平均收入为 45486.54 元，农村（县级政府所在地以外乡镇学校和村小）教师的年平均收入为 40583.23 元；同时，城乡教师的年平均收入存在显著差异（t=4.11，p=0.000）。这表明在收入水平上，农村教师仍然低于城市。近些年来，随着乡村教师支持计划等政策的实施，各地普遍提高了乡村教师的待遇，在一定程度上稳定了乡村教师队伍。但是，由于许多地方乡村教师待遇的提高有限，其稳定和发展乡村教师队伍的作用亦比较有限。例如“新疆农村教师津贴每月平均只有 200 元、贫困地区每月也只有 400 元，对于教师十分匮乏的农村学校无异于杯水车薪”[①]。再如甘肃省 C 县将乡村教师工作津贴按照学校地域条件分为四等，最低每人每月 70 元，最高每人每月 300 元。由于津贴数量不高，尚难以有效提升乡村教师的吸引力。

四、各地不同程度地存在“巨班大校”问题

经调查，西北民族地区各县（市、区）不同程度地存在“大班额”和“超大学校”问题。例如宁夏 W 市 L 区位于城市的 YM 小学和 WY 初级中学学生人数分别为 3208 人和 2637 人，均存在学校规模过大的问题。就班额而言，YM 小学的平均班额为 58.33，全校 55 个班级中超过 45 人的班级数高达 53 个，占比 96.37%，其中超过 66 人的班级数高达 11 个，占比 20%；WY 初级中学的平均班额为 52.74，全校 50 个班级中班额超过 50 人的班级数多达 35 个，占比 70%。青海省 Y 市位于城区的 EW 小学平均班额 51.44，位于城郊的 XZ 寄宿小学平均班额 50.13，位于乡政府所在地的 BT 寄宿小学（乡中心小学）平均班额 47.45。上述

① 马文华:《少数民族双语教师队伍建设问题及其解决策略》，载《新疆社会科学》，2017（3）。

3 所小学的平均班额均超过了小学班额不高于 45 人的要求，均存在“大班额”问题。新疆 X 县县城的 DE 小学和位于 YQ 镇的 KN 中心小学的平均班额分别为 47.51 和 52.8，这两所学校的生均校舍建筑面积亦未达到新疆义务教育办学基本标准，存在“大班额”和校舍面积不足等问题。

五、学生的学习自我效能感亟待提升

学习自我效能感是自我效能感在学习领域的体现，指“个体的学业能力信念，是学习者对自己能否利用所拥有的能力或技能去完成学习任务的自信程度的评价，是个体对控制自己学习行为和学习成绩能力的一种主观判断”[①]。学生的学习自我效能感对其学习成绩、学习动机、学习自我监控行为等都具有重要的影响作用。班杜拉认为，自我效能感会影响学生的学习行为，而学习行为又影响学习能力，因此，学生的学习自我效能感同时影响他们的学习成绩以及学习动机。自我效能感高的学生，对其学习的自我监控能力较强，并对其目标定向及学习成绩具有积极的影响。[②] 国内学者王振宏等人的研究发现，学习自我效能感是学生学业成绩的主要预期因素，学习自我效能感对学习成绩有直接的影响。[③] 胡桂英、许百华的研究表明，学生的学习自我效能感不仅可以直接影响学业成就，而且可以通过影响学习策略间接影响学业成就。[④] 此外，学习自我效能感与学业拖延、学业压力、学业倦怠之间存在显著的负相关。低学业自我效能感的学生，学业的自信心较低，学习之前，早已预知了自身在学业中会遇到困难，难以获得良好的学业成绩。为了减轻内心的焦虑和痛苦，其自我效能感降低，更容易拖延和回避学习。[⑤] 同时，

① 边玉芳：《学习自我效能感量表的编制》，载《心理科学》，2004（5）。

② 周文霞、郭桂萍：《自我效能感：概念、理论和应用》，载《中国人民大学学报》，2006（1）。

③ 王振宏：《初中学生学业自我效能与学业成就关系研究》，载《心理发展与教育》，1999（1）。

④ 胡桂英、许百华：《初中生学习归因、学习自我效能感、学习策略和学业成就关系的研究》，载《心理科学》，2002（6）。

⑤ 陈秋珠：《初中生学业拖延与学业自我效能感关系研究》，载《华东师范大学学报》（教育科学版），2016（3）。

在面对较大的学业压力时，学习自我效能感低的学生更容易采用回避的策略，学习行为消极，长期处于焦虑、恐惧中，这样更容易导致学生产生厌学心理，表现出倦怠的症状。[①]综上所述，学习自我效能感是综合反映学生学习状况和学校教学水平的一个重要指标。

为了了解西北民族地区义务教育学生的学习自我效能感现状，课题组修订了胡桂英编制的《学习自我效能感量表》[②]，并采用该量表调查了西北民族地区6个县（市、区）的3320名义务教育学生。调查发现，西北民族地区义务教育学生学习自我效能感的总平均分为3.43，低于量表设定的五点等级评分中的“基本符合”（3分）与“符合”（4分）的中间点，与“符合”还有较大距离，与“非常符合”（5分）更是相差甚远，表明西北民族地区义务教育学生的学习自我效能感水平不高，学生对自己能否利用所拥有的能力或技能去完成学习任务的自信程度的评价较低，亟待加以提升。

六、学生学业成绩有待提升且校际差异大

从课题组实地调查的情况来看，西北民族地区义务教育学生学业成绩有待提升且校际差异大。例如新疆S县HL中学7、8两个年级2015—2016学年第二学期期末考试各门课程的成绩的平均分和及格率分别为：数学平均分26.5，及格率5.9%，维吾尔语文平均分54.8，及格率47.1%，汉语文平均分28.1，及格率5.7%，政治平均分49.6，及格率33.4%，历史平均分32.7，及格率32.7%，物理平均分21.4，及格率0.5%，生物平均分33.0，及格率3.7%，地理平均分41.7，及格率41.7%，上述课程总平均分36.7，总及格率16.1%。上述各门课程的及格率和总及格率均未达到《新疆维吾尔自治区县域义务教育均衡发展督

① 朱晓斌、王静丽：《中学生学习自我效能感、学习压力和学习倦怠关系的结构模型》，载《中国临床心理学杂志》，2009（5）。

② 胡桂英：《初中生学习归因、学习自我效能感、学习策略和学业成就关系的研究》，36页，浙江大学硕士学位论文，2002。

导评估办法》提出的初中学业考试成绩合格率达到 85% 以上的标准。S 县另一所初中 YG 学校（初中部）2015—2016 学年第二学期期末考试各门课程的成绩的及格率分别为：数学 78.98%，维吾尔语文 81.94%，汉语文 60.48%，政治 72.88%，历史 73.84%，物理 75.53%，化学 77.88%，生物 71.79%，地理 70.35%，上述课程总及格率为 80.77%，其各门课程及格率和总及格率亦均未达到标准值。同时，两所初中的总及格率相差 64.67 个百分点，表明两所初中在学业成绩方面存在比较大的差距。再如甘肃省 C 县 2016 年初中毕业、高中招生考试成绩 6 科全部及格的学生比例仅为 7.2%。除体育全县平均分为 42 分，达到了 40 分的及格线以外，其余的语文、数学、英语、物化综合、政史综合 5 科平均分分别为 83.2 分、58.1 分、56.1 分、58.4 分、85.6 分，均未达到 90 分的及格线。上述 5 科及格率分别为 33.0%、21.8%、13.6%、13.7%、43.2%，及格率最高的政史综合 100 人中也只有 43 人成绩及格。除成绩整体偏低外，C 县初中校际之间成绩差异亦偏大，9 所初中的 6 科总平均分分别为 74.44 分、68.44 分、60.2 分、72.9 分、60.3 分、54.08 分、61.62 分、54.72 分、42.78 分、68.28 分，平均分最高的学校与最低的学校之间相差 31.66 分。

七、西北民族地区县域内义务教育均衡发展的制约因素

西北民族地区县域内义务教育均衡发展存在一些制约和影响因素，分析这些因素，将有助于进一步推进义务教育均衡发展。

（一）恶劣的自然条件制约教育发展

我国西北民族地区的县（市、区）多处于地理位置较为偏远、自然生态较为脆弱的高海拔寒冷地区和干旱地区。以青海省为例，该省的海南、海西、海北、黄南、玉树和果洛 6 个藏族自治州位于青藏高原东北部，这些地区不仅海拔高，气温低，冬季严寒漫长，风沙大，而且境内山脉众多，山高路远。“恶劣的地理环境、艰苦的自然条件、交通不便

及诸多区位劣势，使藏族聚居区义务教育处于四个不利的境地：一是不利于接受中心城市和发达地区经济文化教育的辐射；二是不利于大中城市经济文化教育的支援；三是不利于人才的交流；四是不利于现代信息的传递。”[①] 由于地域辽阔，人口居住分散，教育面广、线长、点多，也使这些地区的办学难度增大，办学成本增加。再如新疆的“南疆四地州属极度干旱荒漠地区，戈壁、沙漠占 90.8% 以上，平原区绿洲面积仅占 9.2%。由于特殊的地形结构和地理位置，形成了严酷的荒漠环境，气候干旱，植被稀少，风沙频繁，水资源分布不均，春季缺水，夏季洪涝，秋冬干旱，生产条件差，自然灾害频发，丰年温饱，灾年返贫现象较为普遍。加之长期以来粗放的生产发展方式，耕地、水资源约束日趋严重。目前，南疆四地州人均耕地 2.23 亩，低于全疆平均水平（2.77 亩）0.54 亩；人均水资源 3620 立方米，低于全疆平均水平（4035 立方米）415 立方米。土地沙化、盐渍化、荒漠化危害突出，资源与环境面临巨大压力”[②]。恶劣的自然环境在影响当地经济发展的同时，也制约了教育的发展。

（二）区域经济发展相对滞后制约教育投入

西北民族地区经济发展相对滞后。地方经济发展水平的落后导致一些县财政紧张，入不敷出，进而制约教育投入。在“以县为主”的义务教育经费投入体制下，一些推进义务教育均衡发展所需的工程、项目等，国家要求各县按照相应比例进行经费分担，如果县级配套资金不能兑现，中央和省级的专项拨款就不能到位。在这种情况下，贫困县常常无法筹集配套资金，便不能获得上级拨款，因而不能达到国家确定的义务教育均衡发展标准。同时，西北民族地区各县之间经济和教育发展亦不均衡，一些贫困县由于教育发展底子薄，历史欠账多，办学成本高，即使在国家转移支付资金支持的情况下，教育投入仍难以满足本县教育

① 陈巍：《实现青海藏区义务教育均衡发展的有效途径》，载《青海民族学院学报》（社会科学版），2007（3）。

② 马延亮：《新疆南疆四地州经济发展面临的突出问题及对策》，载《中国经贸导刊》，2015（2）。

发展的需要。

（三）非均衡发展政策的惯性和“规模效益”思维制约义务教育均衡发展

当前，我国义务教育政策已由非均衡发展转向均衡发展，但是，非均衡发展时期所形成的教育资源配置的“城市化取向”和重点学校、重点班级等观念仍然挥之不去。同时，“地方教育行政部门认为通过学校布局调整，将教育资源集中到县镇大规模学校，就能够促进教育公平、提升质量和资源利用效率”①。上述非均衡发展政策的惯性和“规模效益”思维都对义务教育均衡发展产生了不利的影响。在西北民族地区，这种影响主要体现在以下四个方面。一是在向城镇优质学校、“示范学校”投入大量财力、物力资源的同时，对农村学校在资源配置上的倾斜力度不够，对偏远乡村弱势群体儿童的教育需求缺乏应有的关注和重视。一些地方对不足100人的乡村小规模学校未按照100人拨付公用经费，一些地方乡镇寄宿制学校的住宿、餐饮等生活条件和教学仪器设备等教学条件迟迟得不到改善。二是在均衡、合理配置师资方面缺乏有力措施，主要表现为一些地方在师资配置上优先考虑城镇学校的需要，农村教师向城镇的单向流动长期得不到扼制，城乡教师定期交流轮岗实施速度缓慢，乡镇寄宿制学校后勤管理服务人员配备不足等。三是一些地方受“城市化取向”、重点学校观念的影响，默许或鼓励优质生源向城镇学校流动，义务教育“就近入学”政策难以落实，城乡学校生源差距不断扩大。四是在义务教育学校布局调整中，一些地方为了追求“规模效益”，盲目扩大城镇学校办学规模，导致“巨班大校”问题出现。

---

① 赵丹、陈遇春、王兵：《城乡一体化背景下义务教育学校布局统筹的问题与对策》，载《教育经济评论》，2018（4）。

第三节　西北民族地区县域内义务教育均衡发展的对策思考

一、健全义务教育均衡发展经费保障机制

第一，加大国家对民族贫困地区的经费转移力度，取消或减少民族贫困地区推进义务教育均衡发展的配套经费。在对民族贫困地区推进义务教育均衡发展所需经费和当地财政状况进行评估的基础上，加大中央和省级政府对民族贫困地区义务教育的经费投入，根据实际情况取消或减少民族贫困地区推进义务教育均衡发展的配套经费。

第二，建立义务教育经费投入监测、公告和问责制度。将“义务教育经费在财政预算中单列，每年教育经费做到‘三个增长’”列入各级政府教育政绩考核指标进行监测，同时将每年义务教育经费的投入状况在政府网站进行公告，接受社会监督，并将义务教育经费的“三个增长”作为各级政府教育问责的重要内容。

第三，保障乡村小规模学校教育经费。落实学生人数不足100人的小规模学校按100人核定公用经费的政策。“对学生数较多、设备改造所需经费大、公用经费支出超过6000元的小规模学校按实际支出拨付公用经费。同时，建立健全乡村小规模学校经费使用管理办法，扩大乡村小规模学校公用经费使用自主权。”①

① 李虎林：《加快推进乡村小规模学校办学标准的制定》，载《中国教育报》，2018-11-27（005）。

二、兼顾教育公平与教育效率，优化学校布局和教育资源配置

教育公平是合情合理地处理人与人利益关系的原则、制度、做法和行为。所谓合“情”，是指符合民众的意愿；所谓合“理”，是指符合在教育权利和教育资源分配上有利于社会发展的整体利益和有利于所有人的自由全面发展，对教育公平的衡量需依据教育权利与教育机会的平等原则、差别对待原则和补偿原则。教育效率则是指教育投入与教育产出之间的关系，即教育对社会发展和个人发展的贡献率。教育公平与教育效率是两个相互联系、同等重要的教育发展目标，兼顾教育公平与教育效率，对于优化义务教育学校布局调整和教育资源配置具有重要的意义。

首先，教育公平与教育效率是两个同等重要的教育改革与发展目标。在学校布局调整过程中，乡村小规模学校办学的“规模效益”固然较低，“但优质教育资源都集中到了中心乡镇和城区，这又造成边远地区和贫困山区学生上学路途遥远、经济负担加重等问题，提高了农村学生的就学成本，导致新的上学难。从教育公平角度来说，在给予了学生教育的起点公平的同时，却剥夺了本应该属于这些无忧无虑农村学生的许多东西，这对边远贫困地区的孩子无疑是不公平的”①。因此，在处理乡村小规模学校撤并与保留的问题时，不能只考虑教育效率，还必须同时关注弱势群体儿童的教育权益保障和教育的公平正义。

其次，适度扩大学校规模固然有助于提高教育资源的利用效率，但并不是学校规模越大，教育资源的利用效率越高，因此，为了提高教育效率，应严格控制城镇学校规模。“规模经济理论表明，社会组织规模与收益之间呈‘倒 U 型’变化关系，当规模较小时，收益随着规模的增大而上升，到达一定规模后短期不变，但随着规模的继续扩大收益开始下降，进入有规模不经济阶段。对于当前多地县镇的‘巨班大

① 白亮、万明钢:《城乡义务教育一体化发展中县域学校布局优化的原则与路径》，载《教育研究》，2018（5）。

校’而言，随着学校规模和班额的不断增大，同样可能会出现‘有规模不经济’问题。”[①] 在实地调查中，一位城镇大规模学校的教务主任就反映，随着学校规模的增大，学校管理的难度日益增加，组织活力有所下降。另有实证研究表明：“学校规模对数学、语文成绩合格率具有显著的负影响，对辍学率具有显著的正影响。”[②] 当前，随着城镇化的推进，西北民族地区城镇学校学位不足的问题开始显现，一些地区城镇学位的供求矛盾已变得非常突出。为此，我们建议民族地区及早规划城镇学校布局，在科学预测学龄人口流动变化趋势的基础上，增加城镇教育用地，新建学校，避免为了追求所谓“规模效益”盲目合并学校或临时采用扩大学校规模和班额的办法解决城镇学位不足的问题，避免可能出现的“巨班大校”问题。对于已经形成的超大规模学校和大班额问题，则应及早通过分流和新办学校等方式加以化解。

最后，教育公平与教育效率之间还存在相互促进的关系，更高的教育效率（全体学生的全面发展、充分发展，即“两全”目标）已内含“面向全体学生”的公平要求。更为重要的是，更多的教育公平会带来更高的教育效率。[③] 在现实中，在一个地区教育资源总量不变的情况下，将教育资源投向城镇学校、优质学校，必然意味着乡村学校和薄弱学校教育资源投入的减少。从教育公平的角度来看，这明显有违教育公平的补偿原则，既不合情，也不合理。从教育效率的角度来看，这虽然提高了城镇学校、优质学校的教育质量和教育产出，但同时却削弱了乡村学校和薄弱学校教育质量的发展和教育产出。从该地区教育的总投入和总产出的关系来看，教育资源配置的效率仍然是不高的。因此，在推进义务教育发展的过程中，只有既关注城镇学校、优质学校的发展，又给予乡村学校和薄弱学校以有力的补偿和支持，促进师资、生源、办学设施

① 白亮、万明钢:《城乡义务教育一体化发展中县域学校布局优化的原则与路径》，载《教育研究》，2018（5）。

② 赵丹、曾新:《义务教育均衡发展背景下农村学校规模对教育质量的影响》，载《现代教育管理》，2015（3）。

③ 褚宏启:《教育公平与教育效率：教育改革与发展的双重目标》，载《教育研究》，2008（6）。

等各项教育资源的均衡配置，才能从整体上提高区域教育质量和教育对社会及个人发展的总贡献率，既促进教育公平，又全面提高教育效率，实现两者的相互促进。

三、完善义务教育办学标准

第一，由中央政府制定统一的义务教育办学标准，各省区在此最低标准基础上制定本地区的义务教育办学标准。同时，实现区域内城乡义务教育学校建设标准、教师编制标准、生均公用经费基准定额和基本装备配置等标准的统一。

第二，完善义务教育基本办学标准的内容，增加教师队伍质量的指标。当前宁夏、新疆、甘肃和青海四省区的义务教育办学基本标准中有关教师的指标主要局限于师生比和学历两个方面，宁夏还增加了骨干教师比例，但总体来看，反映教师质量的指标较少，建议增加教师队伍学科结构、年龄结构、职称结构和信息技术应用能力等体现教师队伍质量的指标。

第三，建立健全乡村小规模学校办学基本标准。结合《关于全面加强乡村小规模学校和乡镇寄宿制学校建设的指导意见》提出的“实用、够用、安全、节俭”的原则，乡村小规模学校办学标准应主要包括以下四个方面的内容。一是规划布局和选址方便学生就近入学。小规模学校的布局要与乡镇寄宿制学校、乡村完全小学统筹规划，尊重未成年人身心发展规律，方便学生就近入学。“原则上小学1—3年级学生不寄宿，就近走读上学，路途时间一般不超过半小时。”[①] 二是教育经费得到保障。三是教育教学设施适用、够用、安全。根据年级和学生人数实际情况设置1—2间用于学生活动和音体美等课程教学的多功能教室和一个

① 国务院办公厅:《关于全面加强乡村小规模学校和乡镇寄宿制学校建设的指导意见（国办发〔2018〕27号）》，2018年5月2日，中华人民共和国中央人民政府网，http://www.gov.cn/zhengce/content/2018-05/02/content_5287465.htm。

科学实验室。科学实验室可以在学校之间共享，也可以设置科学实验室流动车，科学教师和科学仪器设备在学校之间流转。消除D级危房。学校应有必要的硬化地面供文体活动的开展，有必要的绿化用地用于校园美化及自然课的教学。保证学生一人一桌一椅，课桌椅符合国家《学校课桌椅功能尺寸》的标准要求。按照教育教学活动开展的实际需要配置教学仪器设备和体育艺术器材。学校藏书生均不少于15册，图书适合学生年龄特点，并向学生开放。每名教师至少征订1种专业刊物。校园联通互联网，班班通全覆盖。四是生活条件卫生健康。每所小规模学校根据学生人数配备1—2台开水供应设备。提供营养餐的学校应设置专门的操作间和配置冰箱橱柜及食物加热制作设备。

第四，建立健全乡镇寄宿制学校办学基本标准。根据乡镇寄宿制学校在生活和身心发展健康成长方面的特殊需要，乡镇寄宿制学校的办学基本标准至少应涵盖寄宿生宿舍面积、食堂面积、宿舍厕所建设、洗浴设施配备、冬季取暖条件、文体活动设施和后勤管理服务人员、卫生技术人员、心理健康教师配备等指标。

四、精准、扎实推进义务教育学校标准化建设

第一，对县域内义务教育学校办学条件进行摸底排查，建立县域义务教育学校办学条件数据库。在此基础上，对照办学标准，本着缺什么补什么的原则，制定县域内义务教育学校标准化建设的目标和实现各项目标的具体措施，重点加强乡村小规模学校和乡镇寄宿制学校建设。

第二，建立健全义务教育学校标准化建设评估机制，明确各个部门和主体的责任归属，学校建设用地等涉及多部门的问题，由地方政府主要领导协调相关部门加以解决，严格监督义务教育学校标准化建设各项工作扎实推进，逐一落实到位。

五、进一步加强教师队伍建设，均衡、合理配置师资

师资是教育事业发展的第一资源，加强教师队伍建设，均衡、合理配置教师资源是实现义务教育均衡发展、提升教育质量的关键。针对当前西北民族地区义务教育师资现状以及实现教育优质均衡发展的需要，可采取以下措施进一步促进教师队伍发展和均衡合理配置。

（一）合理核算教师编制，创新教师编制管理

第一，独立核算乡村学前教育教师的编制，避免学前教育教师挤占小学教师编制。第二，进一步加大义务教育教师编制核算和人员配备向乡村学校倾斜的力度。从乡村小学学生人数较少，班额较多的实际出发，制定实施细则，落实按照师生比和师班比相结合的方式核定乡村小规模学校教师编制的政策，并依据编制及时为乡村学校补充短缺教师，确保乡村学校，尤其是小规模学校开齐开足国家规定课程。第三，为实施双语教育的地区和学校适当增加教师编制。根据调查，实施双语教育的民族地区和学校会比其他地区和学校多开设一门民族语文课。该课程的开设必然要求配备相应的教师，这就使得这些地区和学校相对其他地区和学校来说，对教师数量的需求更大。因此，建议根据这些地区学校开设民族语文课程的数量和课时情况，适当增加其教师编制。第四，创新教师编制管理，建立区域统筹、动态调整的编制管理机制。一方面在省域和市域内建立跨地区的教师编制调剂机制，另一方面在县域内根据各个学校学生数和班级数的变动情况，每1—2年重新核定一次学校编制。

（二）提高乡村教师的工作回报，使其岗位具有吸引力

在普遍提高民族地区教师队伍待遇、福利和地位的同时，大幅提高乡村教师的工作回报。第一，提高乡村教师津贴，使工作和生活条件更为艰苦的乡村教师的收入与城区教师相比具有一定的优势。调查中发

现，甘肃省C县乡村教师津贴为70—300元，由于津贴数量不高，提高乡村教师岗位吸引力的作用非常有限。同时，与C县同属一个州的D县的乡村教师津贴为700—1000元，由于乡村教师的收入与城区教师相比具有了一定的优势，乡村教师的吸引力得到了明显的提升。第二，通过推进乡村教师周转房建设等措施，进一步改善乡村教师的生活和工作条件，为其营造一个安居乐教的环境。第三，教师职称评聘向乡村教师倾斜。增加乡村教师职称评聘指标。对长期在农村中小学工作的教师，连续工作15年晋升中级职称，连续工作25年晋升副高级及以上职称，且符合评审条件，历年年度考核合格以上者，可不受专业技术岗位结构比例限制，直接参加职称评审。第四，建立和完善乡村教师荣誉制度，为乡村学校从教30年和25年乡村教师颁发荣誉证书，激发乡村教师在乡村学校从教荣誉感。

（三）通过多种方式促进教师的合理流动和均衡配置

第一，建立学区内音乐、体育、美术等课程教师走教制度。通过建立学区内走教制，实现音乐、体育、美术等课程教师的共建共享，解决乡村小规模学校音乐、体育、美术教师严重短缺问题。第二，在学校之间结对帮扶捆绑发展的基础上，建立学校发展共同体，推进集团化办学，实现学校发展共同体内部教师资源的统一管理，促进共同体内部教师的合理流动和优质教师资源的共享，并通过发挥优秀教师的示范带动作用和教科研的联动促进教师队伍的整体发展。第三，提高教师轮岗交流、支教的实效性。安排符合农村学校教育教学实际需求的优秀教师参与交流和支教，引导“交流、支教教师在农村学校起到‘补缺口，能引领，会指导’的作用”[①]。第四，推进“县管校聘”管理改革。通过县级教育行政部门对县域内教师编制、人事进行统一管理和学校依法与教师签订聘用合同，推动教师在城乡间、校际间的合理流动。同时，为了实

---

① 周晔：《西北农村地区中小学教师队伍结构失衡问题与破解政策体系》，载《教育科学研究》，2018（11）。

现教师在城乡间的双向流动和均衡配置，“县管校聘”的实施中，中高级教师岗位的分配要向乡村学校和薄弱学校倾斜，在推行竞争上岗制度的同时，预留一定比例或数量的城镇优秀教师参与交流轮岗，确保“县管校聘”与“教师交流轮岗”政策的有机衔接。

（四）健全教师引进和退出机制

第一，完善教师招聘机制。通过研制双语教师岗位标准，明确教师入职条件，公开招聘，竞争上岗等措施，为中小学选拔能够胜任教育教学工作的合格教师。同时，扩大学校在教师招聘中的自主权，按照各个学校教师队伍的现状和教师岗位需求招聘教师，避免出现引进教师与学校岗位需求不一致或不能胜任相关岗位工作的问题。第二，在引进合格和优秀教师的同时，对于一些因年龄等原因不能胜任教师工作的教师在肯定其贡献的基础上通过合理调配岗位、提前退休等方式安排其退出教师岗位，从而实现教师队伍的新旧更替，优化师资质量。

（五）改革教师教育，提升师资质量

第一，改革教师培养政策。支持师范院校采用定向、定额等方式为民族地区培养双语教师和中小学理科、音体美等学科紧缺教师。“继续扩大教育部直属师范院校在民族地区的招生和民族地区师范院校在本地招生的名额，对于民族地区报考师范院校的学生给予一定的政策扶持，如采取一定的降分录取机制，上学期间给予补贴和学费减免等措施。”①第二，着力提升教师的信息技术应用能力。将信息技术应用能力作为教师培训的重要内容，根据各地的实际情况，培训目标逐渐由提升教师的信息技术硬件设备使用能力转向促进教师获取和加工制作数字化教育资源的能力、进行信息化教学设计和实施的能力等更高层次信息技术应用能力的发展。第三，将铸牢中华民族共同体意识和发展多元文化素养作

① 任胜洪、吴卫、胡雪芳：《改革开放40年民族地区教师队伍建设的政策回顾及展望》，载《民族教育研究》，2018（6）。

为民族地区教师教育的重要目标。在教师职前培养和职后培训的课程中融入中华民族多元一体及铸牢中华民族共同体意识教育、少数民族文化和民族教育教学规律等内容，促进师范生和在职教师对中华文化和少数民族文化的了解，增进教师的文化素养以及依据不同民族学生特点开展教育教学的能力。第四，完善教师培训。为民族地区教师，尤其是乡村教师提供更多的培训机会。注重培训需求调研，提升培训内容和形式的适切性。建立教师培训质量评价制度，通过评价促进培训过程的改进和效果的提升。

六、注重内源性发展，努力提升教育质量

西北民族地区义务教育的均衡发展和教育质量的提升，除了需要来自外部的支援和国家政策的引导外，还需要挖掘内部潜力，提升内生能力，注重内源性发展，即在发展进程中注重民族地区内部力量的推动和参与，将民族地区的文化传统、资源与教育发展的要求有机结合，充分调动民族地区社会各方面发展教育的主动性、积极性和创造性。具体来说，可从以下几个方面入手。

第一，根据民族地区的实际和时代要求，探索建设依法办学、自主管理、民主监督、社会参与的现代学校制度。通过建设现代学校制度，理顺“政府或教育主管部门和学校的关系、学校内部的管理关系、学校和社会的关系”[①]。以学校章程建设为核心，建立健全学校制度体系，落实和规范学校办学自主权，优化学校文化，突出学校办学特色，完善学校民主管理机制，建立有教师、学生及家长代表参加的校务委员会，健全社会参与的办学机制，形成社会有序参与、各方合力推进的学校发展格局，为不断激发民族地区学校的办学活力和提升教育质量提供制度和机制保障。

第二，增强学校教育教学活动对民族文化的回应性，提升学生学习

① 张俊:《区域推进现代学校制度建设的调查与思考》，载《基础教育参考》，2018（3）。

的适应性，改善学习效果。通过对少数民族学生教育教学规律和策略的研究和成果推广以及提高教师的多元文化素养，增强学校教育教学活动对民族文化的回应性和兼容性。在密切关注和了解不同民族学生已有经验和文化背景的基础上，通过开发和整合各种教育资源，使学校的教育教学内容与学生的生活经验和民族文化相联系，同时，对不同民族的学生采用不同的教育教学策略以适应其认知风格、语言能力等特征，从而提升学生学习的适应性、主动性，促进学生认知、情感、人格等的全面发展。

第三，促进家校合作，改善家庭教育。学生的发展一方面要受到校内因素的影响，另一方面学生的家庭及社会背景对其学业成就有着显著影响。在西北民族地区，家长对教育的重视程度和家庭教育方式是影响学生发展的重要因素。相比较而言，乡村学生家长对教育的重视程度不及城市学生家长，对孩子的陪伴、指导和监管也不及城市家长，这亦是导致城乡教育质量不均衡的重要原因。因此，提升民族地区教育质量，促进教育均衡发展，除了要不断改善学校办学条件外，还要提升学校和教师的家校合作能力，通过家长委员会、家长会、家访以及家长群、家长读书沙龙、家长交流会、亲子互诉会、家长周末讲堂等各种途径搭建家校合作体系，影响家长的教育观念和行为，不断改善家庭教育。

参考文献

一、学术著作

［1］［加拿大］J.P. 法雷利 . 教育政策与规划 . 刘复兴，译审 . 重庆：西南大学出版社，2011.

［2］［美］罗尔斯 . 正义论 . 何怀宏，等译 . 北京：中国社会科学出版社，2001.

［3］［美］罗尔斯 . 作为公平的正义——正义新论 . 姚大志，译 . 北京：中国社会科学出版社，2011.

［4］安晓敏 . 义务教育公平指标体系研究——基于县域内义务教育校际差距的实证分析 . 北京：教育科学出版社，2012.

［5］何齐宗 . 县域义务教育均衡发展探究——基于江西省义务教育均衡发展示范县的实证研究 . 北京：科学出版社，2017.

［6］姜峰，万明钢 . 发达国家促进民族教育均衡发展政策研究 . 北京：民族出版社，2011.

［7］柳海民，杨兆山 . 我国义务教育均衡发展问题研究 . 长春：东北师范大学出版社，2007.

［8］楼世洲 . 区域教育可持续发展指标体系研究 . 北京：教育科学出版社，2012.

［9］马戎，郭志刚 . 中国西部地区少数民族教育的发展 . 北京：民族出版社，2009.

［10］宋永忠，张乐天，顾建军 . 城乡统筹背景下义务教育均衡发展研究 . 南京：南京师范大学出版社，2016.

[11] 滕星，王铁志 . 民族教育理论与政策研究 . 北京：民族出版社，2009.

[12] 王瑜 . 美国义务教育均衡发展研究 . 桂林：广西师范大学出版社，2015.

[13] 吴敏娜 . 包容性增长视角下西部民族地区基础教育均等化问题研究 . 北京：经济科学出版社，2015.

[14] 吴遵民 . 基础教育公平论——中国基础教育公平与均衡发展的政策研究 . 上海：上海教育出版社，2014.

[15] 杨军 . 西北少数民族地区基础教育均衡发展研究 . 北京：民族出版社，2006.

[16] 于发友 . 通向教育理想之路：县域义务教育均衡发展研究 . 济南：山东人民出版社，2008.

[17] 翟博 . 基础教育均衡发展理论与实践——中国基础教育均衡发展研究报告 . 北京：教育科学出版社，2013.

[18] 张人杰 . 国外教育社会学基本文选 . 上海：华东师范大学出版社，2009.

[19] 张善鑫 . 西北少数民族地区课程政策实施研究——基于教育公平的视角 . 北京：中国社会科学出版社，2017.

[20] 张诗亚 . 中国民族教育发展报告（第 2 辑）. 北京：人民教育出版社，2014.

[21] 周洪宇 . 教育公平论 . 北京：人民教育出版社，2010.

二、期刊论文

[1] 阿布利米提・艾克木 . 新疆南疆维吾尔族中小学教师队伍调查报告 . 新疆社会科学，2014（1）.

[2] 白贝迩 . 民族地区县域义务教育均衡发展的制约因素与现实路径 . 青海民族研究，2016（2）.

[3] 白亮，万明钢 . 城乡义务教育一体化发展中县域学校布局优化

的原则与路径．教育研究，2018（5）．

［4］白亮．关于西北民族地区寄宿制学校办学若干问题的思考．当代教育与文化，2009（3）．

［5］鲍传友．义务教育均衡发展：内涵和原则．国家教育行政学院学报，2007（1）．

［6］边玉芳．学习自我效能感量表的编制．心理科学，2004（5）．

［7］陈荟，孙振东．民族地区基础教育均衡发展中的几个问题．教育学报，2015（4）．

［8］陈立鹏，李海峰．民汉双语教育：从顶层设计至基层管理．民族教育研究，2016（4）．

［9］陈立鹏．关于推进“民汉”双语教育的战略思考．西北民族研究，2016（2）．

［10］陈世伟，徐自强．县域义务教育均衡发展指标体系构建研究．内蒙古农业大学学报（社会科学版），2010（4）．

［11］陈巍．实现青海藏区义务教育均衡发展的有效途径．青海民族学院学报（社会科学版），2007（3）．

［12］陈卫军．大力推进民族地区义务教育均衡发展．中国民族教育，2019（Z1）．

［13］褚宏启，高莉．义务教育均衡发展评估指标与标准的制订．教育发展研究，2010（6）．

［14］褚宏启．教育公平与教育效率：教育改革与发展的双重目标．教育研究，2008（6）．

［15］丁生东，王振岭，鲁子箫，王娜．青海省统筹城乡义务教育均衡发展问题与标准研究．青海师范大学学报（哲学社会科学版），2016（2）．

［16］董世华，范先佐．我国县域义务教育均衡发展监测指标体系的构建——基于教育学理论的视角．教育发展研究，2011（9）．

［17］范国睿，李树峰．内涵发展：教育均衡发展的新趋向．上海教

育科研，2007（7）.

［18］范先佐．城镇化背景下县域义务教育发展问题与策略——基于4个省（自治区）部分县市的调研．华中师范大学学报（人文社会科学版），2014（4）.

［19］冯建军．义务教育优质均衡发展的理论研究．全球教育展望，2013（1）.

［20］耿华萍，刘祖云．城乡义务教育非均衡发展现实归因的理论思考．南京社会科学，2016（4）.

［21］胡发稳．哈尼族中学生文化认同及其与学校生活满意度的关系．心理发展与教育，2009（2）.

［22］黄志蓉，罗会光，侯瑞华．新疆南疆维吾尔族双语教育的影响因素探析．语言与翻译，2013（3）.

［23］姜荣华，赵雪．城镇化背景下的教育变革与农民的选择教育现代化．教育现代化，2016（19）.

［24］李桂荣，尤莉．县域义务教育均衡发展指标的优先性鉴别——基于对不同类型利益相关者的调查．教育发展研究，2015（18）.

［25］李继星．关于义务教育均衡发展指标体系的初步思考．人民教育，2010（11）.

［26］李连宁．要从教育发展战略上思考和促进基础教育的均衡发展．人民教育，2002（4）.

［27］李湘萍．义务教育阶段择校行为与教育机会分布公平性研究——基于中国18个城市居民家庭教育选择支出的实证分析．教育研究，2008（3）.

［28］李祥云，魏萍．县域内初等学校最优规模的估算——以XS县为案例的研究．教育研究，2014（11）.

［29］李宜江，朱家存．均衡发展义务教育的理论内涵及实践意蕴．教育研究，2013（6）.

［30］梁清．均衡发展：义务教育异化的超越．教育理论与实践，

2006（11）.

［31］林玲．新疆双语教师队伍建设的困境和思考．中国民族教育，2016（1）.

［32］刘新成，苏尚锋．义务教育均衡发展的三重意蕴及其超越性．教育研究，2010（5）.

［33］楼世洲，宁业勤．县域教育均衡发展督导评估方案研究．教育测量与评价，2009（2）.

［34］罗云，武建鑫．民族地区教育现代化评价指标体系研究．教育发展研究，2015（1）.

［35］马存芳．青海藏区寄宿制学生心理健康状况及社会支持关系研究．民族教育研究，2017（1）.

［36］马恒燕，姚银枝．城镇化与城乡学校班数变化研究——兼议办学规模对教育公平与质量的影响．宁夏大学学报（人文社会科学版），2018（3）.

［37］马文华．少数民族双语教师队伍建设问题及其解决策略．新疆社会科学，2017（3）.

［38］马晓强．“科尔曼报告”述评——兼论对我国解决“上学难、上学贵”问题的启示．教育研究，2006（6）.

［39］马延亮．新疆南疆四地州经济发展面临的突出问题及对策．中国经贸导刊，2015（2）.

［40］秦玉友．教育城镇化的异化样态反思及积极建设思路．教育发展研究，2017（6）.

［41］任春荣．县域义务教育均衡发展评估指标的选择方法．中国教育学刊，2011（9）.

［42］任胜洪，吴卫，胡雪芳．改革开放 40 年民族地区教师队伍建设的政策回顾及展望．民族教育研究，2018（6）.

［43］申国昌，王永颜．县域义务教育均衡发展的现状调查与政策建议——以湖北恩施教育调查为例．教育研究与实验，2015（4）.

[44] 宋乃庆. 我国义务教育均衡发展任重道远. 中国教育学刊，2015（9）.

[45] 孙素英. 区域义务教育均衡发展影响因素. 中国教育学刊，2012（6）.

[46] 田汉族，戚瑜杰. 政府在义务教育均衡发展中的责任及其限度. 湖南师范大学教育科学学报，2016（5）.

[47] 万明钢. 地方课程：连接民族文化与国家课程的桥梁. 中国民族教育，2016（6）.

[48] 万明钢. 文化和生活经验才是学习的起点. 中国民族教育，2016（1）.

[49] 汪明. 义务教育均衡发展与若干保障机制——部分地区的政策及实践分析. 教育发展研究，2005（10）.

[50] 王定华. 新疆呼图壁县义务教育均衡发展调研及启示. 基础教育参考，2012（11）.

[51] 王建荣，夏志强. 我国义务教育均衡发展的内涵及其指标体系构建. 理论与改革，2010（4）.

[52] 王鉴，安富海. 论民族教育优先发展的科学内涵. 西北师大学报（社会科学版），2009（3）.

[53] 王鉴，苏杭. 略论乡村教师队伍建设中的“标本兼治”政策. 教师教育研究，2017（1）.

[54] 王鉴. 西部民族地区教育均衡发展的新战略. 民族研究，2002（6）.

[55] 王璐. 国际视野下的义务教育均衡发展研究：理论基础、对象层次与任务内容. 比较教育研究，2013（2）.

[56] 肖军虎. 我国县域义务教育均衡发展指标体系的构建. 教育理论与实践，2011（9）.

[57] 熊筱燕，徐耀缤. 中国义务教育发展均衡性测度. 统计与决策，2015（22）.

[58] 徐志勇，赵美艳 . 小学生学校生活质量（QSL）调查研究——以北京市 2248 名学生为例 . 教育学报，2012（3）.

[59] 薛二勇 . 区域内义务教育均衡发展指标体系的构建——当前我国深入推进义务教育均衡发展的政策评估指标 . 北京师范大学学报（社会科学版），2013（4）.

[60] 杨蕾，段炳昌 . 滇中苗族女童教育发展对策 . 中国教育学刊，2015（11）.

[61] 杨令平，司晓宏 . 西部县域义务教育均衡发展现状调研报告 . 教育研究，2012（4）.

[62] 姚永强，范先佐 . 论义务教育均衡发展方式的转变 . 教育研究，2013（2）.

[63] 于发友，赵慧玲，赵承福 . 县域义务教育均衡发展的指标体系和标准建构 . 教育研究，2011（4）.

[64] 于建福 . 教育均衡发展：一种有待普遍确立的教育理念 . 教育研究，2002（2）.

[65] 袁梅，苏德，罗正鹏 . 论民族地区义务教育均衡发展的制约因素及其应对 . 广西民族大学学报（哲学社会科学版），2017（1）.

[66] 袁梅，苏德 . 新形势下推进民族地区义务教育均衡发展研究——基于青海省海南、海北、海西三州的实地调查 . 北方民族大学学报（哲学社会科学版），2016（3）.

[67] 翟博 . 教育均衡发展：理论、指标及测算方法 . 教育研究，2006（3）.

[68] 翟博 . 均衡发展：我国义务教育发展的战略选择 . 教育研究，2010（1）.

[69] 张俊 . 区域推进现代学校制度建设的调查与思考 . 基础教育参考，2018（3）.

[70] 张耒 . 县域义务教育均衡发展政策指向及战略选择 . 中国教育学刊，2013（11）.

[71] 章露红.二十年来我国教育公平研究的学术进展——基于1994—2014年间的文献分析.复旦教育论坛，2015（4）.

[72] 赵丹，曾新.义务教育均衡发展背景下农村学校规模对教育质量的影响.现代教育管理，2015（3）.

[73] 赵丹，陈遇春，王兵.城乡一体化背景下义务教育学校布局统筹的问题与对策.教育经济评论，2018（4）.

[74] 郑新蓉，朱旭东，裴淼，李肖艳.论我国少数民族地区“语言与文化适切”的教师学习模式.教师教育研究，2018（1）.

[75] 周文霞，郭桂萍.自我效能感：概念、理论和应用.中国人民大学学报，2006（1）.

[76] 周晔.西北农村地区中小学教师队伍结构失衡问题与破解政策体系.教育科学研究，2018（11）.

[77] 祝智庭，闫寒冰.《中小学教师信息技术应用能力标准（试行）》解读.电化教育研究，2015（9）.

图书在版编目（CIP）数据

西北民族地区县域内义务教育均衡发展研究 / 李虎林著 . -- 北京 : 民族出版社 , 2024. 9. -- (民族教育研究丛书). -- ISBN 978-7-105-17374-7

Ⅰ . G522.3

中国国家版本馆 CIP 数据核字第 20240T3B04 号

西北民族地区县域内义务教育均衡发展研究

策划编辑：李志荣
责任编辑：贾俊杰
封面设计：刘福勤
出版发行：民族出版社
地　　址：北京市东城区和平里北街 14 号
邮　　编：100013
电　　话：010-64271909（汉文编辑一室）
　　　　　010-64224782（发行部）
网　　址：http://www.mzpub.com
印　　刷：北京中石油彩色印刷有限责任公司
经　　销：各地新华书店
版　　次：2024 年 9 月第 1 版　2024 年 9 月北京第 1 次印刷
开　　本：787 毫米 ×1092 毫米　1/16
字　　数：260 千字
印　　张：17.75
定　　价：68.00 元
书　　号：ISBN 978-7-105-17374-7/G · 2235（汉 1090）
